A MENINA

UMA VIDA À SOMBRA DE ROMAN POLANSKI

A MENINA

UMA VIDA
À SOMBRA DE
ROMAN POLANSKI

SAMANTHA GEIMER

e LAWRENCE SILVER

com Judith Newman

LeYa

Diretor editorial: Pascoal Soto
Editora executiva: Tainã Bispo
Produtoras editoriais: Fernanda S. Ohosaku, Renata Alves e Maitê Zickuhr
Preparação: Karla Lima
Revisão: Maitê Zickuhr
Diagramação: HiDesign Estúdio

Dados Internacionais de Catalogação na Publicação (CIP)
Angélica Ilacqua CRB-8/7057

Geimer, Samantha

A menina: uma vida à sombra de Roman Polanski / Samantha Geimer; tradução de Márcia Blasques. - São Paulo : LeYa, 2013.
304 p.: il.

ISBN 978-85-8044-920-4
Título original: *The Girl - A life in a shadow of Roman Polanski*

1. Biografia 2. Cinema 3. Polanski, Romanm 1933-

13-0909. CDD: 920.93641532

Índices para catálogo sistemático:
1. biografia

2013
TEXTO EDITORES LTDA.
Uma editora do Grupo LeYa
Rua Desembargador Paulo Passaláqua, 86
01248-010 - Pacaembu - São Paulo - SP
www.leya.com.br

Veja bem, Sr. Gittes, a maioria dos homens nunca terá de encarar o fato de que, na hora certa, no lugar certo... É capaz de qualquer coisa.

—JOHN HUSTON PARA JACK NICHOLSON EM *CHINATOWN*, DE ROMAN POLANSKI

PREFÁCIO

Não. Nem ferrando. Não posso passar por isso novamente.

Vinte e sete de setembro de 2009, Estes Park, Colorado. O ar frio, a neve no alto das montanhas, as folhas cor de canela e douradas – tão diferentes da monotonia gloriosa de nosso clima havaiano. Meu marido e eu estávamos no continente, no meio de férias por muito tempo planejadas – celebrando aniversários de família, pescando trutas, observando a rotina dos alces. Sentíamo-nos particularmente festivos. Às seis da manhã, Dave deixou nosso hotel para pescar.

Voltei contente para a cama. Às 8h15 o telefone tocou.

Era minha amiga Dawn. Ela sempre cuidava de mim.

– Preciso contar uma coisa, e você tem de acordar e ficar pronta – ela disse. Despertei imediatamente. Sabia que algo ruim tinha acontecido com ela. Preparei-me.

– Roman Polanski foi preso.

Ah, Deus. Não eram más notícias dela. Eram más notícias minhas.

– Sam? Ouviu o que eu disse?

Quando fico chateada, eu xingo. Não consigo evitar. Torno-me um garoto de 14 anos.

– Merda, merda, merda, merda. *Mas que porra.*

– Eles o prenderam na Suíça – Dawn prosseguiu. – Acabo de ouvir a notícia.

Enjoo, pânico. Preciso da minha família. Preciso da minha mãe. Preciso de um Xanax.

A CNN trazia a história:

O diretor de cinema vencedor do Oscar, Roman Polanski, foi detido na Suíça em função de um mandado de prisão de décadas atrás, decorrente de uma acusação de crime sexual na Califórnia, disse a polícia suíça neste domingo.

Polanski, 76, foi levado em custódia ao tentar entrar na Suíça no sábado, afirmou a polícia de Zurique. Um porta-voz do Ministério da Justiça suíço disse que Polanski foi preso ao chegar ao aeroporto.

Ele vivia na França havia décadas, para evitar a prisão caso entrasse nos Estados Unidos, e declinou do convite de comparecer para receber o Oscar de Melhor Diretor por "O Pianista", em 2003.

Em 1977, o diretor se declarou culpado de "relação sexual ilegal" com uma menor de idade, reconhecendo ter feito sexo com uma menina de 13 anos de idade. Mas fugiu dos Estados Unidos antes de ser sentenciado, e autoridades norte-americanas têm um mandado para sua prisão desde 1978.

Aqui está um problema: a notícia não mencionava a insanidade que precedeu a fuga – o juiz egocêntrico, a irresponsável incerteza quanto à sentença, o caso sendo debatido não na corte, mas na mídia.

E aqui está outro problema: a prisão de Roman Polanski era, de certo modo, minha prisão. Porque eu sou aquela menina de 13 anos.

Ah, pelo amor de Deus, essa é uma história tão antiga, você poderia dizer. Afinal, estamos em 2013: ele tem 80 anos; eu, 50. Ele é um dos diretores mais celebrados no mundo. Eu tenho um marido excelente, filhos ótimos, uma vida boa. O que os problemas dele, a esta altura do campeonato, têm a ver comigo?

Bem, nada. E tudo.

Dizer que o caso de estupro de Roman Polanski foi um circo é um exagero apenas moderado. Para a mídia, não houve nada igual à arrebatadora combinação de sexo, celebridade e depravação até o julgamento de O. J. Simpson, em 1995. Simplesmente todo mundo que viveu ou leu sobre esse capítulo sórdido da história de Hollywood tinha uma opinião sobre o renomado diretor e a menina que ele foi acusado de drogar, estuprar e sodomizar – eu.

As opiniões sobre o caso Polanski seguiam mais ou menos esta linha: era um pedófilo malvado cujo poder permitiu que escapasse ao longo braço da lei. Ou: era um homem perturbado, cujo passado horrível não permitiu que avaliasse precisamente a diferença entre uma criança e uma jovem mulher. E a menina? Ela era uma inocente/vítima. Ou não: era uma lolita astuta. Ou, talvez, a opinião mais comum: ela estava relutante, mas por fim resolveu colaborar com as ambições loucas da mãe de artista mirim, que queria que sua garotinha fosse uma estrela.

Quem era o predador? Quem era a presa? Todos éramos suspeitos: Roman era um estuprador? Minha mãe tramara contra o diretor para chantageá-lo, usando a filha como isca? As discussões continuavam e continuavam. Talvez a única pessoa que viveu naquela época e não opinou de modo significativo sobre o crime e suas consequências foi... Eu. E é por isso que pensei que seria uma boa ideia contar minha história.

Mas esses pensamentos só me ocorreram alguns meses após a prisão de Polanski. Naquele dia, eu estava em um estado de espírito muito diferente. Estava pensando: adeus, paz. Olá, pesadelo da mídia. Porque eu sabia que sempre que Polanski estivesse no noticiário, eu também estaria.

Pergunte-se o seguinte: você gostaria que a coisa mais louca que aconteceu na sua adolescência fosse divulgada e, depois, dissecada uma vez e mais outra na televisão e na blogosfera?

Certo. Eu achei que não.

Liguei para casa e disse para meus filhos desligarem o telefone – já havia trinta mensagens apenas nas primeiras horas, e nos dias seguintes meu advogado, Lawrence Silver, seria inundado por muitas outras. Por mais que temesse qualquer momento em que Roman Polanski estivesse nos noticiários, nunca imaginei que o apetite por esta história levaria repórteres até Kauai. Até minha porta. Meus filhos se tornaram prisioneiros em nossa própria casa. Fotógrafos tinham tomado o espaço na frente de minha propriedade, sentados em seus carros, esperando e bebendo café requentado. Qual seria a aparência da Menina Estuprada agora? Estaria gorda, magra, bonita, enrugada? Imagine quanto meus filhos, na época com 17, 21 e 27 anos, gostavam de pensar no porquê de a mãe deles estar recebendo aquela atenção. Ninguém gosta de pensar na mãe sendo beijada, que dirá em algo desse tipo.

Assim que soube disso, liguei para Dave:

– Desculpe, a pesca acabou. Temos problemas. Volte *agora*.

Liguei para minha mãe, que estava com minha tia na estrada.

– O que ele fez agora? – ela perguntou. Não lhe ocorrera que a prisão, trinta e dois anos mais tarde, podia ter alguma coisa a ver *comigo*.

Fomos para Denver e passamos a noite em um hotel próximo ao aeroporto. A prisão de Roman estava em todos os jornais e passando nas manchetes dos canais de notícias. Meu rosto estava em todos os televisores do bar do *lobby*.

– Todo mundo está olhando – Dave cochichou.

Estavam? Não sei. Talvez fosse imaginação dele. Fiquei com a cabeça baixa. Mas a mulher na recepção notou minha foto no jornal local e nos levou para um andar mais seguro. Fiquei muito grata àquele hotel, porque aquela seria a última vez que eu teria um pouco de paz pelas semanas seguintes.

No aeroporto havaiano, um punhado de fotógrafos esperava por nós. Como conseguiram saber em que voo eu estaria? Imagino que todas as companhias aéreas tenham informantes. Foi desconfortável, mas acabou logo. Ainda assim, Dave e eu não tínhamos escolha: eu não podia ir para casa e encarar os *paparazzi*. Naquela noite, dormimos no meu escritório. Alguns dias mais tarde, saiu um artigo que dizia que eu estava "claramente chateada e parecendo cansada e exaurida". O mais correto seria exausta e furiosa.

Quando tive coragem de ir para casa, a maior parte dos paparazzi de tocaia tinha, de má vontade, desistido de acampar do lado de fora. Eu precisava reconhecer: meus filhos ajudaram. Monitoravam os carros estacionados na frente de casa e gritavam para pegar de surpresa qualquer fotógrafo que se aproximasse; meu filho Alex chegou a sair de casa e fotografar um deles sem parar, até que o paparazzo partiu. Além disso, meus filhos tinham de desencorajar os amigos de confrontar os fotógrafos; tiveram de ser pacificadores, também.

Ao longo das semanas seguintes, receberíamos mais de duzentas ligações, quase todas da imprensa, sem contar as que chegavam ao escritório de Larry. Ao mesmo tempo, os primos do meu marido – parentes de sobrenome Geimer na Califórnia – enfrentavam pessoas batendo em suas portas. Geimer era um nome incomum, e os repórteres imaginavam que aquelas pessoas podiam ter alguma ideia de onde eu estava e o que estava fazendo. Provavelmente, na mente daquele pessoal da mídia, eu estava tendo terríveis *flashbacks* de décadas passadas. Eu estava – mas eram *flashbacks* horríveis deles, os repórteres.

Por que tudo aquilo tinha de acontecer agora? É verdade que os Estados Unidos buscavam a prisão e extradição de Polanski de qualquer parte do mundo desde 1978. Mas, naquele momento, não sabíamos de nada. Eu jamais imaginei que Polanski deixaria a França; não tinha ideia de que ele possuía um chalé na Suíça e que viajava, semiclandestino, para vários países. Naquele momento, tudo em que eu podia pensar era: "Por que ele fez algo tão estúpido? E por que tenho de passar por tudo isso – de novo?".

Liguei para meu advogado, Larry Silver, que disse:

– Não sei do que se trata. Não faça nada. Vou descobrir.

Alguma coisa, ou alguém, tinha reaberto antigas feridas. Talvez Steven Cooley, promotor distrital republicano de Los Angeles – que, não coincidentemente, estava concorrendo a procurador-geral do estado –, sentisse que deveria mostrar para todo mundo quem era o chefão, e forçar a resolução deste famoso caso não resolvido.

De repente me lembrei de quão desconfortável me senti por muitos anos na Califórnia, em geral, e em Los Angeles, em particular. Para muitos, a celebridade não era apenas importante: para certo segmento da população, era tudo. E, onde quer que uma celebridade estivesse envolvida, todas as emoções se potencializavam. Adulação, sim. Mas desforra também. Eu tinha essa sensação de que todo o sistema judicial estava dizendo para Polanski: *Você acha que é melhor do que nós? Bem, espere para ver.*

O propósito do sistema jurídico é punir criminosos, é claro, e havia muitas opiniões sobre o que isso significava para Polanski – ele já havia sido punido o suficiente pelo que fez? Ainda merecia ser responsabilizado? Ou será que a punição fora tão assombrosamente confusa que qualquer coisa a mais seria cruel e excepcional? E há outro propósito do sistema judicial: proteger as vítimas, e a sociedade, dos criminosos. Então, qual era o sentido em prender Polanski agora? A sociedade precisava ser protegida dele? Eu precisava?

Durante anos tive pesadelos com o lamaçal judiciário, a publicidade, os questionamentos na corte. Mas não acho que tenha sequer sonhado com Roman ou com aquela noite na casa de Jack Nicholson. Isso não significa que não foi terrível. Foi. Mas esse terror não me assombrou. Outros aspectos daquela época, sim. Quando Roman foi preso na Suíça, não foi exatamente um *déjà vu*, mas me lembrou da sensação de impotência que experimentei quando era uma menina de treze anos. Com o passar dos anos, parecia cada vez menos provável que Roman chegasse sequer a retornar aos Estados Unidos. Ele viveria e morreria como um diretor celebrado na França, onde era amado, e eu continuaria no anonimato do qual tanto gostava. E se ele chegasse a voltar, eu presumia que seria porque teria resolvido seus problemas legais e retornaria por vontade própria. Como ele podia ser preso novamente, trinta e dois anos mais tarde?

Em um piscar de olhos, tudo voltou praticamente ao jeito que era décadas antes. Roman estava em uma cela e eu estava sendo caçada pela imprensa. Era exatamente como naqueles anos, quando encontramos pela primeira vez o juiz Rittenband, o homem que supervisionou o caso: estávamos ligados novamente por um sistema jurídico que valorizava mais as manchetes que pudesse gerar do que os efeitos de suas ações nos indivíduos. Os direitos de Roman como réu, os meus direitos como vítima, estavam sendo pisoteados.

Enquanto o caso tramitava de novo pelos tribunais e velhas atrocidades eram revisitadas, meu advogado, Larry Silver, mais uma vez suplicou à corte que deixasse a história toda para lá.

"A vítima é mais uma vez a vítima" – ele escreveu. – "Todos afirmam que estão agindo para reivindicar justiça, mas Samantha não vê justiça. Todos insistem que ela lhes deve uma história, mas a história dela continua a ser triste."

"Ela suporta esta vida porque um juiz corrupto compassivamente propiciou que Polanski fugisse. Não importa qual tenha sido o crime, ele tinha o direito de ser tratado com justiça; não foi. O dia em que Polanski fugiu foi um dia triste para a justiça norte-americana. Samantha não deve ser obrigada a pagar o preço disso. Ela vem pagando por um sistema judicial e processual falho."

"Esta petição faz mais uma exigência, mais um pedido, mais um apelo: deixem-na em paz."

• • •

Agora, entenda: não sou ingênua. Se alguém escreve um livro, não está pedindo para ser deixada em paz. Está convidando as pessoas a entrarem em sua vida. Sei disso. Seja bem-vindo.

Mas tenho um motivo. Muito tem sido escrito sobre o caso Polanski, mas nada foi escrito por mim, a pessoa no centro de tudo isso. Tantos anos se passaram; já é tempo. Tive muitos anos para ter raiva, para rir, para me assombrar com o que as pessoas dizem e por que dizem. De certo modo, quero retomar a posse de minha própria história daqueles que vêm comentando sobre ela, sem censura, por tanto tempo. Porque minha história não é puro horror. É louca e triste, mas, sim, em alguns momentos também é engraçada. Pode ter sido uma bagunça, às vezes, mas é minha bagunça e eu a estou tomando de volta.

Há, ainda – como nós, pais, dizemos –, um momento de aprendizado. Temos, neste país, o que penso ser uma Indústria da Vítima, uma indústria povoada por Nancy Grace, Dr. Phil, Gloria Allred[1] e todos aqueles que ganham dinheiro fabricando indignação. Tenho sido parte disso. Quando se passa anos lendo sobre si mesma nos jornais com o apelido de "Menina vítima de crime sexual", você tem muita coisa a dizer sobre essa questão também. Mas, por enquanto, colocarei desta maneira: é errado pedir que as pessoas se sintam vítimas, porque uma vez que elas se sentem assim, elas se sentem vítimas em todas as áreas de suas vidas.

Tomei uma decisão: eu não ia ser vítima de ninguém nem *para* ninguém. Nem de Roman, nem do estado da Califórnia, nem da mídia. Não ia ser definida pelo que dizem de mim ou pelo que esperam de mim. Ia contar minha história, minha verdade, pela perspectiva de mais ninguém, exceto a minha.

E foi o que fiz.

---

[1] Profissionais americanos que analisam comportamento humano em programas de TV. (N. da E.)

PARTE UM

CAPÍTULO 1

Nasci Tami Sue Nye, em 31 de março de 1963, oito meses antes de o presidente Kennedy ser assassinado e o chão tremer um pouco sob todos nós. Não tenho lembranças de meu pai biológico, embora ele tenha ligado em casa uma vez, depois de beber. Sempre presumi que minha mãe decidiu mudar meu nome, em parte, para apagá-lo de sua vida. Depois descobri que não foi nada disso. Foi meu pai adotivo, Jack Gailey, quem quis a mudança. Garotas espertas não se chamavam Tami Sue. Meu pai queria uma garota esperta.

Somos de York, Pensilvânia, uma cidade industrial onde a população – em geral descendentes de Pennsylvania Dutch[2] – produz pavimentos, turbinas de água e Harley-Davidsons.

---

[2] Região localizada no sul do estado, famosa pela cultura (em especial culinária e arquitetura) alemã e pela grande população de origem germânica. (N. da T.)

A grama sintética foi inventada lá; é onde os halteres York são produzidos e onde o *Hall* da Fama do Halterofilismo dos Estados Unidos tem seu quartel-general. As pessoas que nascem em York normalmente morrem em York.

Em uma cidade na qual Ozzie e Harriet[3] eram os porta-estandartes da vida familiar, éramos os excêntricos. Meu pai, que me adotou aos 3 anos, esteve na legislatura estadual por doze anos e depois foi um proeminente advogado criminal de defesa. Era onze anos mais velho do que minha mãe, que era sua terceira esposa. Com mais de um metro e oitenta, de barba e gravata borboleta, ele usava jeans e cinto de macramê e um sobretudo negro no inverno, e era radical em seu corte de cabelo – com isso quero dizer que seu cabelo chegava abaixo do colarinho. Intelectual próspero, recusava-se a mudar para uma área de padrão mais alto. Em vez disso, minha mãe, minha irmã e eu ficávamos abrigadas em uma casa geminada enorme, como a da série *Os Monstros*, no meio de uma vizinhança de classe operária. Ele tinha pontos de vista progressistas a respeito de raça em um lugar que era profundamente dividido, onde negros e brancos viviam em lados separados da cidade e ninguém ousava ir alguns quarteirões na direção errada, a menos que quisesse ser espancado. Esses pontos de vista o tornavam suspeito. Também deixara a esposa e três fi-

---

[3] Personagens da série de TV que mostrava o cotidiano da família Nelson e se tornou sinônimo de vida familiar na década de 1950. Exibida no canal norte-americano ABC entre 1952 e 1966. (N. da T.)

lhos e se casara com uma atriz – minha mãe. Isso o tornava ainda mais suspeito.

Mas quem não se apaixonaria por minha mãe? Ela parecia uma das loiras de Hitchcock, mas tinha a efervescência e o charme de um vendedor de carros. O que, de certo modo, ela era: além dos empregos que arranjava como garota-propaganda em filmes institucionais (ela conseguia vender até mesmo um pedaço de linóleo), era a Garota da Ourisman Chevrolet na concessionária de Maryland, declarando, animadamente: "Você faz do seu jeito na Ourisman Chevrolet".

Minha mãe era uma celebridade local: tinha seu próprio pôster glamouroso, que as concessionárias vendiam. (Recentemente ela recebeu um bilhete de alguém com uma foto anexada – "isto estava no meu quarto" –, e os pôsteres na parede eram dela e de Farrah Fawcett.) Sua notoriedade com aqueles comerciais chegou até o Salão Oval. Mandell "Mandy" Ourisman, proprietário da imensa concessionária e provavelmente um grande doador republicano, estava em um evento na Casa Branca; dizem que, quando chegou sua vez de cumprimentar o presidente Nixon, este teria dito: "Aquela garota em seu comercial faz um bom trabalho. Eu gostaria de conhecê-la um dia desses".

Em todas as minhas lembranças mais antigas, minha mãe está fazendo uma de duas coisas: retocando a maquiagem ou me dizendo para ir lá fora brincar. A aparência era seu cartão de visitas, e ela sabia disso. Não tenho certeza se ela era destemida, imprudente ou ambas as coisas; sei que era o tipo de pessoa que não olhava para trás. Depois de seu primeiro e prematuro casamento, ela se juntou a uma trupe de rodeio, seguindo um namorado que era caubói. Não que fosse grande amazona – mas ficava linda no dorso do cavalo, e percebeu que podia aprender alguns truques. Era muito melhor do que vender sapatos femininos, que era seu trabalho anterior.

Minha mãe, na verdade, nunca ficou muito tempo sem atenção quando se tratava de homens. Seu primeiro casamento foi com um garoto da vizinhança, aos 17 anos, quando estava grávida de quatro meses da minha irmã, Kim; eles também tiveram outro bebê, que morreu de repente, aos cinco meses. Divorciaram-se pouco depois disso. Seis anos mais tarde, casou-se com o segundo marido, Robert Nye, com quem me teve. Divorciou-se dele quando eu tinha 3 anos, e se casou com Jack Gailey, o homem que sempre conheci como pai. Meu pai podia ser uma pessoa arrogante, com ares de superioridade – porque sabia que era, em geral, a pessoa mais esperta na sala –, mas eu o adorava e ele era louco por mim. E foi por isso que, quando fiquei mais velha, nunca tentei encontrar meu pai biológico. Seria como um insulto para o homem que me criou – e tenho quase certeza, dada a natureza controladora de Jack, que ele tampouco ia querer que eu tentasse fazer isso.

Pouco tempo depois de se conhecerem, meu pai e minha mãe foram escalados para contracenar em uma produção teatral da comunidade: ele era César e ela era Cleópatra. Minha mãe era uma romântica. Talvez tenha visto um final melhor para ela e meu pai do que os personagens na peça de Shaw.

Era óbvio para mim, quando criança, que os sonhos da minha mãe iam muito além de ser a garota da Ourisman Chevrolet. Ela conseguiria sair de York, Pensilvânia, de um jeito ou de outro. Era só uma questão de quando. E com quem... Porque meu pai não tinha nenhuma intenção de deixar sua cidade natal.

Minha infância foi muito feliz, mas ao mesmo tempo também tinha sua cota de caos. Sabíamos que deveríamos ir para casa quando as luzes da rua se acendessem, mas esse era o máximo de supervisão que tínhamos. Desentendimentos na escola eram acertados com chutes no traseiro quando os professores não estavam por perto – garotas, garotos, não importava; não havia coisas como "tratamento" ou "falar e pôr para fora". Em minha própria casa, minha irmã e eu éramos praticamente deixadas à própria sorte, indo de um lado para o outro na mansão enorme. Como meu pai trabalhava em dois escritórios e minha mãe atuava em casas de espetáculos, éramos, em grande parte, cuidadas por Nana, a mãe da minha mãe.

Isso era um pouco problemático, porque, embora todos nós a amássemos muito, Nana era mentalmente doente. Algo acontecera com ela quando minha mãe tinha 15 anos: alguma combinação de doença maníaco-depressiva e esquizofrenia, diziam os médicos. Quando tomava os medicamentos, ela ficava bem. Quando não, acabava no hospital. Nunca nos deram detalhes, mas me lembro de ela jogar fora um monte de pertences do meu pai e de, em determinado ponto, se convencer de que a fiação da casa estava machucando seus dentes, então ir até o porão e arrancar tudo. A fiação sempre foi um problema para ela; certa vez, quando era mais nova, sentiu que a fiação da casa estava lhe mandando mensagens malévolas, então ligou para o FBI. Amávamos Nana, mas ela não era a pessoa mais estável que alguém já conheceu.

Eu era uma garotinha esperta e independente, mais ciente do que a maioria para o que acontecia no mundo e desesperada por aprender. Minha irmã tirou uma foto de mim aos 3 anos, segurando um cartaz que dizia QUERO IR PARA A ESCOLA, porque eu chorava por ainda não conseguir ler.

Pulei o jardim de infância e, quando entrei na escola, tirava boas notas sem precisar me esforçar muito, mas, mesmo assim, eu não estava muito feliz. Ser esperta – em especial ser uma garota esperta – não caía bem em uma cidade industrial. E ainda que mais tarde eu tenha me tornado alguém preocupada demais em agradar aos outros, naqueles primeiros tempos eu não era boa com regras e modelos de comportamento – e é isso que a escola é. Fingi um monte de dores de estômago – *tive* muitas dores de estômago – e, dada a atitude *laissez-faire* de minha mãe, vamos dizer que não tirei nota máxima em presença. Nunca pensei em mim mesma como criança, assim como ninguém na minha família pensou. Mas me tratar como igual foi, muitas vezes, um tiro que saiu pela culatra. Eu queria agradar as pessoas – mas, mesmo quando jovem, tinha um bom detector de asneiras. Quando eu tinha 4 anos, por exemplo, minha professora da pré-escola alertou minha mãe para o fato de que, talvez, eu tivesse problemas emocionais, pois gostava de desenhar com lápis preto. Era tudo que eu precisava ouvir. Meus desenhos se tornaram propositadamente cada vez mais góticos.

Eu era uma moleca que curtia coisas de moleque: gibis do *Homem-Aranha*, *Jornada nas Estrelas*, saltar do telhado da garagem até o telhado da casa. Não tinha paciência para as coisas das meninas e seus forninhos de brinquedo. (Por outro lado, nunca tive dúvida sobre meus interesses românticos: Donny Osmond era meu homem, e eu contemplava seu pôster em meu quarto convencida de que seus olhos me seguiam pelo aposento.)

Muitas garotinhas fantasiam sobre se tornarem atrizes. No início eu não fazia isso – mas acho que minha mãe sonhou esse sonho para mim. Ela não tentou me tirar dos macacões e dos tênis para me colocar em roupinhas de babado. Talvez não fosse necessário, já que eu lembrava Tatum O'Neal, que era uma estrela mirim (também moleca) de imenso sucesso na época. Minha mãe estava o tempo todo tirando fotos de nós, garotas. Tentou conseguir um agente para minha irmã quando ela estava com 17 anos, e me arrumou o primeiro trabalho como modelo – para aqueles capachos sintéticos com margarida – quando eu tinha 10.

Mas meus 10 anos foram memoráveis por outras razões além do trabalho ocasional de modelo. Um dia, minha melhor amiga, Ann, e eu estávamos brincando no beco atrás da minha casa quando um homem parou o carro, disse que era policial e perguntou se queríamos dar uma volta. Fiquei cética. Onde estava seu uniforme? Por que precisava que fôssemos com ele? Mas minha amiga não era capaz de questionar a autoridade de um adulto. Eu disse a ela para vir comigo. Ela não quis. Eu era baixa demais para abrir a tranca do portão para que pudéssemos ficar em segurança no jardim de casa, então lhe disse para ficar onde estava, que eu daria a volta pelo jardim da frente para destrancar o portão. Por que não exigi que ela viesse comigo? Por que ela simplesmente não foi comigo? Não sei.

Quando dei a volta, ela havia sumido. O homem a agarrou, colocou no carro, levou até o bosque e a estuprou. Então a deixou, nua e tremendo. Ela conseguiu chegar até a casa de alguém, os moradores a cobriram e chamaram a polícia.

Tudo isso aconteceu muito depressa e ela foi encontrada mais tarde naquele mesmo dia. Mas, depois que tudo passou, me avisaram: não fale sobre essas coisas, não mencione isso na escola, não deixe ninguém saber que foi com ela, não conte o que aconteceu nem... Nada. É claro, ela era minha amiga, e um dia não pude deixar de perguntar. Ele a machucara, Ann me contou, e ela sangrara. E foi isso. Nunca mais mencionamos o assunto, em menos de um ano ela se mudou para Nova York e nunca mais a vi.

Por que não fiquei traumatizada com isso na época? Acho que, por vir da cidade que vim, eu simplesmente aceitei que coisas más acontecem e você supera. Lembro de ouvir sobre como o carro de tia Jane foi roubado. Lembro de minha mãe me contar que foi assaltada em Nova York – com uma faca no pescoço e o ladrão gritando: "Cale a boca ou corto sua maldita cara!". (Nunca pegaram o cara, e algumas semanas mais tarde uma aeromoça teve a garganta cortada na mesma vizinhança.)

Uma das minhas amigas fora concebida como resultado de um estupro; outra foi estuprada em um beco, por um conhecido, cerca de seis meses depois do que aconteceu comigo.

Então, nos últimos anos, se me perguntarem o que é estupro – e me perguntaram muitas vezes –, é o seguinte: é ser sequestrada por um estranho. Ser levada para o bosque, para um beco escuro. É rápido, brutal e anônimo. Na minha definição, não há espaço para sedução ou gentileza, nem mesmo para coerção gentil.

CAPÍTULO 2

Acho que foi mais ou menos nessa época que meus pais começaram a brigar com um pouco mais de frequência. Nada fora do comum. Só que minha mãe estava atuando cada vez mais em casas de espetáculos pela Pensilvânia e em Maryland, e meu pai não gostava que ela ficasse tanto tempo fora. Eu tinha 10 ou 11 anos quando minha mãe conseguiu o papel de Adelaide em *Garotos e Garotas* – e meu pai a proibiu de aceitar. Ele ligou para o diretor e lhe disse que não a deixaria participar porque tomaria muito do tempo dela.

Ele "permitiu" que ela fizesse outras peças depois dessa, mas aquele momento foi determinante, decisivo. Quando eu estava com 10 anos, minha mãe se mudou para Nova York – o que, francamente, não era tão diferente assim de tê-la vivendo em casa, pelo tanto de tempo que ela ficava fora. Meus pais ainda estavam casados – mas não por muito tempo.

Em Nova York, minha mãe encontrou Bob Nesbitt, um conhecido que fazia parte do elenco de *Room Service*, uma peça encenada fora da Broadway que contava também com a participação de Shelley Berman. Bob era alto, bonito e tinha uma bela gargalhada – o tipo de homem pelo qual era fácil uma mulher se apaixonar. Minha mãe não foi exceção. Logo depois que se encontraram, ela voltou para York para dar a notícia a meu pai. Ele ficou devastado – e furioso. Eu fiquei dividida. Acho que muitas crianças teriam odiado a reviravolta, odiado esse intruso charmoso, mas nunca fui dessas que veem as coisas preto no branco. Queria meu pai, mas Bob era um cara legal. Ele me tratava como uma pessoa, não como uma criança. E fazia minha mãe feliz.

Era 1974. A taxa de divórcios nos Estados Unidos dobrara em dez anos, e os jornais relatavam como os casais divorciados iam ao tribunal pelo privilégio de não ficar com os filhos. Uma psicóloga californiana citada no *The New York Times* declarou que a família norte-americana não era mais "a unidade básica de nossa sociedade".

Tornei-me uma especialista em viajar por conta própria. Durante a semana, enquanto minha mãe estava em Nova York fazendo testes, eu estava na escola Edgar Fahs Smith Junior High, em York. Toda sexta-feira, eu pegava o trem de Baltimore para a Grand Central Terminal, em Nova York, e passava o final de semana com ela no Brooklin, atravessando a ponte com frequência para explorar Manhattan. A cidade de Nova York, em 1974, estava no meio da pior crise fiscal de sua história. Estava à beira da falência, o tráfico de drogas era desenfreado, e não era possível nem mesmo dirigir o carro por Manhattan sem ser acuado por flanelinhas com seus trapos imundos e mãos estendidas. Isso foi antes de a Disney anexar a 42nd Street; naquela época as prostitutas com cabelos armados e coloridos ainda percorriam a Times Square.

Não foi surpresa que minha mãe não tenha ficado por muito tempo em Nova York. Estava conseguindo alguns comerciais que pagavam as contas, mas aquilo não era exatamente o que tinha em mente quando se mudou para lá. Também me conseguiu um agente. Eu me tornava cada vez mais avessa a tudo isso, tanto que, quando fiquei um pouco mais velha, sabotava as audições. Quando me dava ao trabalho de comparecer, as coisas em geral corriam bem. Fui chamada duas vezes para os testes para o papel principal de filha em *Sexta-feira muito louca*, que acabou sendo de Jodie Foster. Todo mundo ficou realmente animado com meus convites, exceto eu mesma.

A carreira de minha mãe ainda não decolara, mas agora ela estava com um homem que partilhava sua ambição: ir para Hollywood e levar a vida que eles sabiam que eram feitos para ter.

No verão de 1975, depois que terminei a sétima série, minha mãe e Bob arrumaram o Ford Fairlane comigo, Kim e nosso cão Rocky, e seguiram para o oeste até Los Angeles. Iriam permanecer por lá. Para mim, supostamente, seriam apenas férias de verão. Depois eu voltaria para casa para viver com meu pai.

Não foi assim que aconteceu. No fim do verão, voei para casa para morar com meu pai, que era com quem eu queria estar. Porém, alguns meses mais tarde, me deram a chance de escolher ou, mais precisamente, me disseram que eu tinha uma escolha: podia ficar onde estava ou, se quisesse, podia deixar York e ir viver com minha mãe na Califórnia. Eu não queria. Eu era a garota do papai e, além disso, quantas crianças querem deixar suas casas e partir para o desconhecido? Meu pai deve ter pensado que me dar a ilusão de controle sobre a escolha me deixaria feliz. Mas eu veria que não era bem assim.

Ele me levou a uma lanchonete local, onde eu falei que minha escolha era ficar com ele. Ele disse:

– Olhe, na verdade você só quer ficar aqui porque quer estar com seus amigos. Você tem de ir viver com sua mãe.

Solucei. Dava para ver que ele estava feliz por eu estar chorando, porque tampouco queria que eu fosse. Talvez tivesse ficado comigo, não sei. Mas acho que, apesar de toda sua postura progressista, ele ainda acreditava que uma menina tinha que ficar com a mãe. Além disso, ele já tinha seguido em frente – estava namorando, tentando reconstruir a vida. Viver com uma adolescente cada vez mais temperamental não fazia parte de seus planos.

Naquele mês de janeiro de 1976, na primeira vez em que meu pai me levou até o aeroporto, ainda me lembro do quão perdida me sentia, sabendo que nunca mais viveria em York. Não podia deixar de pensar em como tinha colocado meu rato de estimação, Odin, na bagagem de mão. (Eu era uma contrabandista muito boa aos 13 anos.)

Apesar de sombria, York era minha casa – e o bairro de Pacific Palisades, em Los Angeles, certamente não era. Era um lugar bonito, com certeza; vivíamos bem perto da praia onde, alguns anos mais tarde, a série *Baywatch* seria filmada. Mas, depois da solidez de York, era um choque morar em um bangalô na praia, coberto de trepadeiras – quando me mudei para lá, uma delas, saindo do armário, me fez gritar.

Mais chocante, é claro, era a cultura californiana. Cheguei quase na mesma época em que o Eagles lançou *Hotel California* ("Cool wind in my hair / warm smell of colitas rising up through the air"[1]). Eu era Aerosmith e Queen; isso era Joni, os Doobie Brothers, surfistas e skatistas e um monte de drogas como caminho para a autodescoberta. Mas com toda a paz, amor e rock' n' roll, também havia essa tendência à violência planejada. A Califórnia, como grande parte do país, viveu um salto enorme nos números de crimes violentos a partir de meados da década de 1970. *Serial killers* como Herbert Mullin e Edmund Kemper, também conhecido como Co-ed Killer, ainda estavam frescos na mente de todos. Seriam substituídos em menos de um ano pelos ainda mais horripilantes Kenneth Bianchi e Angelo Buono, este também conhecido como o Estrangulador de Hillside. Na nona série, estávamos todos aterrorizados.

Minha mãe e Bob continuavam os testes para atuar em shows, mas na época em que nos mudamos para San Fernando Valley, no outono de 1976, Bob aceitara um emprego para vender anúncios para uma revista nova chamada *Marijuana Monthly*, para dar conta das despesas. Ele e minha mãe fumavam todas as noites no quarto – em segredo, acreditavam –, durante os sete anos que ficaram juntos, e o jeito que minha mãe ar-

---

[1] Vento frio no meu cabelo / o cheiro cálido de ervas se erguendo no ar. (N. da T.)

ranjou para parar de fumar era tão a quintessência da década de 1970 quanto fumar maconha. Ela estava em um passeio de *rafting* no Grand Canyon e conheceu um médico inglês que era discípulo de um *swami*;[2] ele foi até ela e disse: "Você está buscando, não está?". Ela respondeu "sim", e ele falou: "Vou lhe dar um mantra e você vai parar de fumar". O mantra, ela me contou, era "om a ram a hum madhu ram ham" – ou, pelo menos, era o que ela *achava* que era. Minha mãe o repetiu enquanto remava; depois, durante todo o caminho para casa, no ônibus, no avião – e jura que foi o mantra que a permitiu parar.

Quando fui morar com eles, depois do Natal de 1975, eu não podia me sentir mais deslocada, uma aberração antissocial nesta cidade praiana de bem com a vida, de surfistas e gatinhas loiras de biquíni, e todo aquele drama falso. (Uma briga em Pacific Palisades: "Se você quer ser *minha* amiga, não pode ser amiga *dela*". Uma briga em York: "Vou acabar com sua raça". O que é mais genuíno?) Era como estar permanentemente em férias e chapado.

Nada do que eu disser será exagerado a respeito da mudança de atitude em relação ao sexo a partir de meados da década de 1970, em comparação a dez ou mesmo cinco anos antes. *Os prazeres do sexo*, publicado em 1972, tinha um lugar de honra no quarto de minha mãe. (Ela nunca soube, mas é claro que li este livro de cabo a rabo.) Jovens garotas são erotizadas em alguma medida em todas as culturas, e, nesta época, em nossa própria

---

[2] Título honorífico hindu. (N. da T.)

cultura, essa erotização se tornou quase lugar-comum. Brooke Shields havia posado nua para fotos aos dez anos de idade e, aos doze, estrelava *Menina Bonita*, um filme sobre prostituição infantil que provavelmente não seria feito hoje. Apenas um ano antes, Jodie Foster havia surpreendido por seu retrato de uma prostituta adolescente em *Taxi Driver*, de Martin Scorsese. *Manhattan* era a homenagem de Woody Allen não só à cidade de Nova York, mas a um homem de meia-idade que ansiava por uma jovem adolescente. E, é claro, havia aquele famoso filme de 1974 no qual uma menina tinha um relacionamento incestuoso com o pai. Era *Chinatown*, dirigido por Roman Polanski.

Os banheiros das escolas estavam sempre cheios de fumaça de cigarro. Quando visitávamos as casas de nossos amigos, os pais nos ofereciam uma cerveja. A cocaína estava apenas começando a se tornar popular, mas, na verdade, aquela não era a droga da moda em Los Angeles. Como os Eagles nos diziam, a questão era ir com calma, não deixar que o som de nossas próprias vozes nos deixasse loucos.

Fiquei profundamente aliviada quando nos mudamos para o Valley, um local mais árido, onde viviam pessoas de verdade que tinham empregos de verdade. O Valley tinha suas celebridades, é claro – nos anos 1940 e 1950, Lucille Ball e Desi Arnaz viveram lá, e Clark Gable e Carole Lombard tinham um ninho de amor –, mas nunca foi conhecido por seu glamour. Era mais o protótipo do subúrbio cintilante. Supostamente, a Família Sol-Lá-Si-Dó vivia lá. E, mais tarde, as Kardashians. Isso era poucos anos antes que a Garota do Valley se tornasse o icônico símbolo norte-americano da menina viciada em compras, unhas compridas e fama.

Aos poucos, tornei-me mais interessada em atuar: quando se é uma criança vivendo em Los Angeles, ser ator parece um objetivo de carreira perfeitamente razoável, compartilhado por metade das pessoas que você conhece. As paredes de meu quarto eram cobertas com pôsteres de Marilyn Monroe (plano A) e Bette Midler (plano B). Na casa em York, a influência de meu pai prevalecia, e eu teria sido algum tipo de intelectual, talvez uma advogada. Aqui no sul da Califórnia, nada daquilo importava muito. Eu era bonita. Tinha retratos. Ia a alguns testes de elenco e, algumas vezes, era chamada de novo. Minha mãe me levou até o lado leste da cidade, na U. S. Route 101, até um edifício de escritórios em West Hollywood. Um agente de talentos me pediu para adotar uma aparência alegre, fresca, e tentei me forçar a fazer isso. (Carroll O'Connor, de *Tudo em Família,* uma vez me viu no corredor, usando uma blusa curta. Cutucou-me na barriga e provocou, "belo umbigo".)

Eu queria ficar animada com as audições, as aulas de atuação e todo o *trabalho* que parecia existir para se alcançar o sucesso. Mas ainda estava um tanto infeliz. Sentia-me totalmente sem rumo. Meus pais me deixaram acalentar a ilusão de que eu estava no controle de minha vida quando, de fato, não controlava nada, estava apenas passando o tempo no Hughes Junior High, em Woodland Hills. Quando não estava com minhas amigas, tentando descobrir quais professores estavam bêbados ou drogados ("Você sentiu o hálito dele?", "Você viu os olhos dela?"), estava sonhando acordada com mudanças: que minha mãe conseguiria um grande papel, ou que todas as aulas de teatro, ginástica e dança para as quais ela me levava em nosso grande, velho e feio Nissan Maxima marrom me conduziriam a algum lugar. Será que eu tinha o necessário para fazer sucesso no *show business*? Provavelmente, não. Eu gostava da ideia de fama muito mais do que da ideia de trabalho.

Portanto: eu não era uma adolescente agradável. Quer dizer, eu tentava ser, realmente tentava. Mas a mensagem que transmitia para minha família em cada olhar e ação era "Por que me fizeram vir para cá? Odeio este lugar e odeio vocês". Por outro lado... Bom, o escritor J. B. Priestley colocava bem a questão: "Assim como políticos e guerras, cada sociedade tem os adolescentes que merece".

CAPÍTULO 3

Um dia Roman Polanski apareceu na porta de casa.

Ok, não foi exatamente assim. Mas quase. Na verdade, o que aconteceu foi o seguinte: minha irmã, Kim, estava namorando um cara chamado Henri Sera, um produtor de filmes secundários que visitou nossa casa algumas vezes. Ele sabia que minha mãe estava no ramo e a convidou para uma festa no Top of the Rocks, um boteco no Sunset Boulevard. Era uma reunião impressionante: Diana Ross estava lá, assim como Warren Beatty. Minha mãe cumprimentou Roman, e conversaram um pouco; ele fez uma piada sem graça envolvendo sexo e a pomada Tiger Balm e ela riu educadamente. E foi isso. Algumas semanas depois, Henri ligou para dizer que Roman estava entrevistando jovens norte-americanas para um ensaio fotográfico que pretendia fazer para a *Vogue Paris*. Perguntaram-me se ele podia vir me ver, e eu disse que sim. Nem pensei em mudar de roupa, e minha mãe também não sugeriu isso. Eu estava de jeans, tênis, uma camisa qualquer e um boné de beisebol – com meu periquito de estimação empoleirado nele. Era o local favorito da ave.

Em alguns anos, eu ficaria sabendo muita coisa sobre esse homenzinho pensativo e de lábios semicerrados. Ele teve, é claro, uma infância terrível. Nasceu Rajmund Roman Thierry Polański, em Paris, em 1933, filho de judeus poloneses. Em 1937, seus pais cometeram o erro trágico de voltar para a Polônia pouco antes do início da Segunda Guerra Mundial. Quando a Alemanha invadiu a Polônia, em 1939, a família foi mandada para o Gueto de Cracóvia, e, depois de um tempo, seus pais foram enviados para campos de concentração – a mãe para Auschwitz, onde foi morta, e o pai para Mauthausen-Gusen, na Áustria, onde sobreviveu. Roman viu o pai ser capturado e levado para o campo. Quando tentou alcançá-lo, o pai, com medo de o filho ser capturado, gritou para que ele "sumisse". Polanski conseguiu escapar do gueto aos 8 anos, através de um buraco na cerca. Como não tinha aparência de judeu, algumas vezes era abrigado por famílias católicas, algumas vezes expulso para vagar pelo continente. Foi espancado em várias ocasiões; ainda tem uma placa de metal na cabeça de quando teve o crânio quebrado. Com frequência tinha de roubar comida. Essa foi sua vida até os 12 anos, quando miraculosamente se reencontrou com o pai após a guerra. O pai estava casado novamente, com uma mulher que desde o início Roman se ressentiu. Os três viveram juntos, desconfortavelmente, até que ele foi aceito na escola de cinema. Sua relação com o pai jamais se recuperou por completo.

Na verdade, não havia relação nenhuma entre eles.

Mas então veio a extraordinária trajetória de sucesso. Ele acabou atuando ainda adolescente, e dirigiu seu primeiro filme – *Faca na Água* – na Polônia, em 1962. Era um filme profundamente desconcertante sobre a tensão sexual entre um casal entediado e um homem para quem dão carona, e foi indicado ao Oscar de Melhor Filme em Língua Estrangeira daquele ano. Roman se mudou para os Estados Unidos e dirigiu alguns dos mais sombrios e extraordinários filmes de nossa época: *O Bebê de Rosemary*, *Repulsa ao Sexo*, *Macbeth* e, alguns anos antes de nos conhecermos, o filme que foi indicado para onze prêmios do Oscar, *Chinatown*. Mas até sua vida pós-holocausto como diretor celebrado foi destruída pela mais indescritível das tragédias: em 1969, sua esposa grávida, Sharon Tate – supostamente a primeira mulher com quem tivera um relacionamento real, duradouro e gratificante – foi brutalmente assassinada em casa, juntamente com outras quatro pessoas, em uma das abomináveis matanças de Charles Manson.

Quando o conheci, em fevereiro de 1977, eu não sabia de nada disso. Vira *Chinatown* e não gostara. Achara ao mesmo tempo brutal e entediante. (É claro, se eu soubesse que ele dirigira e estrelara meu filme favorito na época, *Dança dos Vampiros*, teria ficado deslumbrada.) E minha mãe e Bob, apesar de serem do ramo, não eram exatamente historiadores de cinema. Sabiam sobre o assassinato de Tate, de modo que um ar de tragédia sempre pairava sobre Roman. Também sabiam que ele era poderoso e famoso e que podia fazer coisas por todos nós. Em outras palavras, minha mãe e Bob eram como qualquer outro pouco sofisticado aspirante a ator de Hollywood.

• • •

Polanski se sentou na sala e explicou o que pretendia fazer. A edição francesa da revista *Vogue* queria fazer uma reportagem sobre as diferenças entre as meninas norte-americanas e as francesas – exatamente o quê era um pouco vago, mas pareceu perfeitamente plausível, na época –, e ele precisava encontrar as meninas norte-americanas certas. Mostrou para minha mãe e Bob belas páginas duplas que fizera com Nastassja Kinski nas Ilhas Seychelles para uma edição de verão da *Vogue Paris.* O tema era "piratas" e envolvia praia, espadas, um tesouro enterrado e Kinski, como a princesa capturada, em um tipo de vestido medieval dourado. Se ele tinha ou não um relacionamento sexual com Kinski naquela época, quando ela ainda tinha 14 anos, é uma questão aberta ao debate, mas ele teve, pouco tempo depois. O que não é discutível é que ela estava tão requintada nas fotos que era de tirar o fôlego. Também parecia tão exótica, tão sensual, tão conscientemente sexual. Em alguns anos, Richard Avedon faria a famosa foto dela enrolada em uma jiboia, e eu sempre imaginei que a jiboia devia ter ficado irritada por ter sido ofuscada.

De qualquer modo, aquelas eram imagens extraordinárias de uma beleza internacional. E então lá estava eu, uma moleca de 13 anos de jeans e tênis, ainda não totalmente desenvolvida, carregando um passarinho.

Na opinião de todos – incluindo a minha –, eu era uma menina de aparência agradável, mas não excepcional. Meus olhos não sugeriam nenhum mistério em particular – eram vivazes, mas isso era tudo. Eu tinha o rosto redondo, um nariz levemente achatado, lábios vermelho-cereja sem precisar da ajuda de brilhos labiais. Meu cabelo era curto, e eu não estava completamente por fora do corte empolado da Garota do Valley. Minha voz era surpreendentemente rouca – não sexy como a de Cathy Moriarty, simplesmente rouca. Ninguém podia dizer que eu deslizava por um aposento. Eu meio que galopava.

Olhando para trás, ainda me surpreendo que ele não tenha dado meia-volta e saído pela porta. Ele estava realmente procurando meninas na pré-puberdade para um ensaio fotográfico, ou o ensaio era uma boa desculpa? No final das contas, Roman Polanski não precisava se esforçar muito para conseguir mulheres bonitas. Mas, talvez, a beleza não fosse sempre o foco. Talvez, para um homem que viveu o que ninguém deveria ter vivido e sobreviveu a isso, a juventude extrema fosse algum tipo de força vital. E, talvez, ele sentisse que precisava disso.

Naquele momento, é claro, eu não pensava em nada disso. Em grande parte, eu pensava: "Eca, esse cara é quase do meu tamanho e meio que parece um furão. Mas é superpoderoso e quer me fotografar. A *mim*! E olhe como minha mãe e Bob estão. Estão sentados empertigados, um pouco inclinados na direção dele, ouvindo-o felizes".

Enquanto ele mostrava aquelas fotos de beldades de cair o queixo na *Vogue* – garotas em praias, no campo, trajadas com vestidos de noite – e explicava seu enredo para a história da adolescente norte-americana *versus* a francesa, não sei como me contive para não soltar uma gargalhada. Na verdade, não percebi em nenhum momento que ele estivesse me observando, embora certamente ele deva ter feito *algum* tipo de cálculo. Aquilo era entediante. Eu queria ir embora.

Apresentei Roman para meu periquito, que não conseguiu chamar sua atenção, e então fui para meu quarto, para meu toca-discos, e para a teatralidade exagerada do Aerosmith:

Leaving the things that are real behind
Leaving the things that you love from mind[1]

• • •

Alguns dias depois, Polanski voltou, segurando uma pequena máquina fotográfica negra. Minha mãe gentilmente sugeriu que poderia ir conosco ao ensaio. Houve uma longa pausa. Não, Roman respondeu, a presença dela me deixaria desconfortável e incapaz de relaxar diante da câmera. Ela não insistiu; já eram conhecidas as histórias sobre a louca mãe controladora de Brooke Shields, e ela certamente não queria ser uma *dessas*.

Roman e eu seguimos de carro, em silêncio, até o fim da nossa rua de um quarteirão, a Flanco Road, depois subimos a

---

[1] Deixando as coisas que são reais para trás / Tirando da mente as coisas que você ama. (N. da T.)

colina até onde a vizinhança, no final do dia, caminhava com seus cães, andava de bicicleta ou deitava na grama irregular. À noite era possível ver as luzes do Valley, de Topanga Canyon e de Mulholland Drive; ao olhar para cima, via-se a Via Láctea através da leve cerração de San Fernando.

Era final de tarde, algumas horas após o término das aulas. Fazia calor, sem nenhuma brisa, e tínhamos poucas horas de luz à frente. Este era o ensaio-teste. Com isso, Polanski poderia determinar se eu era a menina certa para a revista francesa.

Ele parou em um ponto da colina não totalmente oculto pela relva alta e começou a me fotografar. Eu trouxera duas blusas e, depois de terminar um filme, ele me pediu para mudar de roupa. Virei de costas para me trocar e fiquei surpresa por ainda escutar o clique do obturador. Por que ele ainda estava fotografando? Não era óbvio que eu não estava pronta? Enquanto me trocava, ele me pediu para virar de frente para ele, e começou a me dar instruções em voz baixa. Sorria, não sorria, olhe para mim, morda o lábio, olhe para cima, vire à esquerda, olhe novamente para mim. Estava completamente concentrado, não em mim, mas em tirar a foto perfeita. Não havia conversas. Nada de brincadeiras. Mas estava tudo bem.

– Não está dando certo – ele disse. – Eu simplesmente não consigo ver.

Tentei novamente. Estava acostumada a ouvir apenas elogios de fotógrafos – fosse porque eu era *simplesmente incrível* (dizia meu cérebro de 13 anos) ou porque os fotógrafos eram pagos para tirar retratos e queriam me deixar feliz. Embora Roman não estivesse exatamente zangado comigo, eu sabia que não estava agradando. Eu podia perceber que ele ficou um pouco exasperado quando tentei um olhar sexy, mordendo o lábio. Quanto mais "por fora" eu me sentia, mais me esforçava. Achei que conseguia entendê-lo: *Dê-me o que eu quero, ou outra me dará.*

Caminhamos até o alto da colina. Quando ele me pediu para tirar a blusa, senti que tinha de encarar o desafio. Claro, meus seios eram tão pequenos que eu ainda podia usar camisetes, e claro que minha mãe desaprovaria, mas era a minha chance. Se conseguisse chegar à revista – bem, eu estaria com roupas. Além disso, eu era profissional. Claro, sem problema. Tirei minha blusa.

– Exatamente assim – ele disse. – Vire-se.

Ele fotografou. Então vesti a blusa o mais rápido que pude. Não pensei muito nisso. Era tudo perda de tempo. Essas fotos não seriam usadas. A *Vogue* não publicava garotas nuas, como a *Playboy*. É claro, aquela revista era francesa. Talvez fosse diferente na França.

A próxima coisa de que me lembro é que estava de topless novamente.

– Coloque as mãos no quadril agora – ele disse.

Roman parecia um pouco mais feliz. Eu estava ficando com frio. Um ciclista empoeirado passou por nós, e Roman olhou para ele e depois para mim.

– Isto está incomodando você? – ele perguntou.

– Não – respondi.

Eu era profissional. Além disso, seios eram bonitos; era o

que dizia *Os prazeres do sexo*, e eu pensava assim. Só que eu não tinha seios, não de verdade. Mas outras meninas da minha idade não tinham posado assim? Brooke Shields ou, talvez, Jodie Foster, ela estava naquele filme, *Taxi Driver*, e, ah, não sei, *várias* outras.

Finalmente acabamos e voltamos para casa, o sol se pondo atrás de nós. A poluição sobre o Valley riscava o céu em tons de laranja e rosa. Estava frio, e desejei ter trazido um suéter. Correra tudo bem? Tentei me convencer de que sim. Era o que diria para minha mãe. Estava tudo bem. Tudo muito bem.

E deve ter corrido bem o bastante porque, embora não tenha dito nada para mim, Roman ligou para minha mãe e combinou uma segunda sessão. Eu estava conseguindo meu ensaio. O que quer que eu tivesse feito naquela colina, estava me colocando no mapa. E minha família ficaria animadíssima.

CAPÍTULO 4

Simplesmente aconteceu. Alguma vez você já se ouviu dizendo isso? Quantas vezes é verdade? Quando fazemos algo vergonhoso, em geral é intenção ou oportunidade? Ao longo dos anos, eu me fiz essa pergunta em relação a Roman Polanski. Foi algo que "simplesmente aconteceu"?

No dia 10 de março, meu bilhete para o estrelato apareceu de novo. Estava vestido casualmente, mas bem arrumado, com calça bege e camisa risca de giz com o colarinho grande que era moda na época. Usava botas baixas com salto, que davam certa arrogância a seu caminhar. Ou talvez fosse só o jeito de andar dele. Não parecia brusco nem insinuante; só um pouco pensativo e absorto. Sua colônia era meio forte demais. Ele queria me fotografar para a revista! Claro, da última vez tinha sido superdesconfortável, mas aquele era o preço da fama. Eu podia ter 13 anos, mas não era idiota. Já não tinha percebido que todo mundo tinha que fazer alguns sacrifícios pela arte? E se meu sacrifício fosse tirar a blusa, bem, qual a dificuldade disso?

Todo mundo estava animado por mim, mas, embora eu não tenha dito nada sobre a última sessão de fotos, minha mãe percebeu meu desconforto. Sugeri para ela que minha amiga Terri fosse comigo. Terri, que estava em casa naquele dia, era minha amiga mais próxima naquela época, uma menina meiga, de família católica rigorosa, totalmente diferente da minha. Ela parecia uma boa companhia para o que eu ia fazer.

Mas Roman estava com pressa. Disse:

– Vamos. A luz já está indo embora. Apresse-se. Pegue suas roupas.

Foi o que fiz, com ele me ajudando a escolher o que levar. Jeans, uma blusa branca, uma camiseta de rúgbi, um vestido azul simples. Saímos os três e, enquanto nos dirigíamos para o carro dele, Terri perguntou quanto tempo levaria a sessão de fotos, porque precisava estar em casa a uma determinada hora. Polanski a advertiu de que poderia demorar um pouco, então talvez fosse melhor ela não ir. Ela deu de ombros e foi para casa de bicicleta. Eu queria que ela viesse conosco, principalmente porque estava desconfortável com este adulto, e pensava que seria mais divertido ter uma amiga, não porque estivesse com medo ou ansiosa. Minha mãe pensava que nós três tínhamos ido juntos.

Roman percorreu as curvas da Mulholland Drive em uma Mercedes cinza prateada alugada, em nosso caminho para... A casa de alguém. Eu não sabia onde era, mas não importava. Sentei-me ao lado dele no banco do passageiro e fiquei olhando os cânions que passavam correndo. Era um dia lindo para minha grande oportunidade.

Primeiro, paramos na casa de uma inglesa morena, com feições felinas e lábios carnudos perfeitos – Jacqueline Bisset, me disseram. Eu não sabia quem ela era, mas era muito gentil e me ofereceu uma taça de vinho, que recusei. Mais tarde, ela disse que estava chocada por ter oferecido bebida alcoólica para uma menor – afirmou que não sabia minha idade real. Se você olhar as fotos da época, isso parece improvável, mas vai ver que ela simplesmente presumiu que Roman não estaria por aí com uma menina de 13 anos. Até eu achei um pouco estranho que alguém que não me conhecia me oferecesse vinho, mas naquela época os adultos eram tão ansiosos em parecerem "legais" com as crianças que, com frequência, tratavam-nas como pequenos adultos. Já tinham me oferecido cerveja ou vinho nas casas dos amigos de meus pais antes. Roman tirou algumas fotos minhas na casa de Jacqueline – bonitas e femininas, talvez só um pouquinho ousadas – e continuou preocupado em ficar sem luz, então disse que devíamos ir para a casa de seu amigo Jack Nicholson. De volta ao carro, conversamos um pouco.

– Você tem namorado? – ele perguntou.

Olhei para fora, pela janela.

– Sim – respondi.

Era mentira. Eu *tinha* tido um namorado, mais ou menos. Ele acabara de terminar comigo. Steve era meu primeiro namorado sério; tínhamos saído por alguns meses. Ele não fumava ou bebia porque levava a sério o caratê e queria ser disciplinado. Dirigia um Camaro, o que impressionava todo mundo na minha escola. Eu era louca por ele, mas ele rompeu comigo porque eu tinha 13 anos e ele, 17, e achava que não devia perder tempo com alguém tão jovem. Passamos um tempo juntos, no entanto.

– Você já fez sexo?

Aquela era uma pergunta estranha. Respondi que sim. Era verdade, e eu não queria que ele pensasse em mim como uma criança.

– Quantas vezes?

– Duas – falei. Isso também era mentira. Havia sido só uma vez. E não fora particularmente memorável; para mim, aos 13 anos, fora mais como... Bem, uma dessas coisas que você risca da lista de coisas a fazer. Mas eu não queria parecer ingênua. Se você diz para alguém que fez sexo apenas uma vez, soa recatada e ridícula. Duas vezes era muito melhor.

Roman parou de fazer perguntas.

A conversa passou para outros assuntos, eu relaxei e esqueci tudo aquilo. Continuamos pelo Mulholland Canyon, falando de fotografias. Contei para ele sobre a capa da *Playboy* que eu tinha visto. Meu ex-namorado, Steve, tinha me mostrado. Era uma garota em uma roupa de mergulho bem cortada, com o zíper aberto até embaixo, saindo das ondas em frente a um belo pôr do sol. Veja, se ele soubesse que eu já tinha visto a *Playboy,* ele entenderia que eu era bastante madura. Não me incomodava com aquelas coisas. Sou praticamente francesa!

A estrada onde estávamos parecia familiar. Eu tivera algumas aulas de teatro ali perto e, só por diversão, minha mãe e eu gostávamos de dirigir por ali aos domingos. Era bem acima do Valley: dava para vislumbrar as montanhas, as casas onde as estrelas viviam. Minha mãe gostava de apontar as casas das estrelas durante nossos passeios: *Ei, Loni Anderson vive ali! Marlon Brando mora lá!* Essa era a primeira vez que eu ia à casa de um astro de cinema, no entanto. Não que eu gostasse muito de Jack Nicholson. Sim, ele era um bom ator (eu o vira em *Chinatown*), mas eu gostaria que fôssemos para a casa de Dom DeLuise, por exemplo, ou Roddy McDowall. A casa do cara de *O Planeta dos Macacos! Isso* que seria legal.

Mas aquilo era bom também.

A casa não era imensa nem sofisticada, mas tinha um grande deque de sequoia vermelha com uma piscina na parte de trás, e vista para as montanhas. Uma mulher de pele escura nos recebeu na porta com dois cães, e ela e Roman conversaram um pouco. Seu nome era Helen e era a governanta. Jack Nicholson não estava, mas não achei isso nada de mais. Olhei ao redor da sala. Tinha muita madeira – definitivamente um homem morava ali – e estantes cobertas de fotos e lembranças.

Roman e Helen continuaram conversando enquanto eu dava uma volta, tentando fingir que me interessava pela casa. Por fim, Roman veio até mim:

– Está com sede? – perguntou, enquanto entrávamos na cozinha.

Ele abre a geladeira de Nicholson, que está abarrotada de suco, refrigerante e vinho. Pega uma garrafa de champanhe e me pergunta:

– Devo abrir?

– Tanto faz – respondo.

– Tudo bem? – ele pergunta para a governanta, e ela pega três taças.

Eles tomam alguns goles e conversam mais um pouco, enquanto Roman começa a mexer na máquina fotográfica. Helen diz que está indo embora. Estou feliz que Roman finalmente queira começar. Ele diz que quer pegar o resto de luz, então vamos lá fora. O sol está se pondo sobre Hollywood Hills, e estou fazendo o melhor possível para seguir as instruções dele. Mas ele parece irritado. Sou eu? É a luz? Bem, parte da culpa deve ser da luz, porque ele não desiste totalmente. Voltamos para a sala.

Roman me dá uma taça de champanhe enquanto me posiciono ao lado de um abajur de bronze antigo, desejando parecer bonita. O champanhe tem um gosto bom. Ele sugere que eu tire a blusa. Hum, ok. Não preciso tirar o sutiã porque não estou usando um. A verdade é que não preciso. Eu realmente gostaria de ter seios, então fico comprando sutiãs infantis para mim mesma, esperando que isso estimule meus peitos a crescerem. Mas ainda não tive essa sorte. Ah, bem, melhor não pensar nisso agora. Tomo outro gole de champanhe. Roman parece mais satisfeito. Ei, olhe para mim! Sou uma modelo de verdade agora.

Já vi tantas fotos com as garotas olhando por sobre o ombro, nas quais elas parecem estar nuas, mas você não vê nada.

– É o que ele está fazendo, aposto. Devo ter ombros bonitos.

– Devo beber o champanhe ou só fingir?

– Sim, beba. Segure a taça entre os lábios. Agora, abaixe. Beba. Olhe para mim. Olhe para lá. Tome um gole.

Eu bebo. Ele enche minha taça novamente. Bebo mais. Ele continua enchendo, mas tento diminuir o ritmo. Também tento seguir suas instruções e fazer um bom trabalho. E então acabamos com as fotos naquele local, e ele me diz para trocar de roupa.

Coloco o vestido azul comprido, de mangas longas. Ele se afasta para colocar um rolo de filme novo na máquina, acho. Não é confortável ficar seminua diante de um médico, imagine de um fotógrafo; então, quando ele não fica para me observar enquanto me troco, não posso deixar de me sentir melhor. Mesmo assim, tento não pensar em nada disso. Este é meu trabalho, lembro a mim mesma. Sou profissional, e é isso que profissionais fazem.

Na sequência vamos até a cozinha. Ele enche minha taça mais uma vez. Estou empoleirada no balcão da cozinha, lambendo um cubo de gelo, minha língua de fora, e ele está fotografando. Estou ciente de ouvir um pequeno zumbido. Se não pensar demais nisso, esta encenação é meio engraçada.

Também posso ser uma gatinha sexy, como as garotas da revista *Cosmopolitan*.

Ele tira mais algumas fotos, e quando acabamos a sessão na cozinha, já bebi outra taça de champanhe. Ele me serve novamente. Minha taça nunca fica vazia. Ele é um bom anfitrião, acho.

– Vamos tirar algumas fotos na banheira de hidromassagem – Roman diz.

Tanto faz! Aquilo me parece bem. Ele sugere que eu ligue para minha mãe primeiro, e isso me parece bem, também. Ele diz que não quer que ela se preocupe.

– Você está bem? – Minha mãe pergunta.

– Ah-rã. Terri acabou não vindo com a gente – conto para ela.

– Quer que eu vá buscar você?

Ela parece um pouco nervosa, ou algo assim.

– Não. Está tudo bem – digo. Estou me sentindo bastante bem naquele ponto, desfrutando de bancar a modelo mais que da primeira vez ou do que mais cedo. Roman parece cada vez mais satisfeito comigo. Pelo menos não está fazendo cara feia. E quer mais fotos. Finalmente, estou fazendo a coisa certa.

Ele pega o telefone e diz para minha mãe que estamos na casa de Jack Nicholson em Mulholland Canyon, não muito longe. Já está escuro, mas logo ele me levará para casa. Depois de tranquilizá-la, ele desliga.

Há um pequeno banheiro que tem uma porta aberta para a lateral da casa, onde está a banheira, e vou lá me despir. Não tenho traje de banho, então imagino que entrarei apenas de calcinha e, uma vez que estiver lá dentro, posso ficar fundo o bastante para ser coberta pelas borbulhas. Prendo uma toalha ao redor do corpo.

Ele vem por trás, passa por mim em direção à porta e para na pia. Está segurando uma caixinha. É um pequeno retângulo amarelo através do qual é possível enxergar. Ele segura um comprimido dividido em três partes e me pergunta:

– Isso é Quaalude?

E digo:

– Sim.

Não sei por que ele me perguntou aquilo. Talvez queira saber o quanto *sei*. E eu sei, porque já vi em revistas. Chamam de Rorer 714[1]. As pessoas no Valley usavam camisetas com "Capitão Quaalude" estampado nelas. Eram sedativos e relaxantes musculares. Também eram drogas sexuais populares, com fama de aumentar a excitação.

– Acha que serei capaz de dirigir se tomar uma?

Por que ele está me questionando?, Eu me pergunto. Quero dizer, sei o que são. Mas, em primeiro lugar, não dirijo, então não tenho ideia do que é necessário para dirigir; em segundo, realmente não sei o que Quaaludes fazem. O que *fazem*?

– Quer uma parte? – ele me pergunta. Primeiro digo que não. Então ele me pergunta se eu nunca tomei um. Digo que já tomei. É mentira. Mas penso: "Se eu disser que já tomei, então sou alguém que sabe para o que está dizendo não. Experimentei e não gostei" – isso é legal, certo?

---

[1] No Brasil, a methaqualone, ou Quaalude, também é conhecida como mandrix. (N. da T.)

Então ele pergunta novamente. E então... Ah, não sei. Ele quer que eu tome. *Como posso dizer não?*

Então digo sim.

Engulo um terço de uma pílula com mais champanhe. Ah, não tem problema. Não é nem meia pílula.

Só que... Merda. Champanhe, pílula. Eu devia ter comido algo hoje. Quem era aquela menina em Nova Jersey? Karen Ann Quinby – não, Quinlan. Karen Ann Quinlan. Esteve nos jornais recentemente. Foi para uma festa, tomou algumas pílulas e bebida alcoólica, e acabou em coma. Seus pais a tiraram do respirador, mas ela simplesmente ficou deitada ali, incapaz de se mover, incapaz de morrer. Aquilo era horrível. Começo a ficar um pouco assustada. Estou relaxada – relaxada demais – e sinto como se quisesse deitar no chão da cozinha e descansar, talvez permanentemente. Meus músculos estão líquidos, mas meu coração está batendo. E se eu me tornar a menina do coma?

Ok, comer alguma coisa – isso vai ajudar.

Não há nada na geladeira além de bebidas alcoólicas e refrigerante, mas há alguns biscoitos em um prato no balcão. Devoro todos. Não consigo encontrar mais nada. Ok, estou só exagerando. Vai dar tudo certo. Tudo certo.

– Samantha.

Eu o ouço me chamar lá de fora, do lado da banheira. Está escuro, mas há algumas lâmpadas pequenas na casa e luzes no jardim, e a banheira também é iluminada. Parece tão selvagem, com as luzes brilhantes transformando a água espumante em algum tipo de branco incandescente.

Ele me pede para entrar na banheira, e estou só de calcinha, e ele diz:

– Você devia tirar a calcinha.

Ah, não. Mas, bem, ok, tudo bem. Deve haver uma razão. A calcinha é escura, um tipo de cor de ferrugem, talvez apareça através da água e estrague as fotos. Ele sabe o que está fazendo.

Espere, como foi mesmo que vim parar aqui? Deixe-me pensar. Que animação. Roman Polanski está vindo e quer me fotografar para uma revista francesa, Henri é amigo dele e Kim disse para minha mãe, e minha mãe me disse, e minha mãe e Bob disseram que isso tudo é tão incrível, e estou tipo, ok, vou para meu quarto agora, com meu pássaro de estimação, pensar nisso. Não sei. Mas, então, quero ser Marilyn Monroe. O que ela faria? Ela ficaria linda e livre nas borbulhas. Então vamos subir aquela colina, quem se importa com o cara empoeirado de bicicleta. Quer minha blusa? Aqui. Fiz sexo duas vezes, não é o que todo mundo faz, então sim, champanhe e Quaalude, é assim que se faz, tome minha calcinha também.

Não sei. Entro na banheira. Não estou usando nada.

Estou com minha taça de champanhe, então faço pose para a câmera. A banheira é boa, mas é bem funda. Depois de mais algumas fotos, ele desiste.

– Isso não está bom, não há luz suficiente.

Deixa a câmera de lado e diz que vai entrar.

Ele vai entrar?

Tudo bem por mim tirar a blusa, tudo bem que ele não se importe com nada que eu tenha a dizer, e o jeito indiferente como ele age em relação a mim, e posso até lidar com passar todo esse tempo com ele, porque todo mundo me diz que ele é um grande artista. Mas... Isto? Não. Ele é um homem de 43 anos com lábios úmidos. Nem mesmo gosta de mim.

Ele tira a calça bege e o suéter. Então despe a cueca. Desvio o olhar, e não olho de volta até que tenho certeza de que ele está na água. Não quero ver nada. Se não vir, não vou lembrar. Ele vai até o fundo da banheira. Estou na parte rasa.

– Venha aqui – ele diz.

Quero sair. Agora. Como pude ser tão estúpida? É um pensamento difícil de manter. A água está quente, o vapor sobe na noite, e há aquele cheiro de banheira, meio de limpeza, meio de sujeira. Estou a quilômetros de distância de qualquer lugar e, apesar de tudo, não acho que os biscoitos tenham ajudado muito.

– Venha aqui, quero que sinta uma coisa – ele diz.

Eu sabia que isso não estava certo. Mas não sei o que fazer, então vou na ponta dos pés, a cabeça acima da água. Ele me puxa pela cintura um pouco mais para perto e me ajuda a me equilibrar um pouco, e me coloca sobre um dos jatos, para que eu possa sentir as bolhas fazendo cócegas entre minhas pernas.

– Vê? Não é bom?

Não há nada de bom naquilo, mas sei aonde ele quer chegar.

– Ah, sim – digo.

Por que não digo "não"? Por que não digo "não me toque"? Não tenho mais a parede atrás de mim. Somos só ele e eu na água e o vapor e as bolhas. Então tudo me atinge ao mesmo tempo: o vapor, o calor, o álcool, a pílula e o pânico. Já foi tocada de um jeito que faz você querer saltar para fora de sua pele? Este homem tinha a reputação de ser um grande amante. O problema é que ele não era *meu* grande amante. Eu podia ter sido qualquer menina – desde que fosse do sexo feminino, e desde que fosse jovem.

Meu peito ficou apertado.

– Não consigo respirar aqui. Tenho asma – digo.

Por que digo isso? Nem mesmo conheço alguém que tenha asma, simplesmente digo. Tento me afastar, mas ele me segura com firmeza.

Porém, ao ver que não estou feliz, ele sugere que eu pule na piscina, que isso vai me acalmar. Não quero fazer isso. De verdade, de verdade, não quero fazer isso. Coloco o dedão na água, e ele diz:

– Vê? Não está fria.

Então mergulho e saio rápido do outro lado. Então salto para fora da piscina, agarro uma toalha que está ali perto, corro para o banheiro e coloco minha calcinha, que está lá. Ele me segue.

– Como está sua asma? – ele pergunta, com gentileza. Sua voz é suave, persuasiva.

– Preciso ir para casa e tomar meu remédio – digo. Fico bem contente que ele não pergunte qual é o remédio para asma, porque não tenho a mínima ideia, e então estarei encrencada. Ele diz, distraidamente:

– Sim, logo vou levar você para casa.

Então ele me diz para ir para o outro quarto, deitar.

– Não, tenho que ir para casa – digo, mas ele me segura

pelos ombros e me leva até o quarto, e me senta em um grande sofá de veludo vermelho. Pergunta-me se estou bem.

– Não, não estou bem – respondo. – É melhor eu ir para casa agora.

Ele me garante que vou melhorar.

Segura meus braços na lateral do corpo e me beija, e eu digo:

– Não, pare com isso – mas, entre a pílula e o champanhe, é como se minha própria voz estivesse muito distante. Ele está beijando meu rosto e sentindo meus seios e me pergunta novamente se eu gosto disso, se é bom. Não digo nada, mas ele é um cara que faz filmes, então imagino que esteja mentalmente preenchendo o diálogo por conta própria. *Você está me obrigando a fazer isso e agora quer que eu diga que gosto, também? Não vai me convencer a gostar disso.*

Então ele vai para baixo em mim. Sei o que é, claro, porque li sobre isso, mas nunca na verdade ninguém fez algo assim em mim. Ele pergunta se é bom, e de fato é – e isso, em si, é horrível. Não quero isso, minha mente recua, mas meu corpo está me traindo.

E é quando saio de mim. Vou para longe, muito longe. Há uma sensação de vazio completo e absoluto. *Ah, é só meu corpo. Não sou eu realmente ali. Ok. Entendo.*

Ele fica murmurando alguma coisa, está tentando tornar bom para mim, eu sei, mas não é bom, e tudo está se apagando e me sinto tonta e o quarto está tão escuro. Mas não luto. Por que lutar? Tudo o que ele quer é ter um orgasmo, esse pequeno espasmo que faz o mundo girar. Tomo a decisão de simplesmente deixá-lo ir em frente, quão ruim pode ser, é só sexo. Ele não quer me machucar. Ele só quer fazer isso. E será isso. Não é como se eu fosse uma pessoa real para ele, ou mesmo que ele seja real para mim. Estamos os dois encenando nossos papéis.

Relação sexual é uma expressão engraçada, algumas vezes. Relação: "uma comunicação entre indivíduos". Mas e quando não há comunicação alguma? Ele é esse cara velho. Fica perguntando se gosto disso. Então lhe ocorre algo.

– Você toma pílula? – ele me pergunta.

– Não.

– Quando foi sua última menstruação?

Desejo que ele cale a boca e simplesmente termine o que está fazendo. Estou tentando fingir que não estou ali, e ele fica me fazendo perguntas. E como espera que eu responda qualquer coisa? Está escuro, estou alta, estou em uma casa na qual nunca estive, sozinha na escuridão com este estranho. Você pode, por favor, parar de falar?

– Não sei. Uma semana ou duas, não tenho certeza.

– Vamos lá! Você tem que se lembrar disso. – Ele está um pouco impaciente, esperando que eu me lembre rápido. Não se trata mais de me agradar. Naquele momento, não tenho ideia de por que ele está perguntando aquilo. É só mais tarde que raciocino: Ah, acho que ele pensou que eu era uma daquelas garotas que queriam prendê-lo.

– Não sei – digo com sinceridade. – Simplesmente não sei.

– Não vou entrar em você, então.

Na sequência, ele diz algo que me confunde totalmente:

– Você quer que eu vá por trás?

Respondo:

– Não – mas, de todo modo, não sei o que ele está perguntando. Só sei que mesmo que tenha dito não, farei praticamente qualquer coisa para acabar com isso. Quando acontece, ainda não tenho certeza do que pensar. Eu estava, tipo, "Espere, aquilo era minha bunda? As pessoas realmente faziam aquilo?"

E então: acabou, penso. Mas, naquele exato momento, há uma batida na porta do quarto.

– Roman, você está aí? – Uma voz de mulher. Não a vejo, mas não era a mesma mulher que nos deixou sozinhos antes. Roman se cobre rapidamente e se levanta para ir até a porta. Uma onda de alívio me cobre. Ok, agora podemos ir embora.

Ele abre a porta. A mulher parece aborrecida, acho, mas não tenho certeza. Saio do sofá e pego minha calcinha. Ele diz para ela que acabamos de sair da banheira e estamos nos vestindo, e que já vamos sair.

Mas... Não tão rápido. Ele coloca as mãos em meus ombros e me leva de volta para o sofá. Espere, ele não acabou? Estou confusa. Acho que sinto... Umidade lá atrás. Talvez não. Ele gentilmente tira minha calcinha novamente. Agora há alguém na casa, então eu devia resistir e ir até a mulher que bateu na porta? Mas estou alta, e só quero sair dali. Ele não é rude, e não estou nem mais com medo. Nem mesmo tenho certeza do que ele está fazendo a essa altura, porque estou fechando os olhos com força e está bem escuro e, bem, desde que eu era pequena sempre tive um pouco de medo do escuro. Casa... Só quero ir para *casa.*

Ele se levanta, e eu também. Saio do quarto e pestanejo, feliz em estar fora da escuridão. Quanto tempo estivemos ali? O tempo parecia brincar comigo. Parecia uma hora. Na verdade, foram mais como dez minutos. Vou para o banheiro para me limpar e colocar minha calcinha e começo a recolher minhas roupas mais uma vez. Penteio o cabelo. Vou para casa logo.

Roman me pede para esperar por ele antes de ir lá para fora, mas não obedeço. Quero dizer, sim, tenho de esperar. Ele é minha carona para casa. Mas corro para fora da casa. O que ele achava que faríamos – passar o tempo? Conversar?

Estou com todas as minhas roupas extras nos braços, então me dirijo para a porta da frente e vou para o carro. Não queria encontrar a mulher. Não tinha certeza se podia agir normalmente. Só queria fugir e esperava que ela não me visse. Mas ela viu, e ouvi uma voz na cozinha dizer:

– Oi.

Murmurei "oi" ou "tchau" enquanto passava pela cozinha até a porta e depois para fora. Olhei de relance para ela; era linda, de olhos bem escuros, com cabelo negro grosso e um rosto que era todo planos e ângulos. Essa mulher não achava estranho seu amigo Roman vir aqui com uma criança? Isso acontecia todo dia? Abaixei a cabeça e me esgueirei para fora. Nossos olhos nunca se encontraram.

Ao deixar a casa, eu tinha só uma vaga sensação de que horas eram. O barulho do tráfego ainda era muito forte para ser algum momento perto da meia-noite.

Andei até o carro e sentei no banco do passageiro. Estava feliz em saber que ia para casa logo. Mas estava exausta, confusa e, embora não percebesse, bastante abalada. Comecei a chorar tanto de alívio quanto de raiva. Sabia que algo ruim acontecera, e que eu fizera algumas coisas estúpidas, mas ia ficar tudo bem. Afinal, ele era este homem famoso – e um amante reconhecidamente experiente – que não tinha querido me machucar; até queria que eu sentisse prazer. Mais tarde, ouvi dizer que homens mais velhos que seduzem jovens eram socialmente aceitos no lugar de onde ele veio – que, em sua mente, eu provavelmente devia estar grata por sua experiência, sua técnica.

Mas eu não era europeia. Eu era uma menina norte-americana. E não estava me sentindo grata.

Então, a autorrecriminação começou. Deus, por que tomei aquela pílula? No que estava pensando? E por que estava posando de topless? O que há de errado comigo? E agora, olhe ao que isso levou.

A voz de Roman veio do lado de fora da janela do motorista.

– Você está bem? – perguntou. Parecia surpreso por eu estar chorando. – Está tudo bem?

– Sim – engoli o choro.

– Você vai ficar bem?

– Sim, estou bem, não se preocupe. Estou bem.

– Voltarei em um instante. – Ele queria conversar com a mulher na cozinha por alguns minutos. Por alguma razão, eu não queria que ele soubesse que tinha me assustado ou que eu estava chateada. Eu tinha encenado um papel diante da câmera, podia encenar um papel agora.

Tudo ficou em silêncio. O carro era espaçoso e cheirava bem, todo de couro e madeira, e eu estava feliz por estar sozinha. Parei de chorar. Vários minutos se passaram. Eu me perguntei por que ele estava conversando por tanto tempo. Estava falando com aquela mulher? Quem era ela, afinal? Ela vivia ali? Não sei, mas duvido que tenha perguntado por mim. E tenho certeza de que ele nunca disse meu nome para ela. O que ele estava dizendo quando estávamos fazendo aquilo? Não acho que tenha me dito que eu era bonita.

Fiquei sentada por algum tempo naquele grande carro elegante, sentindo-me preocupada e triste. Por fim, Roman voltou, e começamos a voltar pelo longo caminho até o portão. Conforme a estrada descia, parecia terrivelmente escuro de novo. O Valley estava diante de nós, mas eu não tinha percebido até aquele momento quão afastados estávamos, ocultos do resto do mundo por bambu e mata.

O cascalho era esmagado pelo carro, e Roman não disse nada. Eu não disse nada. O que eu devia dizer? *Obrigada pelas fotos*? Olhei pela janela. Naquela tarde, apesar de todas as perguntas de Roman que me deixaram nervosa, o caminho de

Woodland Hills me pareceu até meio alegre. Agora não era. Roman me disse que havia trazido as fotografias da nossa primeira sessão, aquelas que tirara na colina ao lado de Flanco Road. Disse que as mostraria para minha mãe e Bob.

– Há algo que não queira que eles vejam? – me perguntou.

Ele estava brincando comigo? Ele nunca teria coragem de mostrar as fotos de topless, teria? Por um lado, pensei, bem, profissionais fazem o que o fotógrafo pede. Por outro – havia minha *mãe*. Não queria que ela visse aquilo. Mas estava cansada de mentir. Se esse trabalho de modelo fosse seguir adiante, ela teria que descobrir cedo ou tarde.

Ainda era um trabalho de modelo. Certo?

– Pode mostrar todas para eles – respondi.

Talvez, se ele mostrasse as fotos de topless, eu não *tivesse* de dizer nada – minha mãe teria um indício. Ela saberia que algo estava errado. Mas eles haviam confiado neste homem. Talvez, se ele mostrasse aquelas fotos, isso só demonstraria que não tinha nada a esconder. Eu não conseguia descobrir o que aconteceria.

E se ele mencionasse a asma? *Ah, meu Deus. A asma.*

Por alguma razão, foi com isso que fiquei obcecada. Eu seria pega na mentira que usei para tentar me livrar dele. E então teria que explicar por que menti sobre a asma, e então teria que contar... A História. Ah, Deus. Ele ia perguntar se eu tomei remédio, e minha mãe diria: "Para quê?".

Senti-me culpada por mentir, como se algo que tivesse dito tivesse tornado possível tudo o que se seguiu. Eu deveria ter sabido.

Houve um silêncio, e então:

– Não conte para sua mãe. Este será nosso segredo.

A voz de Roman me arrancou de meu devaneio. Seus olhinhos se estreitavam na escuridão enquanto ele dirigia.

Contar para minha mãe? Ele é louco? Estou sentada aqui, imaginando jeitos de impedir que minha mãe perceba, e ele está pensando que quero contar para ela.

Ele entrou na Peonia Road, uma descida que dava quase em frente a nossa rua, em Flanco Road. Enquanto nos aproximávamos, eu pude ver as luzes de casa acesas. Kim provavelmente estava lá, e Bruce, prestes a se tornar cunhado de minha mãe e meu tio. Provavelmente todo mundo estava esperando por mim em casa, esperando para ouvir como a câmera me amava. Este era o momento em que nascia uma estrela.

O carro parou e saltei para fora. Minha mãe abriu a porta, corri até ela antes que ele pudesse me alcançar e sussurrei:

– Se ele perguntar, diga que tenho asma. Disse isso para ele porque não quis entrar na banheira de hidromassagem.

Isso deve ter feito tanto sentido para minha mãe quanto fez para mim, mas não me importei. Corri para meu quarto, bati a porta e arranquei os sapatos; o tapete felpudo verde abacate era agradável sob meus pés. Vesti minha camisola e sentei na cama, em silêncio. Não sabia o que fazer. Roman me seguira até em casa para ver meus pais. O que aconteceria? Ele mostraria as fotos de topless? E se mostrasse? Ouvi Kim gritando com o cachorro, e então pareceu que Roman tinha partido. Esperei até quando achei que Roman tinha ido embora para ligar para Steve.

Assim que ele atendeu o telefone, comecei a chorar, mas me neguei a dizer o que estava errado. Pedi para ele vir até minha casa. Ele provavelmente pensou que era o drama de sempre, que eu só estava tentando conseguir a atenção dele, já que tinha terminado comigo. Mesmo assim, ele disse que iria. Sabia que eu não parecia bem; estava preocupado. Esperei por ele e, quando a porta se abriu, esperei que fosse Steve. Mas era minha mãe.

– Por que não me contou sobre as fotos? – ela perguntou.

– Não sei – respondi.

Gentilmente, ela fechou a porta e se foi. Não queria fazer com que eu sentisse que era minha culpa, ou que eu havia feito algo errado. *Talvez isso não vá ser tão mau no fim das contas,* pensei. Ela parecia calma. Mas aquela era minha mãe, sempre a mais calma quando o mundo estava desabando ao seu redor.

Quando Steve finalmente chegou, acho que nem o cumprimentei.

– Roman me obrigou a fazer sexo com ele – desabafei. – Ele me fez fazer isso.

– O quê? O que está dizendo? Está inventando isso!

Sim, nada como um garoto sem noção de 17 anos para se fazer confidências. Boa escolha.

– Roman. Ele me obrigou.

– O quê? Ele não fez isso.

– Sim, ele fez! Depois que posei para ele. Eu não sabia o que fazer.

Ah, isso estava indo muito bem. Steve começava a gaguejar quando ficava nervoso – e, agora, estava muito nervoso. Eu ainda estava alta, e ali estava este cara, por quem eu fora realmente louca e que fora um grande amigo, e ele não acreditava em mim.

Mais tarde, muito mais tarde, depois que tudo aconteceu, pensei em minha amiga Ann. Ela passara por algo muito pior do que aquilo e sobrevivera. Mas também fora incapaz de dizer não. Quando ela teve a chance de ir embora comigo e evitar encrenca, não consegui fazer com que se mexesse. Desta vez, eu não consegui *me* fazer ir embora. Não consegui gritar *Deixe-me em paz!* ou *O que está fazendo, seu imbecil?*.

Mas, você sabe, há algo com a fama. Simplesmente há.

Quero dizer, penso nas crianças que dormiam na casa de Michael Jackson e todas as acusações que se seguiram. Penso nos pais delas. Eram pessoas más ou estúpidas? Não. Só queriam acreditar que ser famoso tornava alguém bom.

CAPÍTULO 5

Muito do que aconteceu quando cheguei em casa me foi contado anos mais tarde; eu estava muito alta e muito chateada para me lembrar.

Corri para dentro de casa e para meu quarto, mas não antes que minha mãe desse uma boa olhada em mim. Meus olhos estavam vidrados e as pupilas, imensas; meu cabelo estava úmido. *Asma? Por que a Sam diria que tem asma?*

Polanski entrou em casa perfeitamente relaxado e cordial. Devia estar um pouco alto também, mas nada que parecesse fora do normal. Depois de conversar um pouco, ele perguntou se minha mãe e Bob queriam ver as fotos. Eles disseram que sim. Ele foi até o carro e trouxe um envelope de slides, um projetor e um cigarro de maconha. Fumaram juntos.

É impossível dizer, em retrospecto, se Polanski presumiu que, por causa do trabalho de Bob na *Marijuana Monthly*, éramos uma família permissiva de outras maneiras – mais europeia, talvez? Ou talvez não estivesse pensando em nada. Talvez, com a arrogância de alguém que é enaltecido como gênio por todo mundo, ele simplesmente presumisse que seja lá o que fizesse estaria bem.

Enquanto minha mãe e Bob olhavam as fotos, ficavam surpresos ao descobrir que eram amadoras, desfocadas, cortadas de forma aleatória, sem nenhum cuidado com a luz. Algumas me pegaram prematuramente, como se o fotógrafo tivesse clicado cedo demais. Minha mãe conhecia ensaios fotográficos, e ficou imediatamente perplexa com o fato de um homem de cinema como Roman Polanski recorrer a fotos como essas. Eu parecia mais sombria do que sensual, uma mão no quadril, a outra de leve atrás da cabeça, agora com minha camisa de renda branca desabotoada. Não havia nenhuma jovem Marilyn ali. Quando viram as fotos de topless, minha mãe e Bob paralisaram.

– Filho da puta – minha irmã, Kim, murmurou entredentes. Cães são muito bons em perceber o clima de um ambiente: nossa cadela, Natasha, entrou em frenesi, rodopiando sem parar antes de mijar no tapete da sala.

– O que você está fazendo? – Kim gritou com Natasha, batendo nela e arrastando-a para fora da sala, porque tinha de fazer alguma coisa.

Depois disso, Roman se voltou para Kim.

– Isso não é jeito de disciplinar um cão – falou para minha irmã. Kim olhou para ele com os olhos arregalados. Minha mãe sentiu o sangue subir em seu pescoço, fazendo-a engasgar, os lábios retesados.

– Tirem-no daqui – minha mãe murmurou.

Houve uma grande agitação. As fotografias foram guardadas apressadamente no envelope enquanto Roman explicava que tinha que telefonar para alguém com quem ia se encontrar naquela noite. Bob, aturdido, entregou para Roman o resto do baseado e praticamente o levou até a porta.

Bob andava de um lado para o outro.

– Como ele ousa? Ah, meu Deus, aquele filho da puta fez com que ela tirasse a blusa. Devemos ligar para alguém? Talvez devêssemos ligar para alguém.

Em nossa casa, era minha mãe quem estava no comando. A decisão era dela.

No começo, ela tentou se apaziguar com a legalidade da coisa toda.

– Não assinamos uma autorização. Ele não pode fazer nada com aquelas fotos – disse. Mas não era o bastante. – Ele fez aquilo com minha filha? Achou que estava tudo bem?

Naquele momento, não sabiam nada mais além de que ele tinha tirado fotos minhas de topless – mas isso já era razão suficiente para surtar. Não era só o topless em si, embora fosse isso também. Era a decepção. A traição da confiança. Na mente deles, *Vogue* significava duas coisas: moda e roupas. Muitas e muitas roupas. A pura maldade das fotos os fez perceber que algo estava errado.

Minha mãe e Bob começaram a discutir alternativas. Ligar para um advogado. Ligar para Jack. Ligar para Henri e contar o que o amigo fizera. Ou, então: não dizer nada. Simplesmente mantê-lo longe de Sam. Estavam se esforçando para manter a calma, comigo no quarto ao lado. Minha mãe falava num sussurro de pânico. Foi até o quarto para deitar e pensar sobre o assunto. Bob se deitou ao lado dela e adormeceu. Minha mãe continuou pensando.

Kim foi dar uma olhada em mim. Estava na porta do meu quarto, prestes a entrar. Deteve-se. A esta altura, Steve já chegara, entrara em casa e estava comigo. Ela escutou minha conversa com ele: *Ele foi até lá embaixo em mim...*

Ela deu meia volta, foi até o fundo da casa e bateu na porta da minha mãe. Minha mãe encarava o teto, uma mão na testa.

– Ele fodeu com ela, mãe – Kim disse. Bob acordou de supetão. Então minha mãe estava no meu quarto.

– Ele fez você fazer sexo com ele?

Eu estava confusa, ainda assustada, alta por causa do Quaalude, mas não entendia, estava apenas grata por estar em casa, e agora minha mãe descobrira. Ela tremia de raiva. *É só sexo,* disse para mim mesma.

– Aconteceu? Diga-me a verdade.

– Sim – respondi.

• • •

Naquela noite, minha mãe se sentou a meu lado em silêncio. De tempos em tempos, me abraçava e chorava um pouco. Não me lembro do que ela disse. Provavelmente, nada. Estava perdida em seus pensamentos.

A história que seria repetida pela imprensa ao longo dos anos era que minha mãe tinha, por falta de termo melhor, me oferecido – que tinha me arranjado para Roman como uma espécie de isca, não apenas pela minha carreira, mas pela própria.

De fato, por mais improvável que pareça, nunca, jamais passou pela cabeça dela que ele faria sexo comigo. Primeiro, mesmo que existissem filmes como *Taxi Driver* e *Manhattan*, que apresentavam uma prostituta de 12 anos e o relacionamento de um homem de 40 com uma aluna do ensino médio, ninguém falava sobre abuso infantil na vida real. O caso da creche McMartin, por exemplo, no qual os donos do estabelecimento foram (falsa e histericamente) acusados de ataques sexuais ritualísticos em crianças, ainda estava a muitos anos no futuro. E por mais que eu tenha agido como uma adulta... Eu *parecia* uma criança.

E também havia a fama de Roman. Isso o protegia, mas não só do jeito que as pessoas presumiam. Nós queríamos algo dele – esse seria o primeiro pensamento das pessoas. Realmente queríamos algo dele. Mas a ideia de que minha mãe pensava em outra coisa por causa da fama dele – isso era falso. Veja, por causa da fama de Roman, ela nunca, nem por um segundo, pensou que *teria* de pensar em outra coisa. Ele tinha tido Sharon Tate. Tinha tido Nastassja Kinski. Ora, alguém que podia ter as mulheres mais estonteantes do mundo iria querer algo com uma menina de 13 anos cujo par perfeito era Steven Tyler e cujo melhor amigo era uma ave?

Mas, então, a resposta real para "Por que eu?" é bastante simples – como a resposta de Sir Edmund Hillary[1] para "Por que subir o Monte Everest?".

Porque eu estava lá.

Ao longo dos anos, muitos disseram que minha mãe não podia ser tão ingênua; certamente ela tinha tido suas próprias experiências com o teste do sofá. Bem, de fato, não teve. Ela participava de testes principalmente para comerciais, que era um ramo mais simples – você tinha que agradar a um monte de "engravatados", não de artistas. Uma vez, foi chamada pelo diretor de um estúdio realmente grande, porque "seu retrato estava na minha mesa e fiquei intrigado e quis conhecê-la". Ele queria saber se minha mãe tinha alguém que cuidasse dela, ela disse que não, que estava se dando bem cuidando de si mesma – e foi isso.

Mas, naquela noite, ela não estava sentada e pensando nisso racionalmente. Estava pensando no quão idiota fora. E no que fazer na sequência. Eu a ouvia dizer uma e outra vez, "Filho da puta. Filho da puta. Vou matá-lo".

Depois de muita discussão e idas e vindas, decidiram ligar para Ed. Ed Ehrlich era o contador de minha mãe. Exatamente por que ela achou que o contador podia ser a melhor pessoa para quem ligar em uma situação como essa é um mistério, mas parece que ele era, para ela, um "consertador"

---

[1] Sir Edmund Percival Hillary foi um alpinista e explorador neozelandês, famoso principalmente pela primeira escalada bem-sucedida do Monte Everest, em 29 de maio de 1953. (N. da T.)

equilibrado, aquele em quem se podia confiar para tomar uma decisão de cabeça fria, separada de emoções desagradáveis. E talvez ele conhecesse um bom advogado.

– Chame a polícia – ele disse.

• • •

Em uma hora, dois policiais uniformizados estavam parados no quarto de Kim – no de Kim, não no meu, porque o meu estava no estado habitual de bagunça. Minha mãe, Kim e eu estávamos sentadas na beira da cama. Eles provavelmente teriam se sentado também, se tivesse lugar para isso. Como não havia, assomavam sobre nós. A polícia com frequência parece meio entediada. Esses não estavam. O nome Roman Polanski chamara a atenção deles.

– Conte tudo para eles – minha mãe disse.

Não sei se teria sido tão honesta se não estivesse tão alta. Como desejei, ao longo dos anos, nunca ter contado para ninguém sobre aquela cutucada na minha bunda.

Sentia como se estivesse em uma audição. Só que eu não olhava para eles enquanto escreviam. Tampouco falava para eles, na verdade.

Por que o senhor Polanski estava tirando fotos suas?

Ele a obrigou a fazer isso?

Em algum momento ele bateu em você?

Ele ofereceu álcool ou drogas?

Ele tocou em você? O que ele fez? O que você fez?

Você sabe o que é relação sexual?

– Sim – respondi para os policiais.

O senhor Polanski introduziu o pênis na sua vagina?

– Sim.

E então: ele fez mais alguma coisa?

Demorei um pouco para responder. Sussurrei a resposta para Kim. Ela prendeu a respiração. Acho que estava se esforçando para segurar o choro. Ela olhou para minha mãe.

– Sim – Kim disse para os policiais. – Ele também colocou na bunda dela.

Ao ouvir isso, minha mãe caiu de costas na cama com os braços sobre a cabeça, sussurrando "ah, meu Deus". A reação dela realmente me assustou. Isso era uma coisa horrível? Tipo, pior do que a outra?

Comecei o dia na sala de aula, e agora estava deitada em um pedaço de espuma de látex coberto de plástico em um cubículo cercado por cortinas na sala de emergência do Hospital Parkwood, a dez minutos de casa. Eu já estivera em hospitais antes – tinha infecções crônicas de bexiga quando criança –, mas, desta vez, havia um sentimento de crise. A polícia esperava por mim no corredor, duas enfermeiras seguravam pranchetas, correndo de um lado para o outro em silêncio. E todo mundo olhava para mim – com curiosidade, com simpatia, com desconfiança, talvez com os três. Ninguém falava comigo, o que provavelmente era melhor, já que eu estava fervilhando.

Que eu estivesse ali era culpa da minha mãe. Minha maldita mãe! Eu não estava sangrando ou machucada. Se minha mãe não tivesse chamado a polícia, eu poderia estar em casa agora, na minha cama, dormindo, em vez de estar com uma roupa verde gelada de hospital, depois da meia-noite. E não deixaram que ela ficasse na sala enquanto me examinavam. Eu queria que ela estivesse ali, para que pudesse ver quão brava eu estava.

– Onde está minha mãe? Ela pode entrar?

– Sua mãe está lá fora, esperando – as enfermeiras disseram.

– Onde está minha mãe e onde está Bob?

– Estão ambos lá fora. Você poderá vê-los em breve.

O doutor chegou e pareceu bastante gentil, passando por várias das mesmas questões. Mas comecei a ter essa ideia engraçada de que minha mãe ser mantida na área de espera não era normal e não era por acaso. Tive essa sensação não porque o médico tenha perguntado sobre minha mãe, mas porque não fez isso. Cedo ou tarde, os adultos sempre perguntam sobre sua mãe ou pai. É assim que funciona. Exceto com este médico e com Roman. Eles me queriam sozinha.

– Quantos anos você tem? – o médico perguntou. – Vou explicar o que estou fazendo. Não vou machucar você. – Não tinha pensado que ele fosse... Mas como eu poderia saber? Nunca tinha feito um exame ginecológico antes.

A próxima coisa que sei é que meus joelhos estavam levantados e eu olhava para o rosto dele entre minhas coxas, meus pés presos naqueles malditos estribos. Mas meus músculos estavam relaxados – relaxados *demais* para alguém que fazia um exame desses pela primeira vez na vida. Mesmo assim, ninguém me perguntou por que meu corpo parecia de borracha; se tivessem feito isso, poderiam ter me testado para drogas.

O médico olhou dentro de mim, eu podia sentir seus dedos através das luvas de borracha, não cutucando, mas fazendo pequenos círculos nas bordas antes de sondarem mais profundamente. Ele perguntou se estava me machucando. Parecia estar procurando alguma coisa.

– Já fez sexo antes?

– Sim.

– Quantas vezes?

Aí estava de novo. A pergunta. Eu mentira quando Roman perguntou porque achei que "uma vez" pareceria estúpido. Disse para ele que duas vezes. Se eu desse uma resposta diferente para o médico, ele descobriria de algum jeito, e perceberia que eu disse uma coisa para Roman e outra para ele. E então eu seria a menina que mentiu.

– Duas vezes – respondi. Ele franziu o cenho.

Depois que ele terminou e eu me vesti, fui levada de volta à entrada e aos policiais que tinham vindo comigo de casa. Eu encarava meus pés. Estava com uma vontade súbita de gargalhar, e estava mortificada com isso. O que havia de errado comigo? Isso não era engraçado. Mas o Quaalude ainda estava em meu corpo, assim como toda a moleza e euforia da droga. O médico voltou com mais perguntas e sua própria prancheta, na qual escrevia enquanto assentia com gentileza. Ele falava com a polícia e com meus pais, não comigo.

Neste momento, alguma coisa mudou. Ainda é difícil dizer como ou por quê. Mas não éramos apenas uma família perturbada com uma criança que fora estuprada. Se estivéssemos acusando algum cara da rua, algum parente desagradável, teria sido mais entediante, mas teria sido crível. No nosso caso, no entanto, estávamos acusando um dos diretores de cinema mais famosos do mundo – e um que, passados menos de dez anos do assassinato de Tate, tinha muita simpatia de todos nesta cidade de uma só indústria.

– Eles acham que estamos mentindo – minha mãe sussurrou para Bob.

Fazia frio no hospital. Na sala de espera, minha mãe estendeu a mão para mim, mas mal olhei para ela. Em vez disso, me agarrei a Bob. Isso tampouco caiu bem aos olhos da equipe do hospital, como descobri mais tarde.

Depois de um tempo, deram os documentos de liberação para minha mãe e, fora isso, nenhuma outra instrução da qual alguém pudesse se lembrar. Olhando os formulários rapidamente, ela pegou o que pensou ser um erro.

– Você a indicou como "casada" – minha mãe falou para a enfermeira.

– Não, senhora – a enfermeira disse, apontando a linha que marcava *condição vaginal.* Minha mãe pestanejou. Condição vaginal: casada?

– Ela tem 13 anos. É claro que não é casada.

A enfermeira disse algo sobre o fato de que *casada* era a palavra que o hospital encorajava que fosse usada para explicar minha "situação". Minha mãe não entendeu.

– Mas ela tem 13 anos – insistiu. Chamaram o médico, que repetiu o que a enfermeira dissera, e minha mãe repetiu o que havia dito para a enfermeira, só que mais alto. A palavra permaneceu.

Você pode pensar que alguém devia ter se perguntado por que eu parecia um zumbi; um exame de sangue teria revelado a presença de álcool e de Quaalude. Ninguém tirou meu sangue. Talvez tenham simplesmente presumido que *era claro* que eu tinha bebido e me drogado. Eu era só outra putinha ferrada.

• • •

Deixamos o hospital e seguimos até a delegacia de polícia, em Reseda. Eu estava quieta. Bob e minha mãe discutiam a insinuação que haviam ouvido no pronto-socorro.

Ficamos sentados na sala de espera. Delegacias de polícia têm cheiro de café, suor e cigarros, e todo mundo ali parecia cansado. Fui levada para um pequeno escritório bagunçado, onde devia sentar e esperar. Tinha uma mesa padrão de metal e duas cadeiras. A porta foi fechada atrás de mim. No quadro de avisos a meu lado havia um relatório sobre um homem que fora espancado e estuprado por duas mulheres com uma garrafa de Coca-Cola. Eu o li duas vezes antes que o detetive viesse e se apresentasse.

O detetive Philip Vannatter era alto e encorpado, e tinha o rosto de um diretor de ensino médio: olhos profundos, sobrancelhas grossas, uma expressão o tempo todo franzida de preocupação. Anos mais tarde, ele se tornaria famoso nacionalmente como investigador-chefe do caso de assassinato de O. J. Simpson. Mas, naquele momento, era apenas outro detetive esperto e durão do Departamento de Polícia de Los Angeles. Ao contrário de todo mundo que havíamos encontrado até aquele momento, ele pareceu não ter opinião formada sobre mim ou as circunstâncias. Foi a primeira pessoa que não me tratou como se eu estivesse mentindo.

– Sinto muito que tenha que passar por isso – ele disse.

Eu me permiti sorrir.

– Quando encontrou o senhor Polanski pela primeira vez? – ele perguntou.

– Há mais ou menos um mês – respondi.

– Ele a obrigou a ir com ele?

– Não – em um cenário oficial como este, teria sido difícil explicar como nos conhecemos, como eu queria ser modelo, mas que, na verdade, não queria ser fotografada por *ele*.

– Que tipo de fotos ele tirou de você?

Contei para ele sobre a sessão de fotos na colina, as fotos na casa de Jacqueline Bisset, as fotos bebendo champanhe, as fotos sob a luz de Nicholson e as fotos na banheira.

O senhor Polanski lhe deu champanhe? Ele lhe deu drogas? Você sabe o que é sexo? O senhor Polanski fez sexo com você?

Não acho que o detetive Vannatter tenha me perguntado se eu fora forçada a fazer sexo. Esta questão, percebi, não o interessava muito. Ele fazia as perguntas com calma e não me deixou embaraçada. Tinha um sorriso gentil e fino. Desta vez, não me incomodei que minha mãe e Bob tivessem sido orientados a ficar na sala de espera enquanto eu era levada para dentro. Pela primeira vez em toda aquela noite, ninguém estava me encarando com curiosidade, e eu me sentia calma e segura.

Não lembro de o detetive Vannatter fazer anotações, mas deve ter feito. Ele certamente tinha algum tipo de sistema, porque repetia as perguntas com a mesma voz firme, no mesmo tom, assentindo pensativamente uma vez e outra, como se estivéssemos refilmando a cena.

Não me perdi com a repetição. Não achava que ele estivesse tentando me pegar em uma armadilha. Estava claro que só queria que minhas respostas fossem acuradas. E, uma vez que eu estava dizendo a verdade, não senti pressão para me sair bem.

Mesmo assim, havia essa sensação poderosa de que o trem havia partido da estação, e que eu estava no maldito trem errado.

• • •

Dormimos pouco naquela noite. Na manhã seguinte, minha mãe, Bob e eu fomos para Santa Monica, uma cidade praiana perto de onde vivíamos, em Pacific Palisades. Entramos na Suprema Corte da Califórnia, um edifício amplo, cercado de palmeiras. Disseram-me que eu precisava conversar com o promotor distrital. A coisa toda tinha um ar de segredo. Nem mesmo estacionamos na frente; tivemos de dirigir até uma garagem subterrânea. Talvez houvesse alguma razão perfeitamente lógica para isso, mas parecia que toda a situação era altamente confidencial.

Logo estávamos no escritório do vice-promotor distrital, Michael J. Montagna, encarando ladrilhos sem graça que me recordavam o chão da escola. Cansada, e simplesmente querendo que alguém cuidasse de mim, eu agia como um bebê. Sentei no colo de minha mãe por um tempo, depois no de Bob. Fui levada sozinha para um escritório. Havia pelo menos dois homens lá, e uma mulher atrás de mim.

Eu estava sentada em uma cadeira de madeira. Do outro lado da escrivaninha do promotor distrital, um homem mais velho com cabelo escuro e aparência nitidamente infeliz, mas que, mesmo assim, saboreava sua autoridade sobre todos na sala. Todo mundo no aposento parecia querer ficar o mais longe possível dele.

Ele olhou para mim com intensidade, e disse que queria respostas verdadeiras. Do mesmo jeito que eu sentira imediatamente que o detetive Vannatter tinha acreditado em mim, de imediato senti que este homem não acreditava. Fiquei tensa, em parte por causa da mulher sentada bem atrás de mim. Tinham me explicado que, porque eu era do sexo feminino, era necessário ter outra mulher na sala, mas me deixou inquieta não conseguir vê-la, apesar de sentir sua presença. Se ela estava lá para me proporcionar uma sensação de conforto, bem, não estava funcionando.

Pelo menos, com o detetive Vannatter, tinha sido ele e eu. Nossa conversa parecera privada. Mas aqui eu estava cercada de pessoas. Os outros homens, cujos nomes não fiquei sabendo, olhavam para mim sem expressão. Até seus sorrisos educados de tempos em tempos eram monótonos. Mais uma vez encarei questões sobre se eu tinha feito sexo antes de conhecer o senhor Polanski, e outras perguntas a respeito de partes do corpo e o que o senhor Polanski havia feito comigo e o que eu fizera em resposta.

Por que você tirou a roupa e entrou na banheira?

Onde o senhor Polanski a tocou?

Você já tinha feito sexo antes? E então: você já fez sexo com Bob?

Com *Bob?*

Agora eu estava furiosa. Sentei rígida, com os braços cruzados, e cuspi as respostas. Não acho que causei boa impressão, mas naquele momento não via motivo para isso. Fora eu quem fora estuprada. Por que todo mundo ficava me perguntando sobre o que eu tinha feito com meu namorado e o que tinha feito com o namorado da minha *mãe*?

Fiquei aliviada quando acabou, mas antes que pudesse ir embora, tiveram que pegar minhas impressões digitais. Estavam investigando a cena do crime, e precisavam ser capazes de distinguir todas as digitais da casa. Eu estava zangada – o que eu tinha feito para ser tratada assim? – mas também era uma criança que tinha tido minha dose de programas criminais, então tinha algo meio legal em ser tratada como uma criminosa. Ter visto esse tipo de coisa na TV tornava tudo mais real.

Durante a noite e a manhã, perguntaram-me sobre o senhor Polanski: O que ele disse? O que ele fez? E que tipo de relacionamento tínhamos?

Minha mãe ficou resmungando a respeito do filho da puta que fizera isso com sua filha. Mas não posso dizer que, durante todas aquelas horas, eu tivesse pensado nele ao menos uma vez. Quero dizer, pensado nele de verdade. Eu não estava zangada com ele. Não lamentava por dele. Nada. Ele rapidamente se tornara irreal, um homem que existia apenas em um papel ou um filme.

Mais tarde, no entanto, me perguntei: Onde ele estava? No que estava pensando? Estava com raiva de mim? Lamentava por mim? Sentia alguma coisa?

Um ou dois dias mais tarde, abri o jornal. Lá estávamos nós.

PARTE DOIS

CAPÍTULO 6

POLANSKI PRESO POR ESTUPRO

12 de março

LOS ANGELES (AP): o produtor de filmes Roman Polanski foi preso e fichado pela acusação de estuprar uma menina de 13 anos. Polanski foi preso na noite de sexta-feira, um dia depois que o suposto estupro ocorreu, no lado oeste de Los Angeles, na casa do ator Jack Nicholson. Ele foi solto após pagar fiança de US$ 2.500,00.

A polícia também prendeu Anjelica Huston, de 26 anos, filha do diretor John Huston, pela acusação de posse de cocaína. Ela foi fichada e solta após pagar fiança de US$ 1.500,00.

A polícia e os investigadores da promotoria distrital prenderam Polanski, de 43 anos, na sexta-feira, às 20h, no Beverly Wilshire Hotel, em Beverly Hills, disse o porta-voz da polícia.

Segundo relatos, a queixa contra Polanski foi feita pela mãe da menina.

A senhorita Huston foi presa na sexta-feira, quando policiais foram até a casa de Nicholson em Mulholland Drive em busca de evidências para o caso de estupro.

O porta-voz da polícia, tenente Dan Cooke, disse que os relatos afirmam que Polanski e a menina estavam sozinhos na casa durante o suposto estupro. Não se sabe, até este momento, onde Nicholson estava.

Os policiais se recusaram a dar outros detalhes sobre o caso.

Polanski foi casado com Sharon Tate. Ela e outras quatro pessoas foram assassinadas na casa do produtor, em Hollywood, por Charles Manson e seus seguidores em 1969, enquanto Polanski estava em Londres.

Roman Polanski foi preso na sexta-feira à noite, 11 de março, cerca de vinte e quatro horas depois que deixamos a casa de Jack Nicholson. Ninguém ligou para nos contar o que acontecera. Minha mãe e Bob ficaram sabendo pelo jornal. Era perturbador pensar que alguma coisa do que eu dissera para a polícia, para o detetive Vannatter e para o vice-promotor distrital fosse agora aparecer no jornal para que o mundo lesse. Aquele primeiro artigo da agência de notícias dizia que Polanski atraíra uma menina de 13 anos para a casa de Jack Nicholson, sob o pretexto de fotografá-la, e a drogara e estuprara. Ele também era suspeito de sodomia, de abuso sexual infantil e de fornecer drogas perigosas para uma menor de idade.

Pensei, "Isso parece muita merda por algo que durou só alguns minutos."

Notícias subsequentes diziam que minha mãe e Polanski se encontraram para planejar as sessões de fotos, e que minha mãe tinha ficado zangada depois de ver as imagens de topless. As implicações eram óbvias: pais caçadores de ouro, filha atraente como pagamento. Vários anos depois, em 1984, Polanski escreveria uma autobiografia, *Roman*. Ele diria que, naquele primeiro encontro em nossa casa, minha mãe pedira que ele lhe recomendasse um bom agente, e que Bob pedira que ele repassasse para Jack Nicholson um pedido de entrevista para a revista *Marijuana Monthly*, porque Nicholson era conhecido por apoiar a legalização de drogas leves como a maconha.

Minha mãe realmente pediu que ele recomendasse um agente. Bob realmente pediu que Polanski repassasse o pedido de entrevista. Isso implicava que haveria algum tipo de toma-lá-dá-cá para as cortesias profissionais, que incluía transar com alguém de 13 anos? (Nem o agente nem a entrevista de Nicholson se concretizaram.)

Logo descobrimos também que, durante uma das buscas na casa de Nicholson, Anjelica Huston, namorada de longa data do ator, fora presa acusada de posse de cocaína. A mulher de cabelos escuros que batera na porta durante o estupro – aquela era Huston; supostamente, ela não deveria estar na casa naquele dia, porque ela e Nicholson haviam terminado o relacionamento fazia pouco tempo. Mas, agora, eu a colocara em encrenca também. Poderia ocorrer a alguém que fazer inimigos como Jack Nicholson e Anjelica Huston não era receita para o sucesso em Hollywood.

(Aliás, algumas notícias também sugeriam que fora eu quem levara cocaína e Quaaludes para a casa. Uns poucos me taxaram como traficante de drogas.)

Mais tarde ainda, soubemos de outros detalhes. Depois de me estuprar na casa de Nicholson e me deixar em casa, Polanski retornou à rotina. Naquela noite, tinha uma reunião com Robert De Niro para discutir a criação de um filme baseado no romance de William Goldman, *Magic*. (Posteriormente, o filme foi dirigido por Richard Attenborough, estrelado não por De Niro, mas por Anthony Hopkins.)

No dia seguinte, o detetive Vannatter e um assistente da promotoria distrital, chamado Jim Grodin, foram até o Beverly Wilshire Hotel, onde Polanski estava hospedado. Ele estava com amigos no *lobby*, preparando-se para sair, quando os dois investigadores chegaram. Pediram para falar com ele, e ele se separou do grupo, perguntando se aquilo ia demorar mais do que alguns minutos. Estava impaciente para prosseguir com a noite na cidade.

Polanski parecia não ter nenhuma ideia de que tinha feito algo errado – embora tivesse tentado discretamente se livrar do Quaalude que estava segurando; o policial que o prendeu percebeu e pegou a pílula. Esse fato sozinho era estranho, uma vez que Polanski tinha receita médica para Quaaludes, por causa de problemas de sono. Só é possível especular que, talvez, naquele momento, pareceria óbvio demais que ele não estava usando as pílulas para dormir.

Vannatter e Grodin lhe mostraram o mandado de busca e, uma vez dentro de sua suíte no hotel, encontraram (mas ignoraram) a pequena embalagem amarela que continha as pílulas. Também acharam um recibo da Sav-On Drugs, onde Roman deixara um filme para ser revelado. O filme continha minhas fotos na banheira de Nicholson, nua até a cintura.

Boatos terríveis começaram a vazar, lenta mas constantemente, enquanto a imprensa tentava intensificar o que já era sensacional. O Quaalude que tomei foi descrito como a mesma droga que o ator Freddie Prinze tomara antes de dar um tiro na cabeça. O testemunho de Anjelica Huston também proporcionou muita munição. Em troca de imunidade contra a queixa de posse de cocaína, ela concordou em testemunhar pela acusação. Mas suas declarações pareciam seguir a narrativa que a defesa tentava criar. Foi assim que ela me descreveu: "[A garota] não parecia estar angustiada... Tinha a respiração agitada quando saiu. Parecia mal-humorada, o que me pareceu um pouco rude... Parecia ser aquele tipo de garota entre – podia ter qualquer idade acima de 25 anos... Sabe, ela não parecia uma coisinha assustada...". Sobre Polanski, disse: "Sempre o vi como um homem que tem compaixão, não como alguém que machucaria forçadamente outra pessoa... Não acho que seja um homem mau. Acho que é um homem infeliz".

As notícias se referiam a Polanski como o "diretor polonês e viúvo da atriz assassinada Sharon Tate". Polanski não estava só no auge de sua carreira, mas também era como uma figura trágica em Hollywood. Havia algo nas entrelinhas daquelas primeiras notícias: quem era aquela vadiazinha que tentava apanhar um dos maiores diretores de todos os tempos em uma armadilha? O pobre Roman já não sofrera o bastante?

As duas semanas seguintes foram confusas. Polanski pagou a fiança, e havia repórteres de TV mostrando-o sendo empurrado através de uma multidão de câmeras e microfones, com um homem alto e carrancudo, com costeletas grossas, a seu lado. Era o advogado dele, Douglas Dalton. O advogado negava vigorosamente com a cabeça quando os jornalistas gritavam perguntas para ele. Comecei a notar que, com frequência, o canal era mudado quando eu entrava na sala.

Quando lhe perguntaram por que as fotos pareciam tão amadoras, Polanski explicou para seus amigos que elas eram intencionalmente desfocadas, como se tomadas durante um voo. Tinha se inspirado, afirmou, no fotógrafo britânico David Hamilton, cujas fotos sonhadoras e granuladas de meninas (frequentemente nuas) pré-adolescentes – de 10, 11 anos – faziam furor na época. Enquanto o jornal inglês *The Guardian* observava que as fotos de Hamilton estavam "na vanguarda do debate 'É arte ou pornografia?'", esse debate se dava em especial na Inglaterra e nos Estados Unidos. Seu trabalho não era nem um pouco controverso na França, seu lar havia décadas.

"É como o burro perseguindo a cenoura por toda a vida", Hamilton dissera sobre seu trabalho em uma entrevista. "Garotas, garotas, garotas. É disso que se trata. Melhor do que jogar futebol ou críquete, acho." Aquela observação moralmente ambígua poderia muito bem ter vindo do próprio Polanski.

Minha mãe estava morrendo de medo que meu nome aparecesse nas notícias, uma preocupação que dificilmente seria infundada. Enquanto a imprensa norte-americana em geral resistia em publicar os nomes das vítimas de estupro, a imprensa europeia tinha uma atitude diferente sobre essas coisas. Lá, onde Roman Polanski era considerado um gênio e um herói cultural, eu não era nada mais do que um incômodo, uma apóstata sem direitos.

Em sua autobiografia, Polanski descreveria como a acusação imediatamente fez dele alvo de piadas ("Sabe qual o nome do novo filme de Polanski? Contatos Imediatos com o 3º Grau") e de fracasso cinematográfico nos Estados Unidos. "Eu era um pária", ele escreveu. "Não podemos ter um estuprador em nossa agência", ele citou a frase de sua ex-agente Sue Mengers. Polanski prosseguiu, "Embora mais tarde ela revisse seu julgamento – indo para o outro extremo, de fato – sua atitude inicial foi compartilhada pela maior parte de Hollywood".

A memória de Polanski é falha neste ponto – ou talvez seja simplesmente conveniente para aplacar o remorso. Desde o início, houve pouca indignação entre as figuras proeminentes de Hollywood. Mas qualquer perseguição que ele possa ter sentido aqui não estava em debate na Europa: lá, ele era uma figura extremamente simpática, e era mais fácil vê-lo como vítima – se não de uma armação mal-intencionada, pelo menos da obsessão norte-americana com as celebridades e do desejo de toda garota bonita aspirante de conseguir fama não importava como. E os norte-americanos – tão puritanos, tão obcecados com sexo e travessuras sexuais!

Minha mãe se sentiu aliviada ao vê-lo ser preso, mas eu não tinha tanta certeza: ainda sentia que tinha causado isso a mim mesma, pelo menos em parte. Se eu tivesse sido esperta ou se tivesse lutado mais, ou se não tivesse bebido o champanhe ou tomado o Quaalude, ou... E assim por diante... Então poderia ter encontrado um jeito de escapar da casa de Nicholson antes que as coisas saíssem do controle. Então eu não estaria nesta situação – nem Polanski.

Eu sabia que não quisera fazer sexo com Roman, mas isso tornava aquilo estupro? Eu achava que estupro tinha que ser violento. Quando me disseram que o que ele fizera era um crime sério por causa da minha idade, fiquei chocada. Embora eu não tivesse certeza de como chamar o que acontecera, certamente não via o fato como o próprio Polanski descreveria mais tarde, em sua autobiografia: "Entre todas as minhas muitas premonições para o desastre, uma ideia jamais cruzou minha mente: que eu seria enviado para a prisão, que minha vida e carreira seriam arruinadas por fazer amor".

Fazer amor? Sério? Em que planeta aquilo que acontecera poderia ser considerado "fazer amor"?

Mesmo assim, eu não fora brutalizada. Não fora arrastada para o mato. Nunca me senti em perigo físico, e nunca me senti "coitada". Pelo menos não por ter sido estuprada.

CAPÍTULO 7

No final de março tive de comparecer diante desta coisa chamada grande júri. Não sabia muito sobre ele, mas sabia que teria de contar detalhes do que ocorrera na casa de Jack Nicholson para vinte e três estranhos. Era assim que a corte determinava se uma pessoa seria indiciada por um crime e se o julgamento poderia prosseguir. Havia evidência suficiente? Havia alguma evidência? Acreditariam em mim?

Tentei não pensar nisso. Voltei para a escola uma semana após o estupro, e retomei até mesmo as aulas de acrobacia, principalmente para dar a aparência de que tudo estava normal. Meu nome ainda não tinha aparecido, e as notícias sobre a prisão de Polanski não eram tema de conversas no colégio. Mesmo assim, eu sabia que não demoraria muito até que as pessoas descobrissem. Eu tinha contado para meus amigos sobre o trabalho como modelo que estava fazendo com um diretor famoso, e minha amiga Terri, é claro, sabia que eu saíra com Roman naquele dia. As pessoas logo juntariam as peças e perceberiam que eu era A Menina.

Eu não estava exatamente isolada do mundo, mas minha família fez um imenso esforço para criar um apagão de mídia ao meu redor. Televisores e aparelhos de rádios foram desligados, jornais eram escondidos; havia montes de silêncios repentinos.

Todo aquele não-pense-no-assunto me deixava nervosa. Todos aqueles olhares tristes e preocupados me irritavam. Eu era a adolescente tudo-está-normal mais ranzinza que alguém já viu.

Com toda honestidade, acho que queria que minha mãe sofresse. Olhe para a confusão terrível na qual ela nos meteu. Se tivesse ficado de boca fechada! Eu não olhava para ela, e se respondia alguma coisa era apenas em monossílabos. Agora, me mata perceber pelo que ela passava naquela época: superar a autorrecriminação, o sentimento de ter falhado em sua maior responsabilidade – me proteger. Ela também tinha preocupações mais práticas. Aqueles comerciais da Ourisman Chevrolet que ela filmava a cada seis meses, quando viajava para o leste, eram o esteio da nossa renda fazia anos. Se trouxesse publicidade negativa para a companhia, se deixasse de ser garota-propaganda da concessionária, podíamos dar adeus à vida ensolarada no Valley.

Ninguém se lembra com certeza de quando meu pai foi avisado, embora todos presumamos que tenha sido no dia seguinte ao estupro. Penso em meu pai ouvindo as notícias em

York, e sua raiva silenciosa é mais assustadora do que qualquer coisa que a fúria visível de minha mãe pudesse produzir. Consigo imaginá-lo chorando, também, da mesma maneira que ele fez quando me deixou no aeroporto no verão anterior. Eram lágrimas quentes e silenciosas, do tipo que um homem chora quando está furioso e impotente.

• • •

A manhã do testemunho no grande júri, em 24 de março de 1977, estava ensolarada, mas excepcionalmente fria. Rajadas de vento vinham do oceano, que está a apenas poucas quadras do tribunal de Santa Monica, para onde o caso fora distribuído.

Entramos pelo fundo do edifício, por uma garagem no subsolo, para evitar os repórteres. Minha mãe fazia exercícios de respiração para se acalmar, enquanto Bob dirigia. Nossa chegada foi relativamente calma. Polanski, por outro lado, fora cercado do lado de fora vários dias antes – não apenas pela imprensa, mas por um grupo de meninas do colégio local que visitava o tribunal. Agiram como se ele fosse David Cassidy, gritando e pedindo seu autógrafo. Segundo eu soube depois, houve uma briga entre os repórteres e as meninas do colégio, todos disputando uma melhor posição.

O juiz responsável pelo caso era um homem chamado Laurence J. Rittenband. Rittenband nunca tivera dúvidas sobre o que faria com sua vida. Foi diretamente do ensino médio para a faculdade de direito da New York University. Mas quando foi declarado jovem demais para fazer o exame da ordem dos advogados, foi para a Escola de Direito de Harvard por alguns anos e se graduou com louvor. Trabalhou no escritório do procurador federal em Nova York, serviu na Segunda Guerra Mundial e, depois de um tempo, mudou-se para a Califórnia. Foi nomeado juiz da corte municipal de Los Angeles e depois, pelo governador da Califórnia, para a Suprema Corte, em 1961.

Rittenband era solteiro e *bon vivant*, e tinha atração por algumas das figuras mais provocantes da jurisprudência. Era conhecidamente um bom amigo de Sidney Korshak, advogado de Los Angeles e quebra-galhos da máfia de Chicago na costa oeste. Na época que Roman foi acusado, Rittenband, aos 71 anos, tinha duas namoradas de longa data, segundo a documentarista do filme sobre Polanski, Marina Zenovich. "Tenho uma que cozinha e uma que faz outras coisas", ele se gabava. Aquela que fazia "outras coisas" – Marlene Roden – tinha apenas vinte anos de idade quando conheceu o juiz. Era claro que Rittenband gostava muito de mulheres mais jovens, e Zenovich sugere que ele viu um pouco de si em Polanski.

O juiz tinha grande orgulho de sua participação no elegante e quase exclusivo Jewish Hillcrest Country Club. Em 1979, a taxa de iniciação custava cerca de US$ 50 mil (hoje, em 2013, US$ 180 mil); entre os sócios daquela época estavam Groucho Marx, Milton Berle e Jack Benny. (Danny Thomas foi o primeiro não judeu a ser admitido, o que fez Benny ironizar que, se iam admitir um gentio, pelo menos poderiam encontrar alguém que parecesse um gentio). Em uma cidade onde vários negócios eram fechados no campo de golfe, a participação neste clube podia fazer uma carreira.

Pecadilhos pessoais à parte, Rittenband era considerado um juiz muito esperto e justo, alguém que se preparava para o julgamento e que ouvia todos os argumentos. Ao mesmo tempo, não suportava tolos. Não era desagradável, mas era brusco; nunca amenizava nada.

Tinha uma fraqueza, no entanto, e acabou sendo uma fraqueza trágica: era viciado em casos midiáticos. Durante sua longa carreira, presidiu o divórcio de Elvis Presley, a batalha pela custódia do filho de Marlon Brando e um processo de paternidade contra Cary Grant. Como juiz mais antigo em Santa Monica, Rittenband usou seu poder e posição para substituir o juiz indicado originalmente para o caso Polanski. Indicou a si mesmo.

Relatos de seus comentários sobre o caso com outros membros de Hillcrest eram constantes; um membro do clube desde a década de 1970 recentemente contou para um amigo meu que Rittenband era um "imbecil pomposo" que não conseguia resistir a regalar seus camaradas com detalhes dos casos que presidia. Segundo uma reportagem da revista *People* daquela época, o juiz, que mantinha dois álbuns encadernados em couro cheios de recortes de jornais de seus julgamentos passados, tinha zombado da ideia de que Polanski não poderia ter um julgamento justo em Los Angeles. "As pessoas aqui são mais sofisticadas do que em qualquer outro lugar do país", ele afirmou, "e, pelo que fui capaz de reunir, a opinião pública está dividida sobre de quem é a culpa. Há aqueles que pensam que Polanski é um demônio, e outros que se perguntam por que uma mãe deixaria a filha de 13 anos sair por aí com um diretor de cinema de 43". O fato de que um juiz de um caso em andamento estivesse dando uma entrevista para a revista *People* diz muito sobre quem ele era e o que valorizava.

De qualquer modo, o grande júri estava lá para decidir se Polanski seria indiciado em seis acusações: fornecer drogas controladas para uma menor de idade; cometer ato lascivo ou libidinoso; manter relações sexuais ilegais; perversão; sodomia; e estupro sob uso de drogas. Eu não estava pensando em nada daquilo, é claro. Eu só pensava em sentar sob as luzes, dizer o que acontecera e conseguir voltar para a escola.

Na sala de espera, todos temiam sua vez e se preocupavam com quem quer que estivesse lá dentro – minha mãe, Bob e Kim. Até mesmo Steve fora chamado para dar sua versão do que eu lhe contara. Ele também podia ser questionado sobre fazer sexo com uma menor. Eu conseguira colocar em perigo até mesmo o cara por quem era louca. Ele devia estar morto de medo, só tinha 17 anos, e pensava que teria que contar nossa única vez juntos. Ele sempre me dissera que eu era jovem demais para ele – e agora olhe onde estava. Sua mãe o acompanhava, e ficou sentada em silêncio, tricotando e chorando de vez em quando. Minha mãe lamentava que o filho daquela mulher tivesse sido arrastado até tudo isso e tentou confortá-la. Mas, como se revelou, ela não estava chorando pelo envolvimento do filho neste caso. Um de seus amigos estava morrendo de câncer. Aquilo não fez com que nenhum de nós se sentisse melhor.

Minha mãe foi a primeira testemunha chamada. O promotor distrital assistente, Roger Gunson, perguntou como ela e Polanski se conheceram por meio de Henri Sera, na época namorado de Kim, e depois sobre a sessão inicial de fotos. Olhando agora, algumas coisas que ela disse são engraçadas. Quando Polanski apresentou a ideia desse ensaio fotográfico sobre jovens garotas norte-americanas, minha mãe disse, "Pensei que ele poderia querer meninas mais jovens".

Mais jovens! Este momento mostrou como a mente de minha mãe realmente funcionava. De algum modo, ela ficou com a impressão de que ele estava fotografando crianças. E não pensou nem por um segundo que ele fosse pedófilo. Aparentemente, ele estava saindo com Nastassja Kinski, que tinha 15 anos na época, mas minha mãe não tinha ideia. A preferência dele por garotinhas, novidade para nós, logo seria largamente divulgada. Mas Kinski, apesar de jovem, parecia uma mulher, e eu não – e minha mãe simplesmente não me classificava naquela categoria de beleza núbil que teria chamado a atenção dele. Então era a ideia de que eu era velha demais para o ensaio, que não era exatamente mais uma criança, que a preocupava. Nunca lhe ocorreu que Polanski tivesse um interesse sexual por sua filha. Na verdade, até aquela noite, isso nunca tinha me ocorrido tampouco.

– Você perguntou para Polanski se podia ir junto [à sessão de fotos]? – Gunson perguntou.

– Sim – minha mãe respondeu. – E ele disse que não, que preferia ir sozinho com ela, porque ela responderia mais naturalmente. – Minha mãe contou a história do retorno de Polanski. – Ele fez alguns desenhos de pirata para ela.

Eu me considerava uma artista decente, e me lembro de ter olhado para os desenhos de pirata de Polanski e não ficar muito impressionada com as habilidades artísticas dele. Mas minha mãe estava pensando em mim como uma criança que ele queria conquistar com desenhinhos fofos; ele bem que podia ter rabiscado pôneis e unicórnios.

Então perguntaram sobre o dia 10 de março, e minha mãe quase desmoronou.

– Antes de sair, ela havia me indicado que não gostava dele... – Mas minha mãe não estava respondendo a uma pergunta direta, e Gunson pediu que isso fosse retirado dos autos; imagino que aquilo contribuía com a ideia de que ela tinha me oferecido para Polanski de algum jeito. O que, é claro, ela não tinha. Só que ela já tinha visto como eu, no passado, havia adolescentemente estragado coisas que tinha me comprometido a fazer. Ela odiava aquilo, e não ia me deixar agir assim agora. Quer uma carreira, garota? Bem, aguente e assuma suas responsabilidades.

Longe da imprudência de que era acusada, esse empurrão que ela me deu em direção a Polanski era, na verdade, um exemplo de sua postura como mãe. Você pode acusá-la de falta de noção. Mas não pode acusá-la de não querer o melhor para mim.

Sua observação não foi tirada dos autos.

Então minha mãe contou como eu falara com ela da casa de Nicholson, e como ela perguntara se eu queria que ela fosse me buscar, e eu tinha dito que não – e, então, como Polanski pegou o telefone e contou para ela sobre as fotos na banheira. ("Eu pensei, 'Por que uma banheira?'. Mas não disse nada. Simplesmente não falei.") Quando cheguei em casa, minha mãe relatou, contei-lhe sobre a asma. Ela não tinha ideia do por quê eu ter dito isso, mas tentou me dar cobertura:

– [Polanski] me perguntou sobre a asma... E eu disse, "Sim, é realmente muito ruim". E então ele disse: "Que tipo de remédio ela toma para isso?" e eu respondi: "Ah, vários tipos", só para despistar.

Quando Polanski mostrou minhas imagens de topless na primeira sessão de fotos, minha mãe tentou fazer uma abordagem lógica.

– Decidi não dizer nada para que Samantha não sentisse que havia feito uma coisa horrível e provocar uma cena. Achei que podia esperar e levá-lo para fora de casa, porque não tínhamos assinado uma autorização para as fotos, e ele não poderia imprimi-las. E pensei que esse seria o fim da história.

Minha mãe tentou falar friamente, mas não conseguiu esconder o quão estranho tudo aquilo era: eu entrando correndo em casa, Polanski logo atrás, mostrando para minha família as fotos de topless da nossa primeira sessão, ela e Kim se assustando, a cadela mijando no chão.

– Devia estar rolando algum tipo de energia estranha, porque a cachorrinha nunca faz isso. (Estávamos na década de 1970; falávamos muito sobre energias estranhas. E os cães realmente captam essas coisas.)

Kim foi a próxima. Ela testemunhou sobre como viu as fotos, como a cadela mijou – e como Polanski lhe deu um grande sermão sobre como ela não disciplinava o cão corretamente. (Proprietários de cães gostam de ser corrigidos sobre suas técnicas de disciplina tanto quanto mães.) Depois falou sobre como tinha escutado do lado de fora de meu quarto enquanto eu conversava com Steve.

Então veio o criminologista que testemunhou sobre minha calcinha. Para quem é da área de análise forense, foi interessante. Ele testemunhou que foi encontrado sêmen em minhas roupas íntimas, mas não esperma. Como? Incerto. Baixa contagem de esperma ou, possivelmente, vasectomia. (Mas, então, por que Polanski me perguntou quando fora meu último período, se não podia me engravidar? É claro, o teste não era conclusivo. Não seria a última vez que ouviríamos falar daquela calcinha.) Também havia amostras de outras partes do meu corpo – vagina, ânus –, novamente com presença de sêmen, mas não de esperma. Foi uma descoberta lamentável para a acusação; o método de teste para sêmen era conhecido por não ser tão preciso quanto o teste para esperma. Primeiro, havia a chance de que o produto químico usado para detectar o sêmen tivesse, em vez disso, detectado enzimas no fluido vaginal; era tudo uma questão de quão rápido o produto aplicado na mancha mudava de cor. (Neste caso, se mudasse de cor muito rapidamente, indicava sêmen.) E, segundo, esperma teria ajudado a identificar o criminoso mais facilmente, embora não com quase 100% de precisão, como hoje. Mas, em qualquer grau, alguém poderia argumentar (e claramente era o que a defesa pretendia fazer) que o sêmen vinha de outra pessoa.

Depois do intervalo do almoço, foi minha vez.

Lembro de ter assistido a um episódio de *Além da Imaginação* como este, no qual o acusado ficava nas sombras, só o rosto iluminado por uma luz dura. Eu sentia como se estivesse sendo julgada por um crime. Talvez estivesse. Três fileiras de estranhos de meia-idade me encaravam friamente enquanto eu respondia às perguntas. Observavam meu rosto, meu corpo, meus gestos. Eu não olhava para ninguém. Estava com um pingente de plástico em forma de coração que minha amiga Terri me dera; era listrado, com todas as cores do arco-íris. Eu o segurava com força e, enquanto as questões continuavam a chegar, eu o girava entre os dedos. Ninguém se sentou perto de mim no púlpito. Nem minha mãe, nem um advogado. Em uma semana, eu completaria 14 anos. Fui colocada sob juramento, fui forçada a responder todas as perguntas que me fizeram e me disseram que, se eu não respondesse ou se contasse para alguém o que fora dito no júri, eu teria grandes, imensos problemas legais.

Isso pode soar estranho, mas é verdade: se tivesse que escolher entre reviver o estupro ou o testemunho no grande júri, eu escolheria o estupro.

O promotor distrital assistente Roger Gunson era um homem bonito, de queixo quadrado, caráter impecável, meio Eliot Ness. Ele gentilmente colocou folhas laminadas com provas das duas sessões de fotos diante de mim. Eu não queria olhar para aquilo. Ele começou me perguntando sobre a primeira sessão – como, exatamente, eu acabei fazendo as fotos de topless?

– Foi um pedido ou você se ofereceu para fazer isso?

– Foi um pedido – respondi. Eu estava terrivelmente embaraçada em explicar que não usava sutiã porque... Bem, olhe para mim. Preciso de sutiã?

Fomos em direção ao dia em questão, passo após passo, após passo. As fotos na casa de Jacqueline Bisset, a ida até a casa de Jack Nicholson, as várias poses – e o que eu estava usando.

Pose quatro: "Parece que você está de calcinha nessas fotos. É isso?".

Olho para as fotos.

– Sim – respondo.

Era além da humilhação. Uma sala cheia de estranhos de meia-idade pensando em mim naquela calcinha. E por que todo mundo tinha que chamar de "calcinha"? Não podiam chamar de "roupas íntimas"?

– Depois que a beijou, ele disse alguma coisa? – Gunson perguntou.

– Não.

– Você disse alguma coisa?

– Eu disse: "Não, pare com isso, vamos para casa"... Ele disse: "Vou levá-la para casa logo".

– Então o que aconteceu?

– Então ele veio para baixo e começou a fazer sexo moral. (Minha mãe não queria que eu usasse gíria quando falasse sobre isso. Ela me disse que o termo era *sexo oral*. Aparentemente, não entendi direito o que ela falou.)

– O que isso quer dizer?

– Quer dizer que ele veio para baixo de mim e colocou a boca na minha vagina... Era como se ele estivesse lambendo, não sei. Eu estava prestes a chorar. Eu estava prestes a chorar. Eu estava meio que... Eu ia... "Não, vamos lá. Pare com isso". Mas estava com medo.

E foi assim. Tive que falar sobre fazer sexo oral, sexo anal, ficar bêbada, ficar atordoada com o Quaalude. Pediram-me que eu descrevesse como ele teve um orgasmo dentro da minha bunda, o sêmen escorrendo para fora, a mulher batendo na porta, eu tentando ir embora... E então ele me levando de volta para o sofá. E, então, tudo de novo.

O médico do hospital testemunhou que eu não sofrera nenhuma fissura ou ferimento durante o ato sexual – e que não encontrou sêmen no meu reto. Não necessariamente porque a ejaculação não ocorreu, mas porque – como eu testemunhara – eu tivera um movimento intestinal depois do encontro com Polanski, o que possivelmente eliminara o sêmen. Isto, é claro, é algo que toda adolescente quer discutir diante de uma sala cheia de adultos: fazer cocô.

Perguntaram com que frequência eu fizera sexo antes daquilo. Respondi duas vezes – o que, novamente, não era verdade. Eu tinha brincado com meu namorado; beijos e amassos. Mas relação sexual só acontecera uma vez, com alguém que eu conhecia bem. Então por que mantive a mentira estúpida? O que o grande júri teria pensado se percebesse que eu estava dizendo ter *mais* experiência sexual do que realmente tinha, não menos? É só o tipo de coisa que uma criança tola faz e, nessas questões, eu era uma criança tola – e assustada.

O grande júri deliberou por vinte e três minutos inteiros antes de retornar com o indiciamento em todas as seis acusações. Décadas mais tarde, em 2009, alguns dos jurados falaram com a imprensa sobre aquele dia. Jean Biegenzahn, que na época do grande júri estava com 48 anos, era uma delas. (Acho que ela foi a pessoa que realmente olhou nos meus olhos enquanto estive no púlpito. Lembro nitidamente de levantar os olhos e ver uma mulher me encarando com simpatia; depois não olhei mais para o júri.) Biegenzahn achava que eu parecia a filha dela.

– Estava tão assustada, e ali estavam 23 velhotes olhando para ela – ela contou.

Biegenzahn acreditou em mim, assim como a jurada mais jovem, Joanne Smallwood, então com 39 anos – embora também tenha pensado que eu era "esperta" para minha idade.

Houve muita repercussão depois daquele dia. Em sua autobiografia, Polanski escreveria que um dos assistentes da equipe de Gunson vira Bob – o namorado de longa data de minha mãe, um homem que eu considerava outro pai – e eu "em um abraço ardente, apaixonado. Não era o abraço paternal de um homem adulto confortando uma garotinha... Era mais do que isso; a perna dela estava entre as pernas dele".

Leio isso agora e me sinto um pouco enojada. De fato, eu algumas vezes recorria a Bob; lembro de me sentar em seu colo, com os braços ao redor dele, em uma audiência. Mas as implicações disso... Alguém realmente relatou aquilo? Alguém realmente acreditava naquilo?

Polanski e sua equipe agiam como se acreditassem. Também sabiam que nenhum esperma fora encontrado. O que deve tê-los encorajado a fazer o que fizeram em seguida.

POLANSKI ALEGA INOCÊNCIA EM CASO DE ESTUPRO

18 de abril de 1977

(AP) O diretor de cinema Roman Polanski alegou inocência, nesta sexta, para o indiciamento do Grande Júri do Condado de Los Angeles que o acusa de drogar e estuprar uma menina de 13 anos, no último dia 10 de março, na casa do ator Jack Nicholson [...].

"Sou inocente e não vejo a hora de que seja feita justiça", Polanski disse para os repórteres, depois da breve sessão da corte. Ele criticou a cobertura do caso, dizendo que acha que os meios de comunicação estão lidando com isso "de modo muito pobre".

ADVOGADO DE POLANSKI PESQUISA VIDA SEXUAL DA MENINA

Los Angeles Times

21 de abril de 1977

O advogado do diretor de cinema Roman Polanski disse nesta quarta que pretende pedir uma investigação sobre a atividade sexual prévia da menina de 13 anos a quem Polanski é acusado de drogar e estuprar.

O advogado, Douglas Dalton, deu a entender, na Suprema Corte de Santa Monica, que pedirá um exame psiquiátrico da suposta vítima do famoso diretor de cinema.

"Os fatos dos quais fomos informados", Dalton disse, "mostram que, antes dos acontecimentos deste caso, a menina já praticava atividades sexuais. Queremos saber quando, onde e com quem, e por que essas pessoas não estão sendo processadas".

[...] Polanski, 43, foi questionado pelos repórteres como esperava que este caso afetasse sua vida.

O diretor polonês, cuja esposa, a atriz Sharon Tate, foi brutalmente assassinada por membros da família de Charles Manson, respondeu: "Estou acostumado com a dor. Isto é uma ninharia."

E, então, embora as transcrições do meu testemunho no grande júri não tivessem sido liberadas, houve isso:

MENINA DO CASO POLANSKI ADMITE RELAÇÕES SEXUAIS

Defesa tenta anular seis indiciamentos contra o diretor

12 de maio de 1977

[...] "Tento me assegurar de que ela está dizendo a verdade sobre suas experiências sexuais anteriores", Dalton disse em sua moção. "É possível que ela fantasie ou minta sobre experiências sexuais prévias. [...]".

Dalton afirmou que o promotor, ao não ir além ao questioná-la sobre quando, onde e com quem ela fez sexo antes, privou a defesa de informações "vitais" que podem ser usadas para atacar a credibilidade da menina [...].

A moção de Dalton citou a declaração que o namorado deu ao promotor distrital, na qual o rapaz diz que conversou com a menina só depois do suposto estupro. A menina "está sempre atuando e, portanto, era difícil determinar se ela estava dizendo a verdade ou não", diz a declaração.

O namorado também relatou que a narrativa da menina sobre o episódio "não estava em sequência", e que ela dizia repetidamente "Não acredito que isto está acontecendo comigo".

Bem, eu não acreditava. Mas aconteceu.

Mas há uma coisa engraçada. Lembro de escutar os adultos discutindo sobre quão afortunado era o fato de que eu ainda não tinha 14 anos quando fui estuprada, que Roman estava mais encrencado porque eu tinha treze... E eu pensava, "Espere, de que jeito isso pode ser bom?". E, então, depois do testemunho no grande júri, no qual ele foi indiciado por todas as seis acusações, ouvi uma discussão sobre quão desafortunado era o fato de que eu não tivera nenhum dano físico – especialmente retal. Havia esse sentimento de desapontamento. Se ele tivesse me machucado mais, do jeito mais óbvio possível, seria melhor. Muito rapidamente a questão passou a ser vencer-ou--perder-na-corte, e não se eu realmente fora ferida. Se quanto mais ferida eu tivesse sido, melhor, então por que alguém se importaria se eu fora ferida de qualquer jeito? É desconcertante ser jovem e saber que as pessoas que estão ao seu lado de certa forma lamentam que você não esteja machucada *o bastante.*

Quase imediatamente, desde o início deste caso, senti a pressão para estar machucada. Mas me recusei a estar machucada o bastante para ser uma "boa" vítima.

CAPÍTULO 8

Deve ter sido uma tortura para meu pai estar tão longe dos acontecimentos. Sei quão chateado estava com o que acontecera comigo, mas ele também era advogado, e eu estava no inferno legal. Ele estava especialmente indignado que a defesa, tentando construir um caso no qual eu fantasiara o estupro, estava pedindo ao tribunal para me obrigar a passar por um exame psiquiátrico. Ele ligou para seu amigo Robert P. Kane, procurador-geral da Pensilvânia, e lhe pediu que recomendasse alguém para se opor à moção de Polanski. Entrou em cena Lawrence Silver.

Larry era um distinto vice-procurador-geral da Pensilvânia em 1977, quando se demitiu, sacou suas economias, colocou seus poucos pertences em um Porsche amarelo e saiu da sombria assembleia legislativa da urbana Pensilvânia para as praias ensolaradas do sul da Califórnia. Mais tarde ele me contou que seu plano era passar um ano vivendo na praia e se bronzeando pela primeira vez na vida. Não foi o que aconteceu.

O "ano" de descanso de Larry terminou em questão de semanas, quando foi recrutado pelo escritório de advocacia especializado em negócios e entretenimento Loeb & Loeb. Era um emprego bom e de prestígio. Logo lhe ofereceram sociedade no arriscado mundo dos litígios de Los Angeles. Bem-vindo a Hollywood. Trinta e seis anos mais tarde, ele ainda não conseguiu aquele bronzeado.

Kane ligou para ele e explicou que um amigo, cuja filha se metera em certa encrenca na Califórnia, precisava de um advogado. Larry disse que ligaria com prazer. O telefone de meu pai tocou momentos mais tarde.

Meu pai perguntou se ele ouvira falar do caso de Roman Polanski – Quem não ouvira? – e lhe contou que a menina que fora estuprada pelo diretor era sua filha, Samantha Gailey. A defesa, ele explicou, afirmava que Samantha fantasiara o incidente, e exigia que ela se submetesse a exame psiquiátrico.

Meu pai estava indignado que os promotores da Califórnia não me protegessem, e furioso com o advogado de Polanski por uma invasão injustificada e prejudicial. Ele disse que tentar uma entrevista psiquiátrica com o reclamante não era apenas algo que ele próprio nunca faria; ele nem sabia que a lei permitia uma coisa dessas. Larry poderia representar a mim e à família? A seu favor, Larry fez a ressalva de que não tinha experiência em direito criminal. Mas, baseado na recomendação de Kane, meu pai estava disposto a relevar isso. Francamente, acho que ele pensou que a questão era simples – uma com a qual um litigante civil certamente poderia lidar. Larry lhe disse que precisaria obter autorização de sua firma para uma representação limitada. Havia dúvidas de que permitissem isso, pois muito do trabalho da empresa vinha do ramo do entretenimento, e ele estaria indo contra um astro de Hollywood. Mas o prestígio da recomendação do procurador-geral do estado superou a relutância do escritório. Bem, como aprendi, em Hollywood até os advogados são obcecados pelas celebridades. Larry teve permissão para assumir o caso.

Cerca de duas semanas após o testemunho no grande júri conheci Larry, quando ele veio conversar comigo e minha mãe. (Em meu diário, escrevi: "Tenho que conhecer o novo advogado. Que porre".) Tenho certeza de que ele foi gentil e cuidadoso. Mas eu odiava ter que passar por aquilo tudo de novo – perguntar sobre os acontecimentos que cercavam o estupro, mesmo sem pressionar por detalhes, não era o melhor jeito de causar uma boa primeira impressão nesta garota. Eu achava que estava apenas mal-humorada, mas Larry me contou mais tarde que o olhar que lhe dei quando nos conhecemos era hostil – quero dizer, *realmente* hostil. Ele se lembra de eu estar sentada na ponta do nosso sofá marrom na sala, o rosto contorcido como se estivesse acabado de chupar um limão, e então me virar, fingindo que ele não estava ali. Ele foi obrigado a dirigir as perguntas para minha mãe, que então as repetia para mim. Ridículo, eu sei, mas eu só não queria ter que lidar com aquilo. Queria voltar para meu quarto, trancar a porta e ficar sozinha com minha música.

Até hoje, Larry nunca me perguntou sobre o âmago da questão: o que aconteceu no quarto na casa de Jack Nicholson. Fico grata por isso, mas não foi só por causa da preocupação comigo. Como meu advogado, era mais importante para Larry saber os detalhes do que aconteceu antes e depois do estupro: o encontro com minha mãe e Bob, o que fez com que Terri, que supostamente me acompanharia, não estivesse conosco. A cronologia importava. O momento importava. Quando peças de roupa foram removidas, quando foram colocadas novamente (Aquela maldita calcinha de novo!), quem disse o quê e quando. Grande parte destas informações não era essencial para minha representação; Larry disse que eram questões que o promotor faria, e ele tinha que ter as respostas. Em minha mente, eu sabia que Larry estava do meu lado – afinal de contas, meu pai o contratara – e estava apenas fazendo seu trabalho, mas com todas aquelas perguntas, ele parecia mais o inimigo. Eu sabia que não era confortável para ele tampouco, e, se tivesse oportunidade, ele teria preferido obter informações de minha mãe, de Bob, ou mesmo de Kim, que odiava falar sobre isso quase tanto quanto eu.

Eu sabia que estava testando a paciência dele, mas ele estava arduamente tentando criar um vínculo com alguém que desejava que ele simplesmente sumisse em uma nuvem de fumaça. Ele perguntou sobre meu dia a dia de adolescente, sonhos, aspirações, do jeito que adultos fazem com crianças, e as crianças percebem na hora. (Ele realmente marcou pontos ao conseguir lugares VIP para o show de Led Zeppelin, "The

Song Remains the Same". Ele podia estar se esforçando um pouco demais, mas eu sabia que ele estava tentando.)

Ao longo dos anos, Larry se tornou um dos meus aliados de maior confiança e amigo verdadeiro, mas naquela época ele parecia ser apenas parte do inferno que eu era obrigada a atravessar. Era solidário, no entanto, e não demorou muito para convencê-lo de que meu estupro não era fantasia. Larry não conseguia entender por que a defesa pedia avaliação psiquiátrica; disse que isso só inflamaria as emoções em todos os lados.

Não quer dizer que a tática de culpar a vítima em caso de estupro fosse novidade. Ao contrário: mesmo com evidências forenses de atividade sexual, a defesa tenta manipular a questão para o caso ele disse/ela disse e, com frequência, ataca a credibilidade e moralidade da vítima. Felizmente, dois anos antes, o senador do estado da Califórnia Alan Robbins apresentara e aprovara a Lei Robbins de Evidência de Estupro, que proibiu os defensores de casos de estupro de apresentarem o histórico sexual das vítimas como evidência no julgamento. O estatuto se tornou modelo nacional e foi adotado em muitos estados[1].

Larry achava que o advogado de Polanski, Douglas Danton, estava partindo para o exibicionismo jurídico. Estava testando

---

[1] Em 1981, Robbins foi julgado, mas não condenado, por ter feito sexo com duas garotas de dezesseis anos que conheceu na capital do estado, em 1978 e 1979, foi expulso do Senado da Califórnia e cumpriu uma setença de vinte meses de prisão por aceitar suborno de lobistas. O que prova que até mesmo um escroque pode deixar um legado brilhante. (N. da A.)

o caso na mídia, começando com a sugestão de que era claro que eu devia ser mentalmente desequilibrada. Do ponto de vista legal, a estratégia de Dalton era arriscada porque era um exagero pensar que o tribunal ordenaria minha avaliação psiquiátrica, então ele começaria perdendo sua primeira moção. Eu sabia que advogados travavam essas batalhas entre si, mas ainda mantinham o respeito pelo adversário. Eu podia ver que Larry estava começando a não gostar de Dalton. Comecei a gostar um pouquinho mais dele.

Larry preparou um esboço contra a moção de Dalton e discutiu o assunto com ele, esperando conseguir um acordo de algum tipo.

A base de seu argumento era que a testemunha de um crime não estava sujeita a descobertas da defesa que incluíssem avaliação psiquiátrica. Eles avançavam e retrocediam sem nenhum tipo de concordância. Então, antes que a moção fosse agendada para ser debatida diante do juiz Rittenband, Dalton a retirou.

Vencemos! Dalton retirara a moção que havia publicamente anunciado que faria. Então... U-hu? Bem, a verdade é que eu estava tão alienada do que estava acontecendo que nem mesmo fiquei ciente disso. Tudo que eu sabia era que não ia ser arrastada até um psiquiatra – uma vitória pequena, mas uma vitória mesmo assim. Não prestava atenção na disputa legal nesse período, só descobri isso muito mais tarde, através de registros escritos e das lembranças de minha mãe e de Larry.

Mas, de qualquer modo, era isto: o trabalho de Larry estava concluído. Ele respeitosamente relatou o êxito na retirada da petição para meu pai, que estava aliviado, grato e impressionado. Então ele disse para Larry:

– Acho que este será apenas o primeiro *round*, e Samantha e Susan ainda vão precisar de representação. Interessado?

Larry não era por natureza um amante de casos de grande impacto, mas tampouco era avesso a eles. E, neste ponto, tinha investido tanto como advogado quanto como ser humano, embora talvez tivesse feito um momento de pausa se tivesse percebido que estava entrando na versão moderna de *Jarndyce vs. Jarndyce*, o famoso caso do livro *Bleak House* (Casa Abandonada), de Charles Dickens, que durou por gerações. Neste caso, ele só concordou em continuar, de uma forma ou de outra, pelos trinta e seis anos seguintes. (E contando.)

CAPÍTULO 9

Os meses até a graduação do ginásio estiveram meio que envoltos em bruma para mim. Minha mãe, normalmente uma fotógrafa implacável, parou completamente de tirar fotos. Acho que ela tinha medo de que, de alguma forma, fotos daquele ano pudessem se tornar evidências. Ou talvez fosse a reação por ver as que Polanski tirara de mim. Nós nos tornamos reclusos. Em geral, minha mãe adorava atenção. Agora, queria que todos fôssemos invisíveis.

Meu nome fora publicado na Europa[1] , então agora o telefone tocava sem parar. Minha mãe e Bob trocaram o número, mas logo os repórteres conseguiram o novo. Havia dias em que era só o telefone tocar para fazer todos saltarem de susto.

---

[1] A mídia norte-americana não publica nomes de vítimas de estupro, por causa da tradicional (e, espero, fora de moda) preocupação com a possibilidade de que as vítimas sofram humilhações e danos a suas "reputações". Além disso, uma das razões pelas quais um grande número de estupros não é relatado é que as vítimas não querem exposição pública. Essas preocupações não são tão fortes na Europa. (N. da A.)

Um fotógrafo particularmente perseverante, em uma perua marrom, acampou do lado de fora de nossa casa em Peonia Road. Eu espiava pelas cortinas para ver, na janela do lado do motorista, a lente de longo alcance da câmera. A presença daquela câmera mudou nossos movimentos. Tornamo-nos figuras furtivas correndo para dentro e para fora de nossa própria casa.

Um dia, um apresentador de rádio de Chicago ligou e Bob, em um momento impensado, realmente disse meu nome. Minha mãe gritou com ele.

Kim nunca suportou bem as intrusões. Um dia, quando atendeu o telefone e alguém perguntou se éramos prostitutas, não conseguiu se conter e gritou:

– Seu filho da puta!

Talvez não fosse surpresa que, no centro do escândalo Polanski, começasse a aparecer histórias sobre esta família transtornada.

Rona Barrett, a colunista de fofocas da TV, foi uma das poucas pessoas da mídia a agir com certa decência. Ligou para casa algumas vezes e perguntou gentilmente se poderia se sentar com minha mãe e comigo, prometendo que não seria agressiva. A esta altura, minha mãe e Bob desconfiavam das intenções de qualquer um, e desligavam o telefone na cara dos repórteres. Mas, desta vez, Bob atendeu e alguma coisa na voz de Barrett praticamente o quebrou.

– Por favor – Bob disse –, não faça isso. Estamos enfrentando uma barra pesada. Por favor, ajude-nos a protegê-la.

– Está tudo bem, eu entendo.

Dezenas de repórteres diziam aquilo só para ligar de novo ou aparecer à nossa porta. Mas Barrett foi sincera em suas palavras e nunca mais ligou novamente.

Minha família precisava mesmo dar um tempo. Minha mãe buscava serenidade, e tiramos umas pequenas férias para ir até Miami com a irmã dela, Kathy, e o namorado, Bruce, para participar de um "Holi", um festival hindu de primavera. No aeroporto, ralharam comigo por estar com um caderno cuja capa eu cobrira com brilhantes observações dos adolescentes da década de 1970: "A vida é uma merda, e então você morre", "Despreze a morte, tema apenas a perda do orgulho – Aerosmith". Minha mãe estava sempre preocupada que alguém tirasse uma foto minha que me fizesse parecer má, e eu estava zangada e cansada que me dissessem como agir.

O que lembro é que os participantes do "Holi" estavam correndo, dançando e sendo borrifados com água colorida de rosas em um parque. Mas esse não era o ponto principal. Kathy e Bruce eram seguidores do guru Maharaj Ji (agora conhecido como Prem Pal Singh Rawat), que pregava que a necessidade individual de realização pode ser satisfeita voltando-se para si mesmo e se conectando a uma fonte constante de paz e alegria. Aqui está uma amostra do que ele dizia:

O universo é surpreendente, mas a coisa mais fascinante não é entender o universo, e sim compreender que aquilo que dá força a ele está dentro de nós neste instante, e que podemos vivenciar isso. E, quando isso acontece, você se enche de paz, clareza e alegria. É quando você experimenta a felicidade mais verdadeira.

Chame de cultos ou de movimentos de crescimento pessoal: hoje as pessoas tendem a esquecer quantas pessoas inteligentes e bem educadas participavam desse tipo de coisa naquela época. Minha mãe, por exemplo, consumia terapias como quem come batata frita – Gestalt, Fritz Perls, J. Krishnamurti; ela amava a ideia de mudança, de crescimento. (Por outro lado, meu pai Jack certa vez disse para ela: "Não quero crescer. Sou crescido. Gosto de mim do jeito que sou", o que provavelmente foi o início do fim do casamento deles.) Ela também passou um final de semana no Instituto Esalen em Big Sur, Califórnia. Popularizado como um fim de semana icônico do amor livre no filme de 1969, *Bob e Carol & Ted e Alice*, e pregando "a exploração contínua do potencial humano", o movimento Esalen tinha entre seus seguidores Buckminster Fuller e Linus Pauling. Era bom ser um buscador da verdade, e se a verdade fosse encontrada ouvindo um cara que, digamos, era um tocador mambembe de banjo antes de decidir que também era Deus, que assim fosse. (Esse era Mel Lyman, que fundou a comunidade Fort Hill, uma comuna hippie transcendentalista com sede em Boston, e que mais ou menos declarou que era o messias e que sua música era sagrada. Atraiu numerosos seguidores ricos e influentes até que o desejo de roubar bancos começou a ter precedência sobre a busca pela paz mundial.)

O que quer que você pense sobre isso, naquele momento de caos em nossas vidas pessoais, o Guru Maharaj Ji deu conforto para minha família. E ainda que aos 14 anos eu não estivesse em sintonia com seus ensinamentos, simplesmente estar naquele ambiente me deu um sentimento de que era possível transformar as coisas ruins de sua vida em uma oportunidade de aprendizado – e transcender a maldade.

Depois do "Holi", voltamos para Woodland Hills e comemorei meu aniversário com a família e uns poucos amigos – Steven, Terri e um garoto novo que estava disputando minha atenção e me ajudando a deixar Steve para lá. Mas era uma ocasião deprimente, com minha mãe entrando com um bolo gigante de cenoura, enfeitado com cenouras de glacê, que aparecia em todas as ocasiões festivas da família.

No feriado da Páscoa, voei para York, Pensilvânia – um feriado glorioso, realmente. Todo mundo presumia que a noite com Polanski era um acontecimento que me faria fugir de sexo por anos. Era o que as pessoas esperavam, o que pareciam querer. Resolvi ser do contra. Conheci e namorei John, o garoto (quase literalmente) da porta ao lado, um Shaun Cassidy lindo e descabelado – como um morango loiro que pareceu me adorar assim que nos conhecemos. Depois do horrível mês anterior, que incluiu não apenas Roman, mas também ser largada pelo primeiro garoto com quem me importei, era disso que eu precisava. Um fim de tarde na varanda em 1º de abril levou a um presente – uma cruz em uma corrente – no dia seguinte, que levou a uma bebida, a um cigarro de maconha e ao sexo maravilhoso – o primeiro – naquela noite. Há algo tão sério e, mesmo assim, tão sexy em ganhar uma cruz de presente.

Eu acabara de fazer 14 anos, e suponho que tivesse de me sentir culpada. Não me senti. Senti que merecia lavar de vez a má experiência com uma boa, e John era o equivalente a um longo e bom banho quente. Meu pai ficou furioso quando descobriu a seda para enrolar maconha de meu amigo em nossa casa, mas pegou leve no meu último dia. Todos ficamos em casa e assistimos George Carlin na TV. Parti no dia seguinte para encarar todos os problemas em casa. Mas pelo menos me sentia esperançosa com relação ao verão.

Por mais que fosse difícil voltar para casa e encarar mais das negativas de Roman, e mais difamações sobre minha família e sobre mim, aquele foi, mesmo assim, meu melhor ano na escola. O professor do clube de teatro, Sr. Mallot, era meu favorito: ele realmente gostava de mim, e mesmo que eu não fosse a estrela em ascensão dos sonhos de ninguém – eu costumava pegar os papéis de estenógrafa e de corista –, o drama parecia um lugar seguro e confortável para estar (o que parece ser algum tipo de verdade eterna para párias da escola, como qualquer um que assista à série *Glee* pode confirmar).

Outros docentes eram, podemos dizer, alternativos. Um de meus professores enchia sua térmica com tanta bebida que podíamos sentir o cheiro do outro lado da sala, e pelo menos um deles vendia maconha para complementar o salário deprimente da escola. (No final da década de 1970, a maconha era uma droga muito diferente do que é hoje: bem mais fraca – como uma garrafa de vinho forte que o deixaria alto, cercado por arco-íris e girassóis – se comparada com a de hoje, um alucinógeno consideravelmente mais poderoso.)

De fato, mesmo o relacionamento professor/aluno era completamente distinto do que é hoje. Nossas relações com os professores eram calorosas e confusas – e, sim, conforme ficávamos mais velhos, elas algumas vezes cruzavam a linha. Mas, mesmo quando havia casos estranhos, em geral não existia um sentimento de criminalidade. Na verdade, não apenas entre professores e alunos, mas em qualquer relacionamento em que houvesse um óbvio desequilíbrio de poder – como o meu com Polanski –, bem, esses tipos de relacionamentos não eram tão malvistos quanto são hoje.

Tive motivos para pensar sobre isso recentemente, enquanto lia sobre o caso de abuso sexual generalizado nas décadas de 1970 e 1980 entre professores e alunos em Horace Mann, uma escola particular de elite de Nova York. Um docente respeitado, professor de inglês, além de capelão e treinador de *cross-country*, que foi acusado de manter relações sexuais com vários garotos, agora tem 89 anos e vive em Santa Cruz, Califórnia. Ele explicou seu comportamento para o *The New York Times*: "A única coisa que posso assegurar é que tudo o que fiz foi por carinho e afeto, não por um jogo de poder", afirmou. "Posso ter cruzado limites sociais. Se fiz isso, sinto muito."

A escolha de palavras dele é interessante. Se você tem a idade errada – é muito jovem, muito velho – lê isso e pensa:

"Que monte de baboseira para se autojustificar". Mas se vai direto ao ponto – se tivesse entre 30 e 45 anos na década de 1970 –, você entenderia que ele realmente quis dizer isso, que acreditava nisso, e que realmente vivia isso sem cálculos nem malícia. Em geral, havia algo considerado positivo na experiência erótica, mesmo na ausência de qualquer outra coisa além do próprio sexo. A ideia era que o crescimento emocional vinha por meio da sexualidade expandida – para a pessoa no poder e para aquela relativamente impotente. É importante levar isso em consideração, porque este era o paradigma cultural do qual Roman Polanski estava encharcado em 1977. Por mais errado que estivesse ao fazer o que fez, sei para além de qualquer dúvida que ele não olhava para mim como uma de suas vítimas. Nem todos entenderão isso, mas nunca achei que quisesse me ferir; ele queria que eu desfrutasse daquilo. Era arrogante e estava com tesão. Mas tenho certeza de que não estava tentando extrair prazer de minha dor.

Mas eu sentia dor. Ainda me lembro de uma tarde, logo após o estupro, quando estava me sentindo... Acho que poderia dizer "engarrafada". Peguei uma lâmina de barbear e comecei a fazer pequenos cortes na parte de dentro de meu pulso. Não o suficiente para causar algum dano real, só o suficiente para machucar. Aqueles pontinhos de sangue me faziam sentir melhor. Também me davam uma desculpa para conseguir a atenção de Steve, de quem ainda gostava. Eu o fiz jurar que não ia contar aquilo para a mãe dele, o que é claro que ele fez, e ela imediatamente ligou para minha mãe, e foi totalmente embaraçoso, porque eu não tinha nenhuma intenção de me matar. Mas, olhando para trás, vejo que usar aquela dor física para apaziguar minha dor emocional era exatamente o que eu estava fazendo. Entendo a automutilação – e consigo compreender por que as garotas fazem isso.

CAPÍTULO 10

Enquanto a primavera dava lugar ao verão, Larry recebeu um telefonema de Roger Gunson avisando-o de que certos órgãos de imprensa haviam feito uma petição para que o juiz Rittenband liberasse os testemunhos do grande júri, e que o promotor distrital não se oporia àquele pedido. Ele não esperava que o advogado de defesa Dalton se opusesse tampouco, e ouvira dizer que Rittenband já decidira conceder a moção para liberar as transcrições.

Os testemunhos nos quais estavam particularmente interessados eram o meu, o de minha mãe e o de minha irmã Kim. Eles discorriam sobre os acontecimentos daquela noite com detalhes gráficos, acontecimentos que até então não haviam chegado ao conhecimento do público ou de qualquer um de meus amigos, colegas de classe ou professores. Parecia que todas as partes tinham interesse em levar este caso para o julgamento da opinião pública. Todas as partes menos eu.

O juiz e o escritório do promotor distrital eram tocados pela política, e era bom para eles serem cooperativos e acolhedores com a mídia. Eles, e particularmente o juiz Rittenband, não eram imunes ao prazer de ser o centro das atenções, e a liberação das transcrições só aumentaria as expectativas e a audiência do julgamento seguinte. A defesa receberia mais cedo as alegações da acusação e poderia começar a julgar o caso na mídia, fazendo campanha para destruir minha credibilidade, através de insinuações e mentiras, sem ser desafiada pelas regras da prática legal. A parte mais danosa do testemunho do grande júri era que eu seria identificada pelo nome e daria acesso público a meu endereço residencial. A liberação daquela informação seria um desastre para a privacidade de minha família e tampouco faria maravilhas por meu estado mental. Ninguém gosta da sensação de ver as pessoas cochichando pelas costas, da sensação – ou certeza, no meu caso – de que chegaria a qualquer lugar e todo mundo diria: "É aquela ali. Sabe o que aconteceu com *ela*?". Adolescentes se constrangem sem nenhum motivo específico. Imagine ter um motivo realmente grande para isso. Nunca me senti tão terrivelmente em evidência – e tão só.

É claro que fizemos tudo o possível para impedir a liberação do testemunho do grande júri. O promotor distrital Roger Gunson disse para Larry que seria uma batalha difícil, por causa da proximidade de Rittenband com a imprensa.

Parece surpreendente agora, mas em 1977 não havia precedente na Califórnia – ou em qualquer um dos 50 estados – que protegesse a privacidade da vítima que testemunhara diante do grande júri. Larry pesquisou, pesquisou e pesquisou ainda mais, mas não conseguiu descobrir caso algum. Nada. Isso era um problema imenso. Parecia tão óbvio que aquelas transcrições não deviam ser liberadas, mas espantosamente a lei não estava do nosso lado. Não dava para Larry chegar diante do tribunal e argumentar: "Meritíssimo, confie em mim – sei que estou certo".

Incapaz de encontrar um precedente legal, Larry procurou uma analogia – uma argumentação muito mais fraca, mas pelo menos algo que poderia levar ao tribunal. Seu argumento foi: "Se o estado da Califórnia não faz nada para proteger a identidade da vítima, que esforços faz para proteger a identidade de qualquer um?". Não era só um pensamento incomum. Era um pensamento *totalmente* incomum.

Meu esperto advogado conseguiu virar outro conceito de cabeça para baixo. A Califórnia protege da exposição pública a identidade de *perpetradores* de crimes juvenis. A teoria (uma boa teoria, acredito) é que, se publicamente rotulamos um jovem como criminoso, suas chances de reabilitação ficam substancialmente reduzidas. Então, ao proteger sua privacidade, tanto o delinquente juvenil quanto a sociedade são beneficiados.

Era um pouco rebuscado, então Larry achou que o argumento seria mais eficiente se apresentado oralmente, em lugar de ser colocado diante da corte por escrito. Sabíamos que o juiz Rittenband já tomara sua decisão antes que Larry sequer entrasse no tribunal. Ele tinha uma única chance – um tiro à distância – para fazê-lo mudar de ideia. Larry estava confiante em nossa posição, mas incerto sobre o resultado. O juiz Rittenband era sensível à opinião pública, então a mensagem de Larry seria: "Se decidir contra minha cliente de 13 anos, as pessoas podem pensar mal de você".

Quando o juiz Rittenband começou a anunciar sua decisão, Larry o interrompeu e disse:

– Permita-me a corte, eu represento a vítima neste caso e gostaria de me dirigir ao tribunal sobre a liberação do testemunho do grande júri.

Então argumentou detalhadamente que existiam estatutos que protegiam perpetradores criminais da exposição pública, incluindo testemunhos ou relatos sobre seus comportamentos criminosos. Fez citações. Argumentou que, se a vítima deste caso fosse acusada de um crime, as leis do estado da Califórnia protegeriam sua privacidade e não permitiriam a exposição de seu nome ou identidade.

– Na comparação, as leis do estado da Califórnia – Larry argumentou – proporcionariam uma proteção à privacidade de um criminoso juvenil maior do que à de uma vítima juvenil? Faz algum sentido para este tribunal liberar o nome de uma vítima juvenil quando esta corte seria impedida pelas leis do estado da Califórnia e seus estatutos de liberar o nome de um jovem acusado pelo mesmo crime?

O juiz Rittenband ficou imóvel pelo que pareceu ser uma hora para Larry, mas provavelmente foram apenas alguns minutos. Então falou:

– As leis deste estado protegem a identidade de perpetradores criminais se são juvenis. Não faria sentido liberar a identidade de uma criança que foi vítima. Consequentemente, a moção para a liberação dos testemunhos do grande júri está negada, e não serão liberados na pendência de novos pedidos à corte.

Seria reconfortante pensar que o juiz foi persuadido pela moralidade dos pontos levantados por Larry, mas acredito que ele estava medindo as reações públicas e as possíveis críticas por me expor. Na verdade, não importa. Eu estava feliz, e minha identidade continuaria protegida. Por enquanto.

• • •

Naquela primavera terrível que levou até minha graduação no ginásio, eu tinha a intenção de arranjar um namorado – e consegui. Mais ou menos. Ron era um dos garotos mais selvagens da escola; era um festeiro que andava de bicicross e caçava cascavéis nas montanhas. Eu tinha um pouco de medo dele, o que o tornava ainda mais atraente. E mesmo que Ron e eu não tenhamos durado muito – tivemos algumas semanas de beijos infinitos e de sermos pegos por Nana antes que eu ficasse com medo e terminasse com ele –, somos amigos até hoje. (Ele é, de fato, padrinho dos meus filhos.)

A pressão da imprensa continuou a aumentar. Apesar dos melhores esforços de todos a meu redor, a maior parte dos adultos de minha vizinhança em algum momento descobriu que eu era A Menina do caso Polanski. (Os jornais haviam identificado uma menina em Woodland Hills, e antes do dia 10 de março eu contara para algumas pessoas que estava posando para Roman Polanski. Não era difícil juntar as peças e montar o quebra-cabeças.) As crianças, na verdade, não prestavam atenção – mas então uma equipe de filmagem apareceu na escola. Sabe aquele sonho recorrente que todos temos no qual nos esquecemos de colocar as roupas e saímos pelados em público? Eu me sentia como se estivesse andando nua na escola.

Com frequência, os adultos eram mais críticos do que as crianças. Lembro-me do dia em que as coisas desandaram entre minha amiga Terri e mim. Estávamos quase no fim do nono ano e, como era frequente, ela e eu estávamos em minha casa. Meu tio Bruce, um fotógrafo amador, estava mostrando algumas das imagens que fizera no "Holi" com guru Maharaj Ji. A certa altura, o pai católico muito conservador de Terri apareceu em nossa entrada – bem a tempo de ver um bando de hippies entrando em seus carros. Sentiu cheiro de incenso e pensou que fosse maconha. Ele e minha mãe discutiram aos gritos. Ele disse algo sobre eu ser uma puta e que Terri não podia mais vir a minha casa. Pegou Terri pelo braço e a colocou no carro. Eu fiquei furiosa com minha mãe por brigar com ele, e ela estava furiosa que ele – um vizinho – estivesse agindo assim.

Há um determinado tipo de mentalidade religiosa que acredita que meninas que foram estupradas mereceram isso. Se você agir com moralidade, Deus a protegerá do estupro. Portanto, você deve ser tão culpada de ter sido vítima de estupro quanto o estuprador, de estuprá-la. Ninguém chega a articular desta maneira, mas é assim que muita gente pensa de verdade.

Terri foi fazer o colegial em outra escola. Tentamos manter contato, mas foi basicamente o fim de nossa amizade. Fiquei devastada. Sabia que ela não discutiria com o pai. Tentei fingir que não estava ferida, mas me sentia totalmente traída. Para mim, uma coisa era ser chamada de puta por um tabloide anônimo, outra era quando isso vinha do pai de uma amiga próxima, de alguém que me conhecia. Alguém que devia saber a verdade.

Mas, se existiram alguns momentos muito difíceis durante os meses que levaram até a graduação da nona série, tenho de dizer uma coisa: fui salva pela decência e pela lealdade das crianças mais próximas a mim. Lembro-me de uma noite em particular com dois amigos, incluindo um garoto chamado Scott. Scott era um ano mais novo do que eu, era gentil, bonito e muito indulgente. Praticávamos as danças do dia juntos – o *hustle* era nosso ritmo favorito –, porque a mãe dele tinha um estúdio de dança. E ele podia assistir a *Quando as Metralhadoras Cospem* – o filme que era minha obsessão na época, um musical britânico de gângster totalmente encenado por crianças – uma e outra vez comigo, e me deixar fazer todos os papéis. (Quando nos reencontramos depois de adultos, não fiquei surpresa em saber que ele era gay, mas naquela época eu simplesmente achava que ele era o melhor amigo do mundo.) De qualquer modo, um dia, algumas semanas depois do meu estupro, ele e outro amigo estavam na minha casa discutindo os detalhes do caso, que estavam na mídia toda hora; tagarelavam de um jeito de que só garotos pré-adolescentes são capazes. Isso foi bem antes que minha identidade se tornasse de conhecimento geral na vizinhança. A mídia estivera falando sobre minha mãe – que mãe de artista mirim incansável ela deve ter sido para oferecer a filha dessa maneira para um homem reconhecidamente selvagem –, e os garotos estavam conversando sobre quão nojenta esta mãe devia ser. É claro, não tinham ideia de que estavam falando sobre *minha* mãe.

– Eu adoraria conhecer a mãe desta garota e dizer-lhe a idiota que ela é – Scott disse.

Não aguentei mais.

– Você *já* a conhece – falei. E então contei a história para eles.

Talvez fossem garotos de boa índole, ou talvez simplesmente não conseguissem ficar pensando nisso, mas Scott nunca contou para ninguém até 2009, quando Polanski foi preso no aeroporto de Zurique e eu disse para ele que não tinha problema falar sobre o assunto. Esse tipo de discrição é incomum em qualquer pessoa, ainda mais em um garoto de 13 anos.

O interesse da mídia continuou a interferir em todos os aspectos de minha vida, mas acho que foram os incidentes na escola que me fizeram sentir mais vulnerável. Como no dia em que um repórter fotográfico assustador me pegou do lado de fora da aula de teatro, no último período, e começou a disparar perguntas antes que eu percebesse quem ele era e o que estava fazendo. Ele estava me perseguindo para conseguir fotos que poderia vender aos tabloides (mais tarde, as fotografias apareceram em uma revista alemã). Eu deixei o incidente para trás até que alguém me disse que o jornal local – o *Valley News* – ia publicar uma das fotos, no dia seguinte, me identificando como A Menina do caso Polanski.

Entrei em pânico. Foi a única vez, naquele período inicial, em que liguei para Larry. Ele não estava no escritório, mas eu disse que era uma emergência, que tinham que encontrá-lo e fazê-lo ligar para mim. Isso foi antes dos celulares, mas mandaram uma mensagem no *pager* dele. Larry recebeu a mensagem enquanto dirigia pelo Olympic Boulevard. Estacionou e me ligou de um telefone público do lado de fora de um lava-rápido. Era um dia quente e abafado e o sol batia direto em seu terno e gravata pesados.

Os jornais daquela época não publicavam o nome de vítimas de estupro, muito menos de vítimas de estupro menores de idade. A publicação ameaçadora lançava dúvidas sobre se eu *era* uma vítima de estupro confiável ou uma jovem ambiciosa que, por dinheiro, estava se fazendo de vítima de um diretor famoso.

Com o sol batendo em sua cabeça, e os carros zunindo na rua, Larry imediatamente ligou para o jornal. Não fazia sentido perder tempo com o editor; aquilo era como espantar um urubu de uma carcaça. Então pediu para falar com o advogado deles. Larry disse para o advogado qual era a questão, e disse que se aquela fotografia fosse publicada, isso constituiria invasão de minha privacidade. O advogado argumentou (é isso o que advogados fazem) que eu estava sob os olhos do público. Eu não estava. Não naquele momento. E não estaria a menos que me colocassem ali. O público não sabia quem eu era. Discutiram sobre as bases para a demanda de Larry, que também incluía a obrigação moral (discutível) de um jornal não causar danos com suas reportagens. É engraçado pensar em Larry tendo essa discussão filosófica profunda de um telefone público no lado de fora de um lava-rápido.

O advogado disse para Larry que *freelancers* – pessoas que não eram empregadas do jornal – não tinham certeza absoluta, mas haviam assegurado que acreditavam que a fotografia tirada na escola era minha, sugerindo que, desde que não eram empregados contratados, o jornal não era responsável. Larry contrapôs:

– Você não ficaria envergonhado ou até mesmo seria economicamente responsável se seu jornal publicasse a fotografia errada ou identificasse a pessoa errada?

Ele acrescentou que a invasão de propriedade da escola para garantir uma foto não autorizada de uma estudante provavelmente seria crime, e que a publicação do *Valley News* seria, então, a cumplicidade com um crime após o fato, por pagar pessoas que cometeram um ato criminoso. Larry não retrocedeu. Sabia o que estava em jogo para mim.

O advogado do jornal foi evasivo. Minha mãe e eu ficamos desesperadas esperando o jornal sair no dia seguinte.

Não publicaram a foto.

CAPÍTULO 11

No verão de 1977, os Estados Unidos se tornaram um pouco desequilibrados. Os preços dos combustíveis estavam tão altos, e a escassez era tão comum, que a cultura dos radioamadores tomou conta, iniciada por caminhoneiros que atravessavam o país e queriam burlar a vigilância da polícia. O filme *Agarra-me se Puderes* fez um sucesso enorme. Também foi o verão de *Guerra nas Estrelas* e *O Fundo do Mar* (e, portanto, o momento em que Jacqueline Bisset, que me oferecera vinho em sua casa, se tornou uma superestrela norte-americana de verdade.) Jimmy Carter era o novo presidente.

Elvis Presley morreu; os computadores Apple nasceram. E, no que pode ser lembrado como o nascimento do movimento pelos direitos dos gays na Califórnia, duzentos mil manifestantes marcharam pelas ruas de São Francisco para protestar contra as declarações antigays de Anita Bryant[1] e o assassinato

[1] Anita Jane Bryant é uma cantora norte-americana também conhecida por sua forte visão contra a homossexualidade e por sua grande campanha em 1977 para rejeitar uma lei local no Condado de Dade, Flórida, que proibia a descriminação com base em orientação sexual.

de Robert Hillsborough, o jardineiro atacado e morto por um homem gritando "bicha".

Embora eu fosse parte relutante das notícias do dia, estava alheia à maioria das correntes de mudança social. Depois da graduação do ginásio, voltei para York para passar o verão com meu pai. Conheci a nova namorada dele (e depois esposa), Jan, que era uma mulher adorável, pé no chão, com ares da década de 1950, tão diferente da minha mãe quanto era possível ser. Foi maravilhosa comigo, e eu fui uma ingrata com ela. Espero que todos que são como eu era aos 14 anos parem o que estão fazendo por um minuto, deixem este livro de lado e enviem flores e um pedido de desculpas para os bons padrastos e madrastas que cruzaram seus caminhos.

Para mim, o verão foi uma válvula de escape de tudo o que estava acontecendo com Polanski na Califórnia. Vejo meu diário daquela época e leio algo assim: *blá, blá, blá, garoto, blá, blá, blá, maconha, blá, blá, blá, menino bonito, blá, blá, armário de bebidas.* Esses registros, é claro, eram precedidos por esta profunda observação, meses antes: *Roman Polanski tirou fotos minhas e me estuprou, merda.*

Eu tinha a intenção de voltar à normalidade e, para mim, isso significava sair com meus amigos, ouvir música, ficar alta e dar uns amassos nos meninos. Minha parceira no crime era minha BFF[2] (como dizem hoje) Michele, de quem eu era próxima desde a escola primária. Michele estava passando por um

---

[2] *Best Friend Forever*, expressão usada por adolescentes que significa "Melhores amigas para sempre". (N. da T.)

período difícil naquele verão. Um parente, um cara horrível e assustador, ficava bêbado à noite e abusava dela. Ela tinha medo de contar para a mãe. E então o abuso continuava. Vários meses antes, ela tinha pensado seriamente em ferir-se. Isso aconteceu na noite em que eu estava com Polanski. Por anos nos convencemos de que essas duas coisas horríveis tinham acontecido na mesma noite porque tínhamos algum tipo de laço psíquico: eu estava machucada, então ela tinha que se machucar. Nada ultrapassa a capacidade de uma adolescente de dramatizar.

Mas, ao mesmo tempo, nossos dramas eram reais, e nosso desejo de fugir também o era. Formamos uma pequena gangue naquele verão: eu, Michele e um grupo de garotos que podiam oscilar entre serem nossos amigos ou nossos interesses amorosos em questão de horas. Nossos pais estavam no trabalho, e nenhum de nós foi acampar. (Minha experiência de uma semana em um acampamento terminou quando implorei para voltar para casa e consegui permissão. Odiava garotas frescas, odiava lenços no pescoço, e a única coisa que me lembro de ter gostado foi de soltar a pobre tartaruga que um bando de crianças tinha pego e colocado em uma gaiola – meu desafio final contra o sistema.) Em geral ficávamos nos parques, jogando bola e ficando altos; a criança que conseguia alguma cerveja ou maconha era sempre a mais popular. Arrumar encrenca era nosso passatempo. Nada grave (guardei para o verão seguinte), mas nos entretínhamos em criar caso para aborrecer as pessoas. Não acho que algum de nós agia por estar "danificado" pelos traumas; éramos apenas adolescentes de bobeira. Quando íamos para qualquer lugar, sempre andávamos lado a lado, quatro ou cinco na rua, nunca na calçada. Não que estivéssemos tentando aborrecer as pessoas, embora isso acontecesse; em geral era porque não queríamos que nenhum de nós tivesse que andar atrás dos outros ou fosse deixado de fora da conversa. Éramos animais de matilha.

Quando arrumávamos namorados, era uma estratégia sem fim sobre como e quando os veríamos. Quando não tínhamos namorado, estávamos à espreita. Todos os lugares a que fôssemos – no Hershey Park, ao sair para jantar com meu pai, no show no gelo local – ficávamos de olho nos meninos. (Um pequeno aviso para as adolescentes de hoje: o Ice Capades[3] não é o melhor lugar para conhecer garotos... A menos que você seja um garoto.) Momentos inocentes podiam se transformar em sexuais em um piscar de olhos. Em um segundo estávamos nadando com um garoto da vizinhança chamado Tom. No momento seguinte ele estava com o pênis de fora, mostrando-o orgulhosamente para mim. Não me lembro por quê. Provavelmente pedi para ver. Naquela época, não se precisava realmente de muito pretexto para acontecimentos como esse.

John continuou a ser minha paixonite principal. Meus únicos objetivos de vida naquele momento eram ouvir Aerosmith, permanecer um pouco entorpecida o tempo todo e dar uns

[3] Espetáculo de entretenimento, fundado na década de 1940, e que viajava por todos os Estados Unidos apresentando números de patinação de gelo. Foi muito popular até o fim da década de 1970. (N. da T.)

amassos em John. Tínhamos uma mesa de sinuca em casa, e um aparelho de som estéreo, um ponto de encontro ideal para nossa gangue. (Contudo, por algum motivo, era onde meu pai guardava sua coleção de vidros antigos – quão animado ele devia ficar tendo um bando de adolescentes jogando Bola 8 perto de suas peças Lalique?)

Meu pai amante de jazz (sua trilha sonora era Miles e Coltrane) notou que sua filha estava saindo dos trilhos, então começou a instituir regras sobre como e quando eu veria John. Nenhum beijo na varanda da frente – e absolutamente *não* devíamos ficar sozinhos em nenhum cômodo. Por esse motivo, acho que conseguimos fazer sexo apenas uma vez, talvez duas, no verão inteiro. Eu estava furiosa.

Acho que meu interesse exacerbado por sexo *era* uma reação ao estupro. Meu raciocínio era assim: se eu tive que aturar um velho assustador fazendo o que queria de mim, por que não podia dar livremente o que eu tinha para alguém que amava? *Meu* corpo, eu pensava. *Meu.* É claro, era tão provável que eu tivesse um relacionamento maduro com alguém quanto ganhar um Oscar. Sexo naquela idade não era para se conectar com outro ser humano; nem mesmo para ter orgasmo (pelo menos não para as garotas – todos os manuais nos diziam que tínhamos o direito de tê-lo, mas tente dizer isso para um garoto de 14 anos). E se você fazia sexo uma ou duas vezes, não era necessariamente uma coisa que continuaria a fazer. Era mais como o preço a se pagar para cruzar a ponte para a vida adulta.

Mesmo assim, eu estava determinada a controlar minha vida, e fazer sexo era uma parte importante deste controle. Havia a dose normal de rebeldia adolescente, é claro. Mas havia algo mais. Percebi que muitas mulheres que foram estupradas levaram muito tempo até quererem ser tocadas novamente. Minha atitude foi diferente. Acho que queria substituir uma experiência sombria, caótica, por algo agradável e normal – e dentro do meu controle. John era o "homem" – ou garoto – para a tarefa: estávamos tão apaixonados quanto era possível estar aos 14 ou 15 anos, e ele fazia com que me sentisse adorada, desejada e boa o bastante. E, ah, como eu precisava disso.

Claro, havia momentos em que pensava no que acontecera, momentos em que aquilo tomava sorrateiramente minha consciência. Mas eu não queria lembrar. Não queria ficar estragada.

E tem uma coisa: naquele momento, eu não achava que estava. Não pelo estupro, de qualquer forma. Parecia que todo mundo estava me dizendo que ou eu era a putinha de Roman ou sua vítima patética. Eu não era nenhum dos dois. Por que todo mundo queria que eu fosse uma coisa ou outra?

É claro, dentro dessa esperança melancólica de normalidade havia uma grande quantidade de negação e de comportamento estúpido. Antes que eu me tornasse sexualmente ativa, minha mãe me puxara de lado e me dera algum tipo de creme espermicida, que eu usei na vez que fiz sexo com Steve na Califórnia. Naquela época eu era sensível e cuidadosa o bastante, mesmo aos 13 anos. Mas então veio Polanski, e depois York, e não levei proteção comigo. (E se você acha que em 1977 o adolescente médio de 14 anos pensava em usar camisinha... Por favor.) Então, talvez tenha sido uma bênção que meu pai pelo menos tenha colocado obstáculos em meu caminho. As coisas podiam ter sido muito piores.

Mas naquele verão tudo de que me lembro é a sensação de alívio por não estar no meio de tudo aquilo. Tinha a vaga sensação de uma tempestade se formando na Califórnia sem mim. Escrevi em meu diário: "Se a publicidade ficar muito ruim, talvez eu possa ficar aqui. Talvez não sejam capazes de me encontrar".

• • •

Eu não estava errada sobre a "tempestade se formando". Enquanto eu estava me comportando como uma fedelha em York, todas as partes estavam se aprontando para o julgamento de Polanski no sul da Califórnia. Apesar da evidência esmagadora, era impossível naquele momento saber que caminho o julgamento tomaria. Por um lado, a defesa fizera um trabalho realmente bom angariando apoio da comunidade de Hollywood, espalhando mentiras e usando a imprensa para me desacreditar. Por outro, Polanski tinha muitos de seus próprios problemas iminentes. Pouco antes da metade de abril, Polanski, com consentimento do juiz, voltara para casa em Londres para escapar da imprensa (me pergunto se uma não celebridade teria recebido esse tipo de cortesia profissional). Sem nosso conhecimento na época – e algo que sem dúvida alguma apareceria no julgamento –, a revista para a qual Polanski estava supostamente fazendo o ensaio fotográfico, a *Vogue Hommes* (não a *Vogue Paris*, como sempre acreditáramos), estava essencialmente dizendo para ele: Ensaio fotográfico? Que ensaio fotográfico?

Na versão de Polanski, registrada em sua autobiografia:

> *Quando tentei ligar para [o editor da* Vogue Hommes, *Gerald] Azaria – o mesmo Azaria que me implorara por uma entrevista e me pedira para fazer o trabalho que causara meus problemas –, ele se recusou a atender o telefone. Fui ver [o editor da* Vogue*] Robert Caille e expliquei quão essencial era que Azaria testemunhasse que eu estava trabalhando em uma tarefa de boa-fé. Depois de pigarrear e gaguejar, Caille finalmente falou: "Ele não pode fazer isso. Você não tem um acordo formal, por escrito". Eu certamente não tinha, mas tampouco tinha um para o número da* Vogue *de Natal, que já estava quase nas bancas. Eu disse que todo mundo na* Vogue *sabia que eu tinha recebido essa proposta.*
>
> *"Olhe", disse Caille, "já estamos sendo questionados por um homem da Interpol. Ele veio perguntar sobre sua tarefa. Dissemos que não sabíamos nada sobre isso".*
>
> *Eu me senti traído.*

Na época em que Polanski publicou isso, Caille estava morto, então nunca soubemos o que realmente aconteceu. É totalmente possível que ele realmente tivesse recebido a tarefa, e que o editor da *Vogue Hommes* estivesse muito assustado para confirmar, com medo de ser ligado ao escândalo. Mas é certo dizer que a incapacidade de produzir qualquer acordo real não cairia nada bem para o júri norte-americano.

Enquanto isso, havia muitas audiências. Sempre que havia uma data no tribunal na qual se esperava que Polanski fosse aparecer, os órgãos de imprensa mandavam uma equipe completa de filmagem com repórteres para a porta. Havia cinco entradas; isso significava que cada canal de TV tinha que empregar cinco equipes completas de filmagem para três segundos de imagens de Polanski. Ouvi dizer que o *hall* de entrada do tribunal, em geral uma cidade fantasma, ficava abarrotado de gente. Para conseguir entrar e sair sem ser notado, o meu em geral impecavelmente vestido advogado, Larry, usava roupas de corrida, calça e blusão de moletom. Se você não está de terno, não é um advogado, então, com as roupas esportivas, ele não seria detido pela imprensa ou pelos groupies do sistema judicial.

Embora uma data nunca fosse marcada definitivamente, parecia que o julgamento era inevitável. Havia certa sensação de contagem regressiva no ar. Naquele momento, o juiz Rittenband fez algo realmente estranho – e algo que só o juiz que presidia o tribunal poderia fazer. Ele ordenou que a sala do júri ao lado da dele fosse esvaziada, com as mesas e cadeiras retiradas. Então ordenou que fileiras de mesas e linhas de telefone fossem instaladas, a fim de acomodar a imprensa local, nacional e internacional para o julgamento. Consideração com as necessidades da mídia, certamente – mas talvez um pouco de consideração *demais*? Sem mencionar as despesas para os contribuintes. Era uma época anterior aos canais de notícias 24 horas, antes da TruTV[4], antes da noção da corte como teatro. (Embora fosse o início de tudo isso... Havia um grupo de aposentados conhecidos como "Observadores da Corte de Santa Monica": pessoas espertas e com tempo livre cujo passatempo era acompanhar casos dos tribunais. Juízes e advogados costumavam recebê-los nos tribunais e sair com eles para jantar e explicar os casos.)

Com toda a conversa dos advogados de Polanski sobre me obrigar a me submeter a exame psiquiátrico para ver se eu não estava fantasiando o estupro, meu advogado Larry decidiu fazer um ataque preventivo: encontrou seu próprio psiquiatra para me examinar. Não fez isso para destruir minha credibilidade, como a defesa queria fazer, mas para me proporcionar apoio e comentar sobre o efeito de ir a julgamento. Naturalmente não vi dessa forma. Para mim, esse era outro adulto invasivo exigindo que eu me explicasse. Quer ver obstinação? Arraste uma garota de 14 anos para o psiquiatra contra a vontade dela. Parecia que eu estava sendo punida por ter sido estuprada.

Terminei respondendo às perguntas, no entanto. A pessoa era gentil, formulava questões adequadas, e nem mesmo eu

---

[4] Canal de TV por assinatura americano que trata, entre outras, de temáticas policiais, drama reais e histórias de emergências. (N. da T.)

consegui ser chata o bastante para não responder. Antes que eu percebesse, tinha acabado. O psiquiatra achou que eu era uma adolescente saudável, mas disse que não havia meios de prever os efeitos do trauma de ser interrogada em audiência pública. Isso foi antes da época das câmeras na sala do júri, porém, dado o foco que recaía sobre mim, eu estaria, de fato, testemunhando diante de uma audiência internacional de milhões de pessoas. Larry sabia que qualquer pessoa, ainda mais uma de 14 anos, seria levada ao limite por uma provação como esta. O estupro, pelo menos, ocorrera em particular. Isso seria público.

• • •

Enquanto era a coadjuvante do Escândalo do Estupro que circulava na imprensa, eu era só uma personagem em tudo que aconteceu durante a preparação do julgamento. Uma das cenas mais grotescas foi a dramática "Divisão da calcinha" (na verdade, uma calcinha da minha irmã, que peguei emprestada sem pedir), da qual só conheci os detalhes anos mais tarde. Foi isso o que Larry me contou:

"Quando você foi examinada pela polícia, eles pegaram sua roupa íntima cor de ferrugem como evidência. Durante o grande júri, o especialista forense do estado testemunhou que a calcinha fora testada, e que fluido seminal, mas não esperma, estava evidente – uma descoberta curiosa, mas não inédita. Agora, os dois lados queriam testar a peça íntima em busca da presença de esperma antes do julgamento – e ambos os lados tentavam reivindicar a calcinha. A solução salomônica do juiz Rittenband foi cortar a calcinha ao meio, então os dois lados podiam pegar amostras para seus laboratórios particulares.

"A questão era: como e onde cortar? A mancha na calcinha não tinha formato regular, era mais como um distrito eleitoral *gerrymandered*[5]. O problema era agravado pelo fato de que a densidade da mancha também não era facilmente divisível; pareciam ser duas manchas e dois compostos, sobrepondo-se um ao outro.

"Então imagine – sete homens, incluindo um representante do médico legista oficial, Douglas Dalton, Roger Gunson e eu, encarando sua calcinha – em uma sala no porão do tribunal.

"Discutimos por mais de uma hora se cortávamos a mancha de um jeito ou de outro, com várias sugestões proferidas. Eu queria cortar em quatro partes, cada lado com amostras das duas partes da mancha, mas fui derrotado. Dalton e o médico legista discutiram tenazmente, desenhando linhas no ar com o indicador. Finalmente, um técnico com luvas de látex começou a cortar cautelosamente, virando um pouco para cá, um pouco para lá, como se estivesse recortando letras para um cartaz da feira de ciências;

---

[5] *Gerrymandering* é um método para definir a área dos distritos eleitorais, de modo a obter vantagens no número de representantes eleitos. É conhecido por criar áreas com formatos extremamente irregulares. (N. da T.)

"Por fim a tarefa foi cumprida, a calcinha dividida, a amostra do promotor indo para o médico legista do condado de Los Angeles, e a amostra da defesa, cortesia de Dalton, indo para um laboratório médico que tinham escolhido no Arizona."

Por que essa calcinha era tão importante? Bem, a esta altura do campeonato, tudo era importante, e as provas recolhidas na calcinha poderiam determinar se haveria um julgamento, o que todo mundo parecia querer. O juiz queria sentar-se no alto do frenesi inevitável da mídia internacional. O escritório do promotor distrital queria processar o criminoso e prendê-lo. A defesa se sentia encorajada por causa do sucesso público da campanha para destruir minha credibilidade, e estava confiante de que isso se estenderia à corte. A imprensa queria o julgamento pela mesma razão pela qual tubarões gostam de nadar perto de praias lotadas de gente. Os únicos que *não* queriam um julgamento éramos minha família e eu. Meus pais acreditavam que era mais importante me proteger do que conseguir que Polanski tivesse uma sentença longa.

A única saída era "fazer um acordo". Polanski se declararia culpado de alguma acusação menor, levaria um puxão de orelha judicial e todos poderíamos deixar aquela confusão sórdida para trás. Se as provas recolhidas no exame de minha calcinha fortalecessem o caso da promotoria, Polanski poderia ficar mais disposto a aceitar o acordo. Por outro lado, se a evidência da calcinha fosse inconclusiva, Polanski e companhia poderiam querer se arriscar no júri. Por quê?

Bem, antes de qualquer coisa, talvez Dalton, o advogado de Polanski, realmente achasse que seu cliente era inocente. É possível. Mas mesmo que não fosse isso, ele sentia naquele momento que poderia conseguir uma absolvição completa. No fim das contas, era uma situação ele disse/ela disse (o "ele" sendo um homem famoso e amado, e "ela", uma garota não 100% inexperiente). O médico legista encontrara apenas sêmen e não esperma – o que significava que o júri ouviria a possibilidade de que eu, que admitira ter experiência sexual prévia, pudesse ter a calcinha manchada pelo sêmen de *outra* pessoa. Mais do que isso, ser considerado culpado de qualquer uma das cinco acusações mais sérias significaria que Polanski seria deportado. Definitivamente, Polanski *não* queria ser deportado. Ele amava os Estados Unidos e Hollywood, e os Estados Unidos e Hollywood o amavam, abençoando-o com a santíssima trindade do sucesso no mundo dos filmes – dinheiro, poder e fama. Além disso, sua partida significaria que muita gente perderia o vale-refeição. Polanski estava garantindo muito dinheiro não só aos estúdios de cinema, mas também a todo um círculo de agentes e publicitários. Era uma indústria de um homem só. Quem ia querer que essa indústria voasse para a Europa?

Esse foi o motivo de todo o alarido em torno de pedaços de tecido manchado.

• • •

Em 1977, o moderno movimento pelo direito das vítimas ainda estava na infância. A primeira legislação estadual e federal dos direitos das vítimas estava a cinco anos de distância, e ainda seriam necessários trinta anos até que a Califórnia sentisse seus efeitos. Os processos criminais tradicionalmente envolviam apenas três partes: o governo estadual, representado pelo juiz, que aplicaria a lei criteriosamente; o povo do estado, representado pela promotoria, que buscava um veredicto de culpa e punição para o acusado; e a defesa, tentando provar a inocência do acusado. Todas as partes pareciam fazer seus papéis. É claro, eu estava alheia a tudo isso naquela época. Só me ocorreu anos mais tarde que havia um significado maior no que estávamos fazendo em meu caso. Queríamos conseguir que uma quarta parte fosse reconhecida – a vítima. Minha voz era a mais fraca entre partes poderosas, perguntando: "E quanto a mim?".

O acusador, o promotor distrital assistente Roger Gunson, era um homem sensível e honesto. Mas tinha uma missão – condenar Roman Polanski. A defesa, liderada pelo advogado Douglas Dalton, também tinha um único objetivo: conseguir a liberdade de seu cliente. A estratégia de Dalton parecia se ancorar no princípio da dúvida razoável. O julgamento colocaria Gunson, tentando provar que Roman Polanski era culpado do estupro de uma menina de 13 anos, contra Dalton, tentando estabelecer uma dúvida razoável sobre a culpa de Polanski e mostrando fraqueza no caso da promotoria. Comandando o espetáculo estava o juiz Rittenband, desfrutando do fato de ser o centro das atenções. E no meio disso... Eu.

Eu era uma participante desconfortável para todos os envolvidos: uma vítima de crime e uma testemunha não colaborativa para a promotoria. A opinião de meus pais – e eu não podia concordar mais – era que, dada minha atitude em relação ao caso, eu seria mais prejudicada pela realização do julgamento. Nenhum de nós queria que eu crescesse sendo o foco de um escândalo sexual internacional; tudo que eu queria era uma vida "normal" ou, pelo menos, a chance de uma. Era tarefa do Larry conseguir essa chance para mim.

Todos entendíamos que evitar um julgamento significava que Polanski teria uma punição menor por seu crime principal, mas estávamos cientes de nossas prioridades. Ideias tradicionais de justiça ou retribuição bíblica eram sujeitas a controvérsia. Minha família e eu simplesmente queríamos que ele admitisse o que tinha feito, e então sumisse de nossas vidas. Imagino que a esta altura ele já tenha se amaldiçoado por não ter feito isso.

O que quer que me custasse ter de volta minha vida normal de adolescente... Era justiça suficiente para mim.

Larry propôs a ideia do acordo primeiro para Roger Gunson. O promotor distrital assistente era sensível a nossas preocupações e aberto à ideia, mas claramente preferia levar o caso a julgamento. Não tenho certeza de quais eram os motivos dele – podia estar ansioso para atuar em um caso importante, podia sentir a pressão de seus superiores ou podia simplesmente acreditar que era a coisa certa a se fazer. Talvez fosse uma combinação dos três. Naquele momento, ele não estava disposto a se comprometer com os detalhes específicos de um acordo. Então Larry tentou uma aproximação com Douglas Dalton. Ele ouviu Larry e respondeu de seu jeito normalmente tranquilo e formal que pensaria no assunto. Mas Larry recebeu a mensagem de que Dalton não estava interessado. Talvez Dalton pensasse que poderia conseguir um acordo mais vantajoso ao não ser receptivo. Ou talvez achasse que podia ver a dúvida na mente da corte por destruir minha credibilidade.

O desafio de Larry se complicou porque o promotor distrital havia acabado de anunciar, após algumas críticas sobre acordos passados, que seriam instituídos novos padrões a partir dos quais os acordos de confissões seriam considerados. A nova regra pretendia dar a aparência de que o promotor distrital John Van de Kamp era durão com o crime. Agora, um réu que se confessasse culpado da acusação receberia a pena máxima de prisão.

Assim, o momento para um acordo em um caso de destaque não podia ser pior.

Duas semanas e dois dias depois que minha calcinha foi cortada (o tempo estimado por Dalton para conseguir resultados forenses de seu especialista), Dalton ligou para Larry para discutir o acordo. Advogados podem estar em lados opostos de um caso e, mesmo assim, gostarem um do outro e se respeitarem. Não era o caso de Dalton e Larry. Eles eram como dois gladiadores andando em círculo em uma luta até a morte.

Nunca duvidei de que Larry não tinha coisa alguma em mente além do melhor para mim, mas sei que também gostava da ideia de esmagar Dalton. Era Dalton, não Roman, que estava perguntando sobre minha vida sexual e questionando minha sanidade mental.

Ainda há certa parcela de mistério ligada ao resultado daqueles testes. Depois de duas semanas, Dalton devia estar com eles, mas nunca disse nada para Larry. O resultado dos testes da amostra da promotoria era positivo para sêmen, mas negativo para esperma. O sêmen poderia pertencer a outra pessoa. O esperma teria proporcionado uma ligação clara com Polanski. Mesmo assim, depois de presumivelmente conseguir os resultados de *sua* amostra, Dalton quis discutir um acordo. É possível que, de alguma forma, esperma tenha sido encontrado naquela parte da amostra? Talvez os resultados do teste da defesa tenham tornado a situação menos ele disse/ela disse, no fim das contas.

Quaisquer que fossem seus motivos, Dalton disse para Larry que Polanski estava interessado em um acordo – mas apenas um que evitasse prisão ou deportação. Havia apenas uma das acusações que se encaixava nessa exigência – a comparativamente suave "relação sexual ilícita", antes conhecida como "estupro estatutário". Estupro com uso de drogas e álcool, e fornecer substância controlada a uma menor, eram crimes sérios sob a rubrica de "torpeza moral" e impunham não apenas prisão, mas deportação. O conceito de "torpeza moral" significa que alguns crimes são uma violação tão grande aos padrões morais que a vilania e a depravação inerentes a eles são levadas mais a sério. "Relação sexual ilegal" não era considerada uma torpeza moral. Dalton disse que, se todas as outras acusações fossem retiradas, seu cliente poderia se interessar em declarar-se culpado por essa única acusação. Algum tempo depois, Dalton disse que a razão pela qual a promotoria tirou todas as outras acusações era que não poderia prová-las. Você tem de dar este crédito a Dalton. Mesmo quando perdia, ele continuava a dizer que tinha ganhado.

Larry entrou em contato com Gunson. Gunson lhe disse que precisava falar com o "centro da cidade". A supervisão da matéria fora atribuída ao vice-promotor distrital principal, Stephen Trott. Gunson disse a Larry que Trott não estava disposto a aceitar qualquer tipo de acordo, e que era mais problemático ainda aceitar um acordo no que era basicamente o primeiro caso de destaque desde que o promotor distrital adotara as novas regras linha-dura para acordos. Pensávamos que teríamos alguma resistência, mas não um "não" redondo.

Larry ligou para Trott para discutir o assunto e o encontrou não apenas resistente como hostil. A posição de Trott era simplesmente que Polanski estava envolvido em uma séria conduta criminosa e que o promotor distrital não estava disposto a deixar que ele fosse adiante com o crime menos relevante e com as consequências menos significativas. Quando Larry relatou isso para minha mãe e meu pai, eles ficaram, é claro, chateados e zangados. Para eles, eu estava sendo sacrificada para que o promotor conseguisse marcar pontos.

Larry sentia que tinha uma única opção. Ele sabia que a promotoria precisava de mim no tribunal para fortalecer o caso. Nesta época, eu estava do outro lado do país, na casa do meu pai na Pensilvânia. O escritório da promotoria não sabia onde eu estava. Então Larry começou a falar sobre mim como uma testemunha não cooperativa. Era possível que eu ficasse em York, continuasse a estudar por lá e não voltasse a Los Angeles. Ou eu podia ir para outro lugar além do alcance da justiça da Califórnia.

Larry informou a Trott que, alheia a meus próprios interesses, eu não seria mais cooperativa com a promotoria e que, de fato, não apareceria no julgamento. Larry não tinha medo de um pouco de esgrima. Disse a Trott que achava que era um crime sério fazer-me passar por essa provação e que faria tudo que estivesse a seu alcance para evitar que eu fosse obrigada a testemunhar. Trott gemeu. Recebeu a mensagem em alto e bom som.

Alguns dias depois, Larry recebeu uma ligação de Roger Gunson perguntando se, devido a minha recusa quase certa em cooperar, meu advogado estaria disposto a proteger meus interesses e aceitar a confissão de culpa de Polanski na acusação menor. O pedido feito a Larry era crítico. Sem um pedido formal feito ao juiz na sessão da corte, eles não negociariam a confissão. Mas se Larry estivesse disposto a fazer o pedido para aceitar a confissão, então o procurador distrital faria o mesmo.

Tínhamos nosso acordo.

Larry ligou para Dalton para confirmar que o cliente dele estava disposto a confessar culpa de relação sexual ilícita. Dalton levou um tempo, mas acabou concordando. Larry então ligou para Gunson para confirmar que tínhamos uma confissão de culpa. E, como o crime era relação sexual ilícita, haveria liberdade condicional, mas não prisão. Não havia como saber qual seria a reação do juiz, mas agora as três partes – a promotoria, a defesa e a vítima – queriam a mesma coisa.

A fim de conseguir que a promotoria aceitasse o acordo, Larry havia concordado em ler uma declaração ao juiz, pedindo mudanças nas recém-articuladas regras de acordos de confissão de Van de Kamp. Ele leu a carta, cujo trecho reproduzo aqui, para o juiz Rittenband em sessão aberta na corte:

[...] Minha preocupação primária é com o bem-estar presente e futuro desta menina e de sua família. Até este ponto, a identidade de meus clientes tem sido protegida da divulgação pública, evidenciando um exercício salutar de discrição por parte da imprensa. Meritíssimo, vossa senhoria tem sido sensível aos direitos à privacidade de meus clientes e tem protegido e protegerá aqueles cujos direitos estão de acordo com o Artigo I, seção 1 da Constituição da Califórnia, e a política pública expressa pela Legislatura em vários decretos que protegem os jovens. É claro, se houvesse um julgamento neste caso, o anonimato de meus clientes chegaria ao fim.

Em todos os casos, o equilíbrio precisa ser atingido. Neste caso, o equilíbrio que está em jogo é entre os interesses da sociedade, representada pelo promotor distrital, a defesa e meus clientes.

Ao avaliar os interesses de meus clientes, estou ciente de que eles, e mais particularmente ela, sofreram danos como vítimas de atos ilícitos cometidos pelo réu. Em um julgamento, a integridade das acusações teria sido mantida, embora o custo pessoal para eles fosse substancial. Meu ponto de vista, baseado em pareceres de peritos e na opinião dos pais da menina, é que um julgamento desses causaria danos sérios a ela. Muito antes que eu tivesse encontrado qualquer outro advogado neste caso, meus clientes me informaram que o objetivo deles ao prestar queixa não incluía conseguir a prisão do réu mas, em vez disso, a admissão do delito e que ele iniciasse, sob supervisão da corte, um programa que garantisse total reabilitação. A confissão da culpa pelo réu é arrependimento suficiente para fazer meus clientes acreditarem que tais objetivos podem ser alcançados. A confissão, neste caso, não muda os objetivos originais, e recomendo-os a vossa senhoria para análise.

[...] Qualquer dano sofrido por ela enquanto vítima seria exacerbado ao extremo se este caso fosse a julgamento. O reviver dos acontecimentos lamentáveis com seu conteúdo delicado, através do veículo de interrogatório direto nesta corte lotada de estranhos, seria um desafio para o bem-estar emocional de qualquer pessoa. O dano potencial é ainda maior para alguém na tenra idade. Em um caso comum, essa consideração causaria preocupação; contudo, este não é um caso comum. Embora vossa senhoria tenha protegido diligentemente o decoro da corte, a intensa atenção nacional e internacional gerada por este caso tem lotado os corredores que levam para a sala do júri com

uma massa de profissionais da mídia disparando flashes e cutucando com seus equipamentos para alimentar uma curiosidade inconveniente. Um membro da mídia, na última sexta-feira, em antecipação, disse que este caso "prometia ser um dos mais sensacionais julgamentos de Hollywood... ". Isso não é lugar para uma menina que está se recuperando.

A exposição pública de sua identidade em tal atmosfera carregada pode causar sérios danos a ela. Seus relacionamentos com os amigos e, de fato, sua família, jamais seriam os mesmos. Um estigma estaria ligado a ela pelo resto da vida. Justiça não é feita desta maneira [...].

O juiz Rittenband aceitou a confissão. Não era a solução perfeita – Polanski "escaparia" das acusações mais sérias –, mas era uma vitória para mim.

No final do procedimento, Polanski ficou para a tradicional confissão gravada, admitindo culpa pela acusação de relação sexual ilícita. Polanski sabia que perguntas viriam e Gunson sabia as respostas.

– Tive relações sexuais com uma pessoa do sexo feminino, que não era minha esposa e tinha menos de 18 anos de idade – Roman falou.

– Quantos anos você achava que a garota tinha?

– Eu sabia que ela tinha 13 anos.

Era simples. Era assim que este caso sórdido deveria ter terminado.

Mas o juiz não tinha acabado completamente com aquilo, não por uma última tentativa.

CAPÍTULO 12

POLANSKI CONFESSA CULPA EM ACUSAÇÃO DE SEXO ENVOLVENDO ADOLESCENTE

Santa Monica, Califórnia (UPI): O diretor de cinema Roman Polanski confessou culpa nesta segunda de manter "relação sexual ilícita" com uma menina de 13 anos e foi condenado a submeter-se a exames psiquiátricos para determinar se será encaminhado a um hospital como "agressor sexual mentalmente perturbado".

O juiz da Suprema Corte, Laurence J. Rittenband, reteve a sentença na pendência de um relatório da condicional do ex-marido de 43 anos da atriz assassinada Sharon Tate e diretor de filmes como *O Bebê de Rosemary* e *Chinatown*. [...]

Em troca da confissão de culpa, o escritório da promotoria distrital concordou em retirar as cinco outras acusações mais graves do indiciamento, que envolviam, supostamente, drogar e estuprar uma menina não identificada no dia 10 de março, na casa do ator Jack Nicholson, que estava fora na ocasião.

> [...] O promotor distrital, John Van de Kamp, disse que "os acertos para o acordo de confissão foram feitos, em grande parte, atendendo ao pedido da família da menina de que ela fosse poupada da provação de aparecer no banco das testemunhas de um julgamento sensacionalista".

• • •

Na Califórnia, sempre que um réu em caso de crime é condenado, seja por acordo de confissão ou veredicto do júri, um relatório de condicional é preparado. O relatório inclui uma série de elementos distintos, entre eles a descrição das circunstâncias do crime; a história familiar e profissional da pessoa; uma avaliação psicológica e uma sentença recomendada. A ideia é ajudar o juiz a decidir pela sentença adequada ao réu.

Mas o relatório de condicional não determina o que o juiz deve fazer – e, neste caso, era difícil prever o que o juiz Rittenband faria de um dia para o outro, ou de uma decisão para a seguinte. Suas decisões e reações dependiam de uma série de coisas e, olhando para trás, a maior parte delas tinha relação com seu ego. Em algum momento, essa imprevisibilidade se transformou em algo que mais parecia instabilidade.

Uma coisa era clara: o juiz não estava muito interessado em mim. Para ele, este caso era unicamente sobre poder e publicidade, e minha mãe e eu éramos empecilhos sem importância. Ele não era exatamente discreto em revelar seus verdadeiros sentimentos em relação a nós. Em uma audiência memorável, com a defesa discorrendo sobre a teoria de que minha mãe tinha me empurrado para Polanski para avançar na própria carreira, ele disse: "O que temos aqui? Uma dupla de mãe/filha prostitutas?".

Mesmo assim, parecia que todos estavam de acordo. Minha mãe, meu pai, Larry e eu concordávamos – e ainda concordamos – com a recomendação final do relatório de condicional de que a sentença de Polanski deveria ser a liberdade condicional e nada mais. Mas foi aqui que as coisas ficaram ainda mais complicadas com o juiz Rittenband, que parecia estar tendo um momento extraordinário no centro dos holofotes da mídia.

O juiz chamou Larry, Gunson e Dalton ao seu escritório e disse que refletiria negativamente para ele – juiz Rittenband – se deixasse Roman sair dessa sem nem um dia na cadeia. O escrutínio público deste caso fora simplesmente grande demais, e Rittenband se arriscava a parecer um covarde se Polanski, que acabara de assinar para fazer um filme em Bora Bora com Dino De Laurentiis, pegasse apenas liberdade condicional.

Larry nos contou que fora em um corredor cheio de gente, no tribunal, que o juiz pedira as opiniões e recomendações dos repórteres, tentando sentir como a mídia reagiria a uma ou outra decisão e como ele, o juiz, seria visto. Ninguém viria a público acusar abertamente o juiz por tais impropriedades, mas agora ele estava admitindo categoricamente que estava pesando a opinião do público e da imprensa na decisão da sentença. Inacreditável.

Esta foi a solução distorcida que ele encontrara: mandaria Polanski para a Prisão Estadual de Chino por 90 dias, para algo chamado "estudo de diagnóstico". Tanto Gunson quanto Dalton protestaram. Gunson apontou para o juiz que, segundo a lei, um estudo desse tipo não podia ser usado como punição, e Dalton disse que esse passo ia contra tudo o que o juiz indicara que faria. Dalton também disse que seu cliente estava prestes a embarcar em um novo projeto de filme que duraria pelo menos um ano.

Mas o juiz disse que não se preocupassem. Ia sentenciá-lo, mas, bem, não de verdade. A fim de satisfazer cada advogado e proteger sua imagem como defensor linha-dura da justiça, o juiz Rittenband planejava dirigir um pouco o espetáculo por conta própria.

"Quando voltarmos à corte, eis o que quero que façam", ele disse para os advogados. Falou para Gunson argumentar que queria que Polanski fosse colocado sob custódia. Então, disse, ele falaria da tribuna antes de emitir a sentença de 90 dias. Haveria uma deixa para Dalton falar, mas, sob a direção de palco do juiz, Dalton não teria permissão para argumentar que a punição era dura demais.

Bem, aquilo *era* Hollywood. O juiz Rittenband havia escalado a si mesmo como escritor-diretor-produtor-ator e estava orquestrando cada batida daquela produção, pensando apenas no que seria melhor para sua imagem. Minha família só estava preocupada que eu não fosse chamada para testemunhar. Fora por isso que concordáramos – *encorajáramos* – com a acusação reduzida, mas ainda queríamos que todas as partes do acordo fossem cumpridas. Se o juiz mudava uma parte, todo o resto do acordo podia ruir e eu acabaria na tribuna sendo interrogada por Douglas Dalton.

O público soube que houve um acordo de confissão, que Polanski admitiu relação sexual ilícita e que foi condenado a 90 dias na Prisão Estadual de Chino para um estudo de diagnóstico, com a possibilidade, dependendo dos resultados do estudo, de ser sentenciado a mais tempo. Aqui está o que o público não soube – que o juiz ofereceu um acordo a Dalton. Ele condenaria Roman a 90 dias, mas Dalton pediria adiamentos a cada 90 dias. Em um ano, quando tudo estivesse mais calmo, o juiz faria o negócio todo desaparecer. Ninguém na mídia ou no público seria mais esperto.

Larry compreendeu que Dalton não tinha escolha. Tinha que jogar do jeito do juiz ou arriscar-se a perder totalmente o acordo de confissão. Os advogados percebiam agora que não havia abordagem fundamentada com o juiz Rittenband, não com alguém muito mais interessado no filme estrelado por Laurence Rittenband do que no filme estrelado por Polanski e uma vítima de estupro de 13 anos.

Então os advogados entraram na corte, resignados a dizer suas falas como o juiz dirigira. Primeiro Gunson, depois o juiz Rittenband, então Dalton e Larry. Cortinas. Aplauso.

Se nada mais, as transgressões do juiz forjaram algumas alianças incomuns, entre os antagonistas Larry e Dalton, e entre os adversários naturais Dalton e Gunson. Eles podiam ter problemas uns com os outros, no âmbito pessoal, mas se uniram pelo sentimento comum de que Rittenband era maluco.

Rittenband pedira a Polanski para dar um testemunho sobre si mesmo. É marcante pela frieza; ele tinha passado por poucas e boas. Diz, em parte:

Prezado juiz Rittenband,

Pediram-me para escrever-lhe um breve relato de minha vida. A seguir está o que penso serem os fatos principais que aconteceram comigo. [...]

Nasci em Paris, em 1933, filho de imigrantes poloneses que se conheceram e se casaram em Paris. Um pouco antes da guerra, a situação financeira deles obrigou o nosso retorno à Polônia. Em setembro de 1939, entrei na escola na Cracóvia, mas depois de uma semana a guerra começou. Fugimos para Varsóvia, esperando e acreditando que os alemães nunca chegassem tão longe. Infelizmente, a cidade foi destruída e o país caiu.

Retornamos à Cracóvia ocupada e logo fomos segregados com o resto da população judia. A população do gueto era sistematicamente reduzida por batidas policiais súbitas. [...]

Depois de pouco tempo minha mãe foi levada a Auschwitz, onde morreu. Não foi senão muito tempo depois da guerra que eu soube que ela estava grávida. Antes de uma batida policial, escapei pelo arame farpado, como sempre, mas quando me esgueirei de volta descobri que, desta vez, era a liquidação final do nosso gueto em Cracóvia. Os últimos homens estavam sendo levados embora, incluindo meu pai. Tentei falar com ele, mas ele fez sinal para que eu fugisse, o que consegui fazer. Eu tinha 8 anos na época.

De algum modo consegui sobreviver aos anos seguintes, vivendo com vários amigos de minha família e parentes em partes isoladas do país. De vez em quando eu me aventurava na cidade e vendia jornais, e minha principal lembrança daquela época é ir ao cinema com o dinheiro que conseguia. Eu me sentia levemente culpado por isso, porque os filmes eram alemães e os slogans *patrióticos nos muros diziam: "Só porcos vão ao cinema".*

A ofensiva soviética em 1945 me encontrou novamente em Cracóvia e, depois da libertação, permaneci lá, ileso à guerra exceto por um braço machucado pelas últimas bombas jogadas pelos alemães em retirada. Um tio me encontrou na rua e me levou com ele.

Alguns meses mais tarde, meu pai retornou de Mauthausen, de onde milagrosamente sobrevivera. Eu estava naturalmente exultante de alegria, mas então ele se casou novamente e, por alguma razão que nenhum de nós jamais entendeu completamente e deixou a ambos tristes, nunca mais fomos tão próximos quanto éramos em minha tenra infância. Parecia melhor que ele me desse uma mesada e que eu fosse viver em um tipo de pensão.

Agora eu estava com 13 anos, de volta à escola. Comecei a trabalhar nas horas livres como ator mirim, e aos 14 interpretei o papel principal em uma peça chamada "Filhos do Regimento". Foi um grande sucesso, e inquestionavelmente a aclamação que recebi determinou meu desejo de seguir a carreira teatral. Meu interesse acadêmico na escola diminuiu. Tornei-me um estudante medíocre, na melhor das hipóteses, embora praticasse vigorosamente esportes de todos os tipos, em especial ciclismo. Provavelmente, minha pequena estatura, da qual crianças são terrivelmente conscientes mesmo que não digam, era uma motivação poderosa para aquelas atividades físicas, as quais, na verdade, pratico até os dias de hoje.

Aos 16 anos, fui atacado por um brutamontes tentando me roubar. Ele bateu na minha cabeça com uma pedra com força o bastante para me mandar para o hospital por duas semanas, e mais um mês na cama de recuperação. Na verdade, eu era mais sortudo do que imaginava. O brutamontes foi preso e descobriu-se que era culpado pelo assassinato de três pessoas durante ataques similares ao meu. Ele foi enforcado.

[Com o tempo, Polanski acabou na Escola Nacional de Cinema da Polônia, casou-se, e em 1960 conseguiu fazer seu primeiro filme longa-metragem, *Faca na Água*. Sua esposa o deixou, ele se mudou para a França e de vez em quando passava algum tempo em Londres, também fazendo filmes, apesar de mal falar inglês.]

Logo depois, Robert Evans, da Paramount Pictures, me convidou a vir para Hollywood, em 1967, para fazer meu primeiro filme norte-americano: O Bebê de Rosemary. *Não foi surpresa: eu já estava marcado como diretor de filmes de horror por causa de* Repulsa ao Sexo. *Nunca tive a intenção de me concentrar especialmente neste gênero – simplesmente parecia mais vendável quando eu estava falido –, mas, como muitas vezes parece acontecer, escolhas acidentais se transformam em histórias de fundo que colorem o resto de nossas vidas.*

Casei-me com Sharon em 1968, em Londres, embora já tivéssemos decidido viver na Califórnia. O Bebê de Rosemary *foi um sucesso enorme. Tudo parecia estar dando certo.*

Então vieram os acontecimentos de 1969, que fizeram com que tudo que eu conquistara parecesse sem sentido e fútil. A Califórnia se tornou insuportável depois disso. Voltei para Londres para viver e trabalhar. Embora me atirasse à atividade profissional com toda minha energia, meus dois filmes seguintes, Macbeth *e* Quê? *foram fracassos. Em 1973, Robert Evans me convidou mais uma vez para ir a Hollywood, desta vez para fazer o filme* Chinatown.

Eu estava cheio de apreensão por voltar à Califórnia, mas a verdade é que precisava de dinheiro – e também de um filme de sucesso se quisesse sobreviver em minha profissão. Uma vez que comecei a trabalhar, tudo correu bem. Chinatown *foi lançado em 1974 e recebeu onze indicações ao Oscar. [...]*

[Mas uma] estranha reputação manchada parecia me acompanhar, baseada em parte nos temas de meus filmes, mas ainda mais por causa da enorme publicidade dada à morte de Sharon. Eu era recepcionado em todos os lugares como um membro do jet set, *dado a festas intermináveis. Ficou cada vez mais difícil estabelecer relacionamentos significativos com mulheres. [...]*

[Polanski começa a detalhar uma série de contratempos na carreira.]

Foi assim que cheguei ao dia 11 de março deste ano, quando mais uma vez as circunstâncias de minha vida mudaram completamente.

Um projeto na Columbia foi cancelado. Meus investidores italianos em Piratas viram as bem-reportadas acusações contra mim como um sinal de que deveriam mover uma imensa ação civil para recuperar seus adiantamentos, ação esta que ainda está em andamento.

Apesar de todas essas coisas, o produtor Dino De Laurentiis me ofereceu um novo projeto, O Furacão, *no mês de maio passado, que aceitei com gratidão e entusiasmo, e no qual estou agora trabalhando. Ele só foi capaz de me fazer essa oferta em um momento como esse porque é um independente genuíno, que não responde a nenhum parceiro. De acordo com sua confiança em mim, ele já comprometeu muito dinheiro com muitas pessoas que trabalharão comigo em* O Furacão.

Espero que as circunstâncias não me impeçam de justificar e retribuir essa confiança.

Se tiver mais perguntas, certamente farei o melhor possível para respondê-las.

Atenciosamente,
Roman Polanski

A avaliação de Polanski de si mesmo, pelo menos, não era piegas ou cheia de autopiedade. Mas o relatório de condicional do oficial de ação condicional Kenneth F. Faye (e assinado por um substituto, Irwin Gold) parecia estar recomendando Polanski para o Prêmio Nobel da Paz – ou pelo menos para o Prêmio Humanitário Jean Hersholt, do Oscar.

Primeiro, o relatório detalhava o sofrimento do início da vida de Polanski e a morte trágica de sua esposa, observando que o diretor nunca fora a um psiquiatra porque temia que "pudesse interferir com o processo criativo". Admitia que Polanski exercera "pouco discernimento transitório e perda das inibições normais em circunstâncias de intimidade e de colaboração no trabalho criativo, com alguma intoxicação coincidente de álcool ou drogas (os Quaaludes, o relator explicava sem nenhum traço de ceticismo, haviam sido prescritos para ele por causa do *jet lag*). Então começava a descrever a "maturidade física e disposição e provocação da vítima, a falta de coerção por parte do réu e sua preocupação em evitar a gravidez". (Um interessante novo eufemismo para sodomia, aparentemente.) Apesar de minha idade e de meu testemunho de que me opusera a fazer sexo com Polanski e que eu pedira para ir embora, o relatório concluía que "havia algumas indicações de que as circunstâncias eram provocadoras, que havia alguma permissividade da mãe". Em outras palavras a "equipe de mãe/filha prostitutas", como Rittenband nos rotulara. "O encarceramento", o relator escreveu, "imporia um grau incomum de estresse e sofrimento por causa de sua personalidade altamente sensível".

Mas aquilo não era o bastante. O relatório de condicional incluía avaliações de psiquiatras saídos, parecia, do fã-clube de Roman Polanski. Um parecia se imaginar crítico de cinema. "O réu não apenas sobreviveu, ele prevaleceu [...] e se tornou uma das principais forças criativas das últimas duas décadas. [...] Possivelmente desde o Renascimento Italiano não há uma reunião de mentes criativas em um local como tem havido no condado de Los Angeles durante o último meio século [...] enquanto trazem consigo as maneiras e costumes de suas terras natais, que em raras ocasiões estão em desacordo com as de sua terra adotiva."

Não culpe o homem; culpe a cultura (estrangeira).

O *The New York Times* relatou:

O psiquiatra que examinou o senhor Polanski, Alvin E. Davis, avaliou que ele não estava mentalmente doente nem desorientado, e não tinha um "desvio sexual". Ele tem uma inteligência superior, bom julgamento e fortes valores morais e éticos", diz o relatório das conclusões do Dr. Davis.

"Ele não é um pedófilo", o Dr. Davis é citado dizendo. "O crime ocorreu em uma instância isolada de pouco discernimento transitório e perda das inibições normais em circunstâncias de intimidade e colaboração em trabalho criativo, e com alguma intoxicação coincidente de álcool e droga."

O relatório de condicional concluía: "Acredita-se que danos emocionais incalculáveis podem resultar do encarceramento do réu, cuja vida tem sido uma série aparentemente interminável de castigos".

As cartas de apoio dos amigos também tendiam a indiretamente lançar dúvidas sobre a vítima de 13 anos e os motivos dela. Era possível ver os machistas da década de 1970 na defensiva.

"Há, de fato, pouca coisa sombria ou sinistra em Roman", disse Gene Gutowski, produtor de muitos dos mais aclamados filmes de Polanski. "Ele permaneceu incrivelmente normal e bem-ajustado [...], generoso em excesso, desinteressado de ganhos materiais decorrentes da posse, é leal e gentil com os amigos, atencioso e completamente confiante, possivelmente em excesso. Como resultado, tem sido usado de tempos em tempos por mulheres jovens e ambiciosas que sentem que ser vistas em público com Roman ou ter seus nomes ligados ao dele nas colunas de fofoca levaria a uma promoção ou aumento de publicidade."

Produtor Robert Evans, da Paramount Pictures: "Conheço o sofrimento que se abateu sobre sua vida, em especial nestes últimos dez anos, e sinto que [a imprensa] o calunia terrivelmente. Ele pode ter dado origem a manchetes provocativas, mas, com raras exceções, a imprensa nunca captou a beleza da alma de Roman".

E, talvez de modo mais revelador, o diretor e produtor Howard Koch: "Tenho certeza de que a situação na qual ele se encontra agora é uma dessas coisas que podem acontecer a qualquer um de nós".

A propósito, os louvores não vieram apenas dos homens de Hollywood. Quinze anos antes de descobrir que Woody Allen tinha fotos nuas de sua filha, Mia Farrow também declarou publicamente apoio a Polanski.

Como eu disse, minha família e eu não nos importávamos com a prisão de Polanski. Não havia nada a ganhar com isso, e não éramos vingativos. Mas ver a empatia que era oferecida a ele, enquanto virtualmente nenhuma era oferecida a nós, era uma coisa muito decepcionante. O relatório fez referência de passagem às mensagens de ódio que ele recebeu, mas também citou uma carta de apoio a Polanski que dizia: "Todos devemos ajudá-lo a ficar bem, pois estamos em dívida com sua arte. [...] Não devemos expulsá-lo de nossa sociedade".

Quanto ao juiz Rittenband, ele rapidamente convocou uma entrevista coletiva em seu gabinete para explicar a sentença. Em toda sua experiência, antes ou depois, Larry nunca ouviu falar de um juiz tão obcecado com seu perfil público a ponto de organizar uma sessão de perguntas e respostas com a imprensa. O caso parecia se mover para outra fase, mas o juiz Rittenband estava determinado a não abandonar o centro do palco com tanta facilidade.

Então, com a sentença de submeter o réu a "estudo de diagnóstico" por 90 dias na Prisão Estadual de Chino implementada, e aparentemente aprovada pela imprensa, o juiz Rittenband deu a Polanski o prazo de 90 dias para finalizar o trabalho de pré-produção do filme para Dino De Laurentiis, *O Furacão*. A atitude despreocupada de Polanski durante esta licença provou ser sua ruína.

Supostamente, o diretor devia seguir para Bora Bora para a pré-produção. Em vez disso, parou na Alemanha para tentar arranjar um acordo de distribuição e conferir algumas possibilidades de elenco – incluindo sua ex-amante Nastassja Kinski. (No fim, o filme foi estrelado por Mia Farrow, Jason Robards como o saqueador branco opressor, e um cara que ficava lindo sem camisa como o nativo culturalmente puro. O clima é muito ruim. É tudo que você precisa saber.) Polanski calhou de estar em Munique durante a Oktoberfest – e ele nunca foi de fugir de uma festa.

O *Santa Monica Evening Outlook* publicou uma foto da Agência de notícias UPI de Polanski cercado por um bando de *Fräuleins* jovens e atraentes, com a legenda: “Diretor de cinema Roman Polanski, que teve uma autorização da Suprema Corte de Santa Monica para postergar um estudo de diagnóstico de 90 dias em uma prisão estadual, fuma seu charuto enquanto desfruta da companhia de algumas jovens na Oktoberfest em Munique, Alemanha”.

Quando Polanski protestou que a foto fora cortada, e que de fato as mulheres que o rodeavam também estavam cercadas por seus maridos e namorados, era tarde demais. Rittenband estava fervendo. Estava sendo feito de bobo, disse, e falou para um repórter do *Los Angeles Herald Examiner* que “Roman Polanski poderia estar a caminho da prisão no final de semana”, acrescentando que “eu não sabia, quando o deixei ir, que seria impossível terminar o filme em 90 dias. Sinto que muito possivelmente essa ideia me tenha sido imposta”.

Polanski retornou, por ordem de Rittenband, e quando fez isso o juiz lhe deu os 90 dias para aquele estudo de diagnóstico. Previsivelmente, isso tudo foi acompanhado por outra corrida da mídia e mais debates sobre se Polanski estava tendo a recompensa justa ou era vítima de perseguição. Irado, o juiz Rittenband deixou que os advogados soubessem que ele tinha o destino de Polanski nas mãos e que ainda tinha o poder de prendê-lo por 50 anos.

Em 16 de dezembro – após uma festa de despedida com as presenças de Tony Richardson, Jack Nicholson e Kenneth Tynan, entre outros –, Polanski foi escoltado através de um batalhão de fotógrafos e repórteres para a prisão estadual pelo advogado Wally Wolf e por Hercules Bellville, amigo e diretor de segunda unidade de vários de seus filmes. Polanski acreditava que o juiz Rittenband, em um acesso de raiva, dera a dica para a imprensa com a data e a hora de sua chegada.

Anos mais tarde, em sua autobiografia, Polanski afirmou que realmente encontrou certo contentamento na prisão, e enquanto várias histórias vazavam sobre rasgos de cortesia dos outros detentos (incluindo uma história de que ele tinha prometido um papel em seu próximo filme para a filha de 4 anos de um prisioneiro, com uma insinuação sinistra de seu amor pelos *muito* jovens), o tempo que passou lá foi relativamente livre de problemas: "Eu me senti seguro e em paz", escreveu.

CAPÍTULO 13

No início do décimo ano, tudo estava errado. Tudo. Primeiro, e mais importante, eu estava de volta à Califórnia, onde era A Menina, e sentia falta de meus amigos e namorado em York. Eu estava em uma nova escola onde não conhecia praticamente ninguém, já que meus amigos do antigo colégio haviam se dispersado por outras escolas. Eu não tinha amizade com as garotas populares, que chamávamos de Guccis (o designer do momento; você tinha de ter aquela calça jeans, além das correntes douradas e argolas nas orelhas, ou não era nada). Cortei o cabelo e ganhei um pouco de peso; disse a mim mesma que queria uma aparência diferente – e consegui –, mas também tinha algumas ideias sobre parecer mais durona. Sempre me fora fácil conseguir boas notas, mas isso agora não significava nada. Eu me sentia bem com os maconheiros – um grupo de garotos de atitude relaxada, que nunca me fazia perguntas, parcialmente porque não sabia sobre o que ocorrera no ano passado, mas também porque não se importava. Em certo sentido, estávamos nos perdendo nas drogas, mas ainda encontrávamos grande consolo uns nos outros.

Minha mãe ficava constantemente preocupada comigo, mas se sentia impotente para ajudar. Como me disse muitos anos mais tarde, sua atitude em relação a mim naquela época era "O que posso fazer por você? Posso lhe dar mais alguma coisa? Como posso fazer você feliz?". Era culpa completa e absoluta.

Não acho que o agravamento dessa atitude era uma escolha consciente, mas eu estava zangada com o mundo e, com qualquer pensamento frustrado de me tornar atriz, eu não queria mais ser a criança bonitinha.

Não que eu tivesse de me preocupar com isso. Antes que soubéssemos que não haveria julgamento, minha mãe estava muito preocupada: no decorrer do ano, eu crescera e parecia muito mais velha, e ela sentia que, embora parecesse mais jovem do que 13 anos na época do ataque, eu agora poderia ser confundida com uma garota de pelo menos 16 ou 17 anos. Isso deixaria a imprensa ainda mais hostil e tornaria mais passível que Polanski tivesse presumido que eu era maior de idade.

Eu me tornei mais facilmente chateada com tudo, e passava grande parte do tempo chorando em meu quarto. Não queria estar na Califórnia, não queria estar na escola... Só queria descer do trem para Malucolândia.

Quando minha mãe me contou que Polanski estava trancado na cadeia sob avaliação psiquiátrica, não senti a mais leve sensação de satisfação ou justiça feita. Ao contrário. Desejava que ninguém nunca tivesse descoberto. Continuamente ficava tentando me imaginar naquela noite. Por que eu não tinha lutado mais? Por que bebi? Por que usei drogas? Sentia que seguramente poderia tê-lo impedido. Eu sabia que não era racional, mas me sentia responsável por tudo aquilo. Depois de meses assim, vi que culpar a mim mesma era errado e inútil, então decidi meio que colocar de lado esses sentimentos, trancá-los em uma caixa. Quando minha mãe me falou sobre Polanski, assenti e simplesmente saí andando.

Eu estava determinada a prosseguir com minha vida. Mas se tornaria uma vida de "desviar o olhar".

• • •

Polanski foi solto da Prisão Estadual de Chino em 29 de janeiro de 1978, depois de cumprir 42 dias de sentença. O relatório psiquiátrico de Chino era, se não outra coisa, ainda mais lisonjeiro do que o relatório original da condicional. Tenho certeza de que ele era um prisioneiro exemplar. Mesmo assim, é muito claro que os oficiais da prisão não eram mais imunes ao poder da celebridade do que os fãs comuns.

Philip S. Wagner, psiquiatra-chefe de Chino, retratou o prisioneiro Polanski mais como vítima que como infrator. "Não há evidência de que o crime tenha sido, de alguma maneira, caracterizado por uma atitude destrutiva ou insensível em relação à vítima", ele escreveu. "A atitude de Polanski foi, sem dúvida, sedutora, mas atenciosa. O relacionamento com a vítima se desenvolveu de uma atitude que foi de profissional a erotismo mútuo divertido. [...] Polanski parece não ter notado, naquele momento, que estava se envolvendo em uma ofensa criminal, um caso isolado de ingenuidade, incomum em um homem maduro e sofisticado."

Não que eu discorde muito dessas afirmações, mas... "Erotismo *mútuo*"? "Caso isolado de ingenuidade"? Por favor.

Quando os oficiais de Chino soltaram Polanski em menos da metade do período de 90 dias de "sentença" e disseram que o estudo de diagnóstico estava completo, a imprensa não ficou feliz. E quando a imprensa estava infeliz, o mesmo acontecia com Rittenband. Ele chamou os advogados em seu gabinete para mais um embate.

Larry não tinha papel formal nas negociações que se seguiram, mas estava lá, como dizia, para levar consciência à confusão toda – para lembrá-los de que havia uma menina cuja vida inteira poderia ser afetada pelas decisões deles. Em 31 de janeiro de 1978, o dia antes da data em que Roman deveria retornar à corte de Rittenband, os advogados atenderam ao chamado do juiz. Como sempre, Gunson e Dalton tomaram os dois assentos na frente da escrivaninha de Rittenband, e Larry foi para seu lugar ao lado da grande mesa, perto do juiz.

Larry recorda que o juiz Rittenband começou a dar um sermão zangado e pomposo sobre como não permitiria que Polanski zombasse da corte. Quando o interfone tocou, Rittenband rosnou para a secretária a qual tinha instruído não interrompê-lo sob nenhuma circunstância, e que agora estava interrompendo.

– Senhor – ela disse pelo interfone –, Bill Farr está ao telefone.

William Farr era um repórter bastante jovem (agora falecido) do Los Angeles Times, e estava acompanhando o caso. Conhecido entre os colegas jornalistas por sua coragem – cumprira pena na prisão durante o julgamento de Manson por se recusar a revelar a fonte de um de seus artigos sobre a família que revelara que estava planejando matar Elizabeth Taylor e Frank Sinatra –, ele também era, aparentemente, confidente de Rittenband. Quando Farr ligou, a conversa entre o juiz e Gunson e Dalton foi interrompida.

– Sim – ele disse. – Vou atender.

Gunson e Dalton sussurravam um para o outro, de modo a não interferir na ligação de Rittenband. Larry (como ele me explicou mais tarde) não conseguia participar da conversa deles de onde estava sentado, então, a menos que saísse da sala ou tapasse os ouvidos com os dedos, não podia deixar de ouvir a conversa entre Farr e Rittenband. Pareceu a Larry que eles estavam envolvidos em algum tipo de tomada importante de decisão – mas como aquilo seria possível? Uma pessoa na conversa era o juiz que presidia o caso, e a outra pessoa era um repórter.

– Não! Não! Não! Vou fazer o que lhe disse que faria, e me prenderei a isso – o juiz Rittenband disse. – Não, ainda não falei para os advogados!

Gunson e Dalton, sentados sem nada para fazer, remexiam-se desconfortáveis em seus assentos. Não conseguiam ouvir o que o juiz dizia ao telefone, e não tinham ideia do que estava acontecendo. Larry estava espantado. Rittenband estava recebendo conselhos de um repórter? Por quê? Uma coisa era jogar *com* a mídia; outra bem diferente era fazer o jogo *da* mídia. Estava claro para Larry que Rittenband e Farr estavam dando sequência a uma conversa iniciada anteriormente.

A conversa ao telefone do juiz Rittenband durou cerca de meia hora. Os advogados continuavam sentados, esperando. O juiz não mostrava constrangimento com o que estava fazendo. No mínimo, parecia estar se exibindo um pouco para os advogados: *Estes caras da imprensa não me deixam em paz!* Acima de tudo, ele estava mais preocupado com as necessidades do repórter do que com as necessidades dos advogados.

– Não vou pensar no assunto – ele disse. – Vou anunciar amanhã, da tribuna, e você vai cumprir seu prazo.

Larry conseguia ouvir a voz de Farr, mas não conseguia entender o que ele dizia ao juiz.

Mais alto agora, para que Gunson e Dalton pudessem ouvir, Rittenband prosseguiu:

– Não vou fazer isso porque, se fizesse, seria seriamente criticado por todos, e não vou ser criticado por ajudá-lo.

Espantados, os advogados se entreolharam. Ele realmente estava tendo aquela conversa na frente deles?

Temendo críticas da imprensa, Rittenband estava mais uma vez mudando de rumo. Os 42 dias não eram o bastante. Em vez disso, ele decidira dar a Polanski uma sentença indeterminada.

Isso significa exatamente o que parece: a duração da sentença não é explicitada. Podia ser uma semana. Podiam ser 50 anos.

Ao ver os olhares incrédulos nos rostos dos advogados, Rittenband se apressou em tranquilizá-los.

– Não se preocupem com isso – disse. – Quero que as pessoas pensem que sou um sentenciador rígido. Então, farei isso e, quando a atenção no caso tiver desaparecido, você – indicou Dalton – fará uma petição para uma mudança de sentença e eu o sentenciarei a tempo de serviço. Levarei isso adiante amanhã.

Eles estavam atordoados. Polanski tinha excelentes relatórios de condicional. Rittenband *já* concordara com tempo de serviço. Então, com um pouco de pressão da mídia e a reprovação de um repórter, o juiz estava mudando de ideia.

Naquela época, qualquer condenado por "relações sexuais ilícitas" teria uma pena de, no máximo, 4 anos (não que os condenados passassem tanto tempo presos; a sentença era, em geral, de 6 meses ou menos). Mas, em 1978, uma condenação de 50 anos era teoricamente possível. Se as partes concordassem com uma sentença indeterminada, Roman Polanski poderia, por capricho do juiz, passar o resto da vida na cadeia.

Dalton, Gunson e Larry caminharam entorpecidos até a lanchonete do tribunal e pediram café. Depois de um longo silêncio, Dalton se virou para Gunson e perguntou:

– Devo confiar ele?

Gunson lhe lançou um olhar.

– Ah, não vejo por que não – disse secamente. – Você confiou nele antes.

Dalton pareceu cansado.

– Tenho um cliente sentado em meu escritório, esperando por mim para saber o que aconteceu. É melhor contar para ele – foi até o telefone público. Conversou com seu cliente.

Como Polanski contou mais tarde, havia um assento disponível no voo da British Airways para Heathrow naquela tarde. Ele comprou a passagem.

PARTE TRÊS

CAPÍTULO 14

POLANSKI FOGE PARA PARIS

Jacksonville (Ill.) Courier

2 de fevereiro de 1978

Londres (AP): O London Evening News relatou que localizou o diretor de cinema Roman Polanski em sua casa em Paris, após fugir da Califórnia para escapar da condenação por ter tido relações sexuais com uma menina de 13 anos. A extradição para os Estados Unidos parece improvável.

O Evening News disse que um empregado da residência de Polanski na capital francesa contou para o repórter: "Sim, o senhor Polanski chegou esta manhã. Está muito cansado e descansa tranquilamente. Não está doente, apenas cansado".

O diretor de 44 anos de *O Bebê de Rosemary* e *Chinatown* chegou ao aeroporto de Heathrow, em Londres, na manhã de quarta-feira, em uma companhia aérea britânica, vindo de Los Angeles, mas os repórteres foram incapazes de localizá-lo depois disso.

A Scotland Yard disse que não está procurando por ele.

"Ele não cometeu crime na Inglaterra, e até onde sei não recebemos mensagem alguma dos Estados Unidos sobre ele", o porta-voz da Yard declarou.

Polanski é cidadão francês, declaradamente com casas em Londres e Paris, e o procurador que lida com seu caso na Califórnia sugeriu que ele foi para França, onde não corre risco de extradição. Amigos em Paris indicaram que haviam conversado com ele em Londres, mas disseram que não sabem quais são os planos do diretor. Cidadãos franceses não podem ser extraditados da França sob nenhuma acusação.

Polanski não compareceu à audiência de sentença em Santa Monica, Califórnia, na quarta-feira. Seu advogado, Douglas Dalton, anunciou na corte lotada: "Recebi uma ligação do senhor Polanski, esta manhã, avisando que não estaria aqui. [...] Não acredito que ele esteja nos Estados Unidos".

O juiz da Suprema Corte, Laurence J. Rittenband, emitiu um mandado de prisão para o diretor e concedeu, a pedido de Dalton, um tempo para que Polanski fosse convencido a voltar. O juiz agendou outra audiência para 14 de fevereiro, na qual pode condenar Polanski à revelia.

Dalton disse que "faria todos os esforços" para que seu cliente retornasse até essa data. [...].

O dia 1º de fevereiro de 1978 – o dia em que Polanski supostamente apareceria na corte e o juiz supostamente aceitaria o acordo de confissão – foi muito agitado. Alguém contou para

Larry: "Ele não está aqui. Foi embora". Larry foi até Dalton e perguntou o que estava acontecendo. Dalton, como era de se esperar, o ignorou. Então Larry perguntou para Gunson, que disse: "Polanski escapou". Larry perguntou o que acontecera. Gunson respondeu: "Não sei".

Na corte, Dalton disse que tinha recebido uma ligação de Polanski avisando que não compareceria naquele dia. Rittenband perguntou:

– O que ele lhe disse?

Dalton invocou o privilégio entre advogado e cliente.

– Você pediu para [Polanski] voltar e aparecer para a sentença? – Rittenband perguntou.

Dalton respondeu:

– Meritíssimo, cumpri todas as minhas obrigações.

Larry disse que quase dava para ver a fumaça saindo das orelhas de Rittenband.

De qualquer forma, cerca de uma semana mais tarde, Dalton ligou para Larry, contou que apresentaria uma moção para desqualificar Rittenband e perguntou se ele poderia ler e lhe dizer se a declaração estava precisa. Já pedira a Gunson para fazer o mesmo. Os dois concordaram em revisar o rascunho e dar uma resposta. A falta de profissionalismo de Rittenband era uma coisa com a qual todas as partes concordavam.

Rittenband apresentou uma resposta à moção na qual contestava as conclusões e insistia que podia continuar a agir com justiça. Embora não tenha reconhecido qualquer irregularidade, renunciou ao caso. Livrou-se de ser desqualificado, mas o efeito foi o mesmo, e era isso o que importava: ele estava fora do caso. Pelo resto de sua vida, ele nunca superou a raiva, nunca reconheceu que houvesse qualquer coisa irregular em seu comportamento judicial. Mais de uma década depois, quando perguntado sobre a fuga de Polanski, o juiz fez referência à [ópera] *Mikado*, de Gilbert e Sullivan, na qual o Sumo Carrasco mantém uma "listinha" de prováveis decapitações, citando: "Ele está em minha lista. Ele está em minha lista". Rittenband escarneceu incessantemente das alegações até sua morte, em 1993.

Trinta anos se passariam antes que Polanski fosse acusado por fuga ou não comparecimento à corte – e isso foi na época de sua prisão e tentativa de extradição, em 2009. Roger Gunson continuou a trabalhar no escritório da promotoria até essa época, e deixou claro que não acusaria Polanski por aqueles crimes.

Minha família nunca esteve ciente dos problemas com o acordo judicial, então foi uma surpresa para minha mãe quando Larry lhe contou que Polanski deixara o país. Mas, depois que ele explicou o que acontecera, ela certamente compreendeu o motivo. Ficou aliviada e contente. Achou que eu conseguira o que queria. Uma vez, quando fui pressionada a dizer o que pensava que devia acontecer com ele, eu respondera que achava que ele devia deixar o país. Na verdade, não queria que coisa alguma acontecesse com ele; era só a resposta na qual pude pensar. Quando minha mãe me disse que ele se fora – bem, não chamaria de um dos dias mais felizes de nossas vidas, mas certamente foi repleto de grande alívio. O ar ficara um pouco mais fácil de respirar. Nunca pensei em questionar o que acontecera. Tudo que pensava era: LIBERDAAAAAAAAAAAAADEEEEEEEEEE. Nada mais de contar minha história. Nada mais de me ver sendo chamada de "menina vítima de crime sexual" no jornal. Ao mesmo tempo, acho que sabia no fundo do coração que, em algum momento, de algum modo, teria que lidar com isso novamente. Mas eu tinha o mesmo senso de futuro de um Beagle: vivia no presente, talvez cinco segundos no passado e cinco segundos no futuro. Então, tudo bem, em algum momento eu teria problemas, mas por enquanto podia seguir com minha vida.

Mas o que exatamente *era* essa vida? Certamente não seria atuar ou trabalhar como modelo. Eu podia ver as manchetes: "Menina vítima de crime sexual consegue papel em seriado". "Ah, bem", eu pensava comigo mesma. "Ah, bem", e era tudo. Minha vida estava em compasso de espera havia um ano; a última coisa que eu queria era continuar me preocupando com o futuro.

Este foi o ano de "Don't stop", de Fleetwood Mac:

> *If your life was bad to you,*
> *Just think what tomorrow will do.*[1]

No verão após o décimo ano voltei para York levando Crystal, minha amiga da equipe de ginástica, comigo. Com todo

---

[1] Se sua vida foi ruim para você / pense no que o amanhã fará. (N. da T.)

o excelente senso comum de uma maconheira-em-formação, decidi que era o momento de me soltar. Olhando para trás, foi quando minha vida começou a degringolar. Qualquer droga que conseguisse encontrar, bem, eu a experimentava. Qualquer garoto que conseguisse encontrar, eu o experimentava também. [A banda] Boston surgiu com seu hino para seguir em frente, "Don't look back". Eu não pretendia olhar para trás.

Eu estava fora de controle. Meu pai estava compreensivelmente preocupado com o mau exemplo que eu me tornara para meus meios-irmãos mais jovens, e Jan (agora oficialmente minha madrasta) estava cansada de limpar a sujeira de garrafas de cerveja e cinzeiros transbordando que encontrava escondidos em meu quarto. Ainda tinha meu namorado, John (e, algumas vezes, Jimmy, se John não estava por perto), mas foi meu amigo Joey quem me levou para casa quando eu estava tão bêbada que não podia parar em pé: ele me carregou até a varanda, tocou a campainha e saiu correndo, bem a tempo de evitar a visão de meu pai abrindo a porta e eu vomitando em seus sapatos. Meu pai não ficou feliz. Eram bons sapatos.

Meu pai e eu adorávamos um ao outro, mas nosso relacionamento nunca mais foi o mesmo depois de Polanski. Não que ele me culpasse de alguma forma pelo estupro – não era nada além de solidário, compassivo e, bem, paternal. Mas eu deixara de ser a garotinha do papai para ser esta rebelde sem causa briguenta e mal-humorada, e mesmo que ele tendesse a culpar minha mãe por minha irresponsabilidade, eu era para ele um imenso pé no saco. Eu me ressentia das tentativas dele de me frear, e ele ficava impaciente com a forma como meu comportamento indisciplinado estava perturbando seu lar feliz. Ele só não queria aturar minhas baboseiras. Quem iria querer?

Aquele verão foi basicamente o prenúncio de meu ano seguinte na escola. Lá pela metade do ano escolar, meu ritual era assim: minha mãe me deixava na porta dos fundos da escola; eu ia direto para a porta da frente com Crystal; pegávamos o ônibus para a casa dela; ficávamos curtindo e fumando maconha o dia todo.

Também havia muitas outras drogas mais pesadas ao redor: cocaína, Quaaludes e LSD eram fáceis de encontrar, e eu ficava feliz em usar o que quer que caísse em minhas mãos. Havia muita anfetamina disponível no estacionamento da mercearia Ralphs, e minha mãe e o treinador de ginástica estavam satisfeitos em me verem perder o peso que eu ganhara. (Eu ainda aparecia no treino, mesmo quando não aparecia nas aulas.) Com os problemas com a imagem corporal de qualquer adolescente, eu me perguntava se eles realmente se importariam se soubessem que eu estava tomando anfetaminas. Não era mais importante ter boa aparência e bom desempenho? Depois de um tempo, eu só ia para a escola para comprar drogas. Até o momento em que a administração chamou minha mãe em junho, para dizer que eu não aparecia na escola desde março, eu já tinha feito o teste de equivalência, em surdina, e conseguira passar, apesar de ter ficado até duas da manhã tomando ácido na noite anterior. Eu tinha efetivamente me formado. Ela estava desapontada, mas o que podia fazer? Ela sabia quanto eu odiava aquilo, e não havia nada no mundo que me fizesse voltar atrás. Olhando pelo lado positivo, eu conseguira pular um ano quando comecei o jardim da infância, e agora estava me formando mais cedo. Fingi interesse em ir para a faculdade para acalmar as coisas.

Nenhum de meus amigos era traficante de verdade: usávamos a maior parte do que comprávamos e vendíamos o resto para manter o vício. (Ok, talvez fôssemos traficantes, mas não dos bons.) Fumei muito, tinha umas viagens de vez em quando, tomei muita anfetamina e passei para cocaína e Qualudes. Achava que tudo isso era uma época boa demais, assim como as pessoas com quem andava. Talvez estivesse tentando lidar com o que ocorrera comigo no ano anterior. Ou talvez não. Talvez só quisesse ficar alta. Não se deve analisar demais os caprichos de uma adolescente drogada.

Consegui manter escondida de minha mãe minha vida como desocupada usuária de drogas. Para agradá-la, e talvez para manter a aparência de que eu estava em pleno funcionamento, fui a um teste para um comercial de Kool-Aid. Não tinha vontade de fazer aquilo – só queria ficar por aí com meu namorado e amigos –, mas tínhamos fotos feitas para um novo *book* e eu tinha prometido para minha mãe que cumpriria o compromisso. Cheirei uma carreira antes de ir e consegui o papel, o que me ensinou uma lição muito valiosa: as pessoas gostam de você quando você está alta!

Saía com meu grupo restrito de amigos – Crystal, Brett, Craig, Ron e alguns outros. Fazíamos tudo juntos. Em retrospecto, suponho que era óbvio que eu estava escondendo minha dor sob um verniz "bacana". Drogas eram uma fuga, é claro, mas com frequência nenhuma quantidade de maconha ou de Aerosmith me possibilitava fugir.

• • •

Numa tarde na Taft (meu colégio), meu amigo Ron ia me levar para casa, mas, em vez disso, o amigo dele, Craig, me deu uma carona. O carro tinha mais adolescentes do que lugares. Então, a solução para mim foi sentar no colo de Craig. E assim começou um relacionamento que duraria, entre idas e vindas, pelos oito anos seguintes. Craig era, para ser franca, lindo. Tinha o cabelo desgrenhado loiro encardido, costeletas compridas e olhos azuis cintilantes. Era o perfeito *bad boy* da década de 1970, uma espécie de Burt Reynolds de 16 anos. Quebrara as duas pernas em um acidente de bicicross, o que significava que passara meses engessado, levantando peso para fortalecer a parte superior do corpo. Quando nos conhecemos, ele vivia com a mãe a um quarteirão de minha casa. Eu tinha ouvido histórias horríveis sobre o pai dele antes do divórcio. Era o tipo de homem que colocava cadeado nos armários da cozinha porque achava que as crianças comiam demais. Em um momento, vendeu a bicicleta de Craig, supostamente para pagar o conserto de uma porta quebrada (que nunca foi arrumada). Outra vez, para ensinar algum tipo de lição ao filho, deu o cachorro de Craig enquanto o menino estava fora no final de semana. Não sei se cheguei a saber qual era o nome verdadeiro do pai dele; a mãe de Craig só se referia a ele por "Hitler".

Craig sabia onde conseguir drogas e sabia que eu as queria; ficávamos altos muitas vezes. Ao mesmo tempo, ele era extremamente competente em mecânica: era capaz de consertar qualquer carro. Atirava com armas, praticava bicicross e me ensinou como fazer todas essas coisas também. Íamos acampar no deserto para andar de bicicleta e atirar. Bebidas/drogas/bicicross/armas: bela combinação. Uma vez, depois de um dia na praia, paramos em Malibu Canyon para que eu pudesse mijar do lado da estrada. Fui mordida por uma cascavel quando tropecei em um arbusto e nem mesmo percebi. Vendo pelo lado positivo, no entanto, eu estava com o tipo de namorado que tinha visto muita coisa em sua curta vida e que não entrava facilmente em pânico. Ele me levou para o hospital enquanto o veneno paralisante seguia de modo contínuo o caminho pelo meu corpo cada vez mais imobilizado. Sem problema. Por mais irracional que fosse, dado o gosto dele por perigo, eu sempre me senti segura com Craig.

E, ainda assim, ele podia ser um terror, além de controlador – e eu nunca fui alguém que gostasse de ser controlada, mesmo que fosse para meu próprio bem. Ele não era estúpido; ficava exasperado com meu objetivo de vida que, naquele momento, era fazer o menos possível de trabalho. Havia muita bebedeira, gritos e tapas – e eu dava tanto quanto recebia. Tinha que acabar, e acabou várias vezes. Mas continuávamos a voltar um para o outro. Eu não podia evitar. Ele era o homem para mim.

Fico espantada que nos anos seguintes nada realmente horrível tenha acontecido. Ninguém foi preso, e houve apenas dois acidentes de carro. Bem, três, se contar a vez em que visitei minha irmã, Kim, novamente morando em York, e pus fogo no carro dela. (Eu fiquei sem gasolina e encontrei um pouco de combustível no cortador de grama. Coloquei-o no carburador e dei a partida e – bem, tudo o que posso dizer é que não funcionou. Mas... Podia acontecer com qualquer um, certo?)

Eu estava encenando? Nunca achei que estivesse. Teria escolhido um caminho mais certinho se o incidente com Polanski não tivesse acontecido? Possivelmente. Minha mãe e Bob, tão cheios de culpa, só eram capazes de me dizer "sim". Eu me lembro de um 4 de julho em particular, quando Bob ouviu nossos planos de tomar ácido e ver a queima de fogos. Ele insistiu em nos acompanhar, porque estava preocupado. (Ele sabia que, mesmo se nos impedisse naquela noite, simplesmente faríamos em outra noite qualquer.) Levou-nos na traseira de sua caminhonete até as colinas perto de casa para ver a queima de fogos, e se assegurou de nos levar em segurança para casa. Mal sabia ele que estávamos consumindo ácido o tempo todo. Essa seria apenas uma noite particularmente festiva para fazer isso mais uma vez.

Seria possível chamar minha mãe e Bob de facilitadores, mas seria como chamar de "facilitadores" os guardas florestais que começam uma queima controlada antes da estação dos incêndios. Não; os guardas querem minimizar danos inevitáveis. Assim era com minha mãe e Bob. Por mais ultrajante que eu fosse algumas vezes, sempre me senti cuidada. Acho que teria me metido em muito mais encrencas sem eles.

Meu pai fora a única pessoa a se preocupar com minha performance escolar. Mas, àquela altura, ele tinha desistido de ter uma filha com inclinações acadêmicas.

– Você devia ir para a faculdade e encontrar um homem que tome conta de você – ele dizia.

Eu não ouvia, mas ele estava certo. Nos dez anos seguintes, se houvesse uma Olimpíada para desertores de emprego, eu teria ganhado ouro. Era extremamente hábil em *conseguir* trabalho, porque era esperta e capaz. Mas então, em geral, pedia demissão antes de ser demitida. Meu relacionamento com meu pai se deteriorou gradualmente. Ele podia ser particularmente frio e mau quando estava bêbado. Em um esforço para me dissuadir da carreira de atriz, certa vez me disse:

– Deve haver uma centena de garotas em um raio de trinta quilômetros de sua casa que são mais talentosas e mais bonitas do que você.

Craig e eu fomos morar juntos em 1980, quando eu tinha 17 anos. No verão seguinte, eu já estava cheia. Decidi dar um tempo da Califórnia e de Craig. Coloquei minhas coisas em meu Camaro, descarreguei na casa de minha mãe, deixei um bilhete em minha mesa no trabalho e peguei um avião para York. Ficar com meu pai não era uma opção no momento, então fui para a casa de minha irmã, em uma fazenda fora da cidade. Foi outro verão de festejar, ficar alta, ver os ensaios da banda na pista de skate abandonada, passar a noite toda fora, dormir o dia inteiro e tentar encontrar um trabalho ocasional para pagar a cerveja e a comida. Eu não estava fazendo dar certo, então finalmente voltei para a Califórnia. Depois que retornei, tive vários trabalhos – caixa de banco, funcionária de folha de pagamento, vendedora de roupas – e fiquei entediada até a morte com todos eles. Nessa época, comecei a sair com um rapaz robusto chamado Rex, que, decidi, seria minha passagem para sair de tudo aquilo. Ou, mais especificamente, Rex e o bebê que eu estava carregando – porque fiquei grávida logo depois que começamos a sair. Daria tudo certo, eu pensava; Rex cuidaria de mim e do bebê. Em 8 de maio de 1982, casei-me usando um vestido solto; meu pai que me deu. Jes nasceu em novembro daquele ano. Dez meses mais tarde, depois de um dos muitos incidentes nos quais Rex não estava onde dissera que estaria, nos separamos. Muitos anos se passaram, e Rex se tornou um grande homem e um grande pai. Mas naquela época ele tinha 19 anos. Estava preso com uma esposa grávida, enquanto os outros caras estavam se divertindo. Agora que eu tinha um bebê, queria ficar em casa, mas precisava descobrir um jeito de cuidar de Jes e de mim. Então trabalhei como babá para os vizinhos em minha casa até que ele tivesse idade suficiente para ir para a pré-escola.

E foi assim que aconteceu. Por mais imaturo que fosse meu pensamento naquela época (Ei, eu sei o que será mais fácil do que trabalhar – um bebê!), ter Jes realmente me salvou. Minha vida começou a ter responsabilidade e propósito.

Ao mesmo tempo, meus amigos estavam começando a usar drogas mais pesadas. Heroína era a coisa mais recente, e tinha consequências. Consequências como prisão, vício. Há coisas que nenhuma menina devia fazer para financiar um hábito. Conheci garotas que faziam essas coisas.

Ter um bebê não era compatível com esse estilo de vida, então parei com tudo, exceto um baseado ou uma cerveja ocasionais. Depois que Rex e eu nos separamos, fui morar na casa de minha mãe, mas passava quase todas as noites com Craig, com quem voltara e que vivia a poucos quilômetros de distância. Jes era como o brinquedo novo de todos; era um bebê doce e tranquilo, e as pessoas queriam ficar com ele. Eu ficava com ele durante o dia, e ia dormir na casa de Craig à noite.

Rex passava duas ou três noites na semana com Jes; ele podia ser uma criança também, mas queria este filho e não estava de todo feliz com minha decisão de pedir o divórcio. Mas eu pensava – eu *sabia* – que Jes estava melhor com Rex ou com minha mãe do que com Craig e comigo. Craig não queria ser pai, então, mesmo que eu estivesse viciada nele, meu lado racional sabia que no longo prazo este relacionamento era uma má ideia (não que mais tarde eu não viesse a ter algumas ideias ainda piores...). Craig e eu não conseguíamos concordar nem em como criar um cachorrinho, imagine uma criança. Era melhor que Jes não se apegasse a ele. Eu sabia que nosso relacionamento não duraria para sempre.

Nos anos seguintes, eu alternaria entre viver com minha mãe e Jes e viver com Craig, e fazer qualquer trabalho do qual conseguisse não pedir demissão. A vida não tinha uma trajetória interessante, mas eu tinha meu filho e meu namorado, minha maconha e minha cerveja, e estava satisfeita. Quando Jes ficou com idade suficiente para ir para a escola, decidi me juntar a ele, mais ou menos, indo para a faculdade para me tornar assessora jurídica. Não estava particularmente interessada em ser uma assessora, mas sentia que, entre ser criada por um advogado criminal de defesa e estar imersa nos detalhes de meu próprio caso legal desde a época da prisão de Polanski, eu era praticamente uma advogada.

Eu estava ansiosa por mudanças, e 1985 e 1986 me deram várias coisas que queria mudar. Primeiro, a vida de idas e vindas com Craig estava se tornando cada vez mais insana. Além disso, Nana, que viera viver conosco alguns anos antes, ficava frequentemente sem tomar remédio. Para minha mãe, receber visitas era arriscado. Nana sentava ali, fumando e bebendo seu vinho branco, flertando com os amigos de Bob. Aquele comportamento podia ser adorável em uma impertinente Betty White em um episódio de *No Calor de Cleveland*, mas minha mãe achava que era de causar calafrios na vida real. Era impossível conviver com aquilo. Minha mãe finalmente levou Nana para viver em um apartamento a poucos quarteirões, mas ela ainda vinha nos ver todos os dias. Sua mente se tornou mais e mais descolada do resto dela, até que a abandonou completamente, e cheguei em casa e encontrei o corpo dela caído no chão de meu quarto. Quando entrei, o pessoal da ambulância, reconhecendo que ela não podia ser ressuscitada, já fora embora, e minha mãe estava ajoelhada ao lado dela e tinha começado a entoar: "Om Mani Padme Hum", incentivando-a a ir na direção da luz. Acho que ela já estava quase *na* luz àquela altura do campeonato, então eu disse para minha mãe que achava que ela já podia parar. Não foi um bom momento. Os paramédicos haviam declarado a morte de Nana e chamado o médico legista, e tivemos de esperar mais de quatro horas. Eu pensava: "Quão ocupado é este legista? Toda a população de Woodland Hills bateu as botas hoje?". Nunca havia visto uma pessoa morta antes. Nana tinha apenas 62 anos. Quarenta anos de sedação e drogas psicóticas tinham feito sua vítima. Mas esta mulher havia sido uma âncora em minha vida, sempre em casa para ajudar com Jes, repreendendo Craig por me tratar mal. Eu a amava. Minha mãe ficou em choque por dias. Logo descobri como era escolher um caixão, marchar por um cemitério barrento sob a chuva que caía – coisas que minha mãe mal podia se obrigar a fazer. Era a primeira vez que eu tinha de cuidar de minha mãe – o que não foi uma coisa má de aprender a fazer.

Havia algo no entediante curso de assessora jurídica, no relacionamento beco sem saída e na morte da mulher louca que, apesar de tudo, cuidara de mim desde a infância, que, combinados, me tornaram ainda mais volátil e autodestrutiva. Após alguns *drinks*, Craig e eu começávamos a nos atracar e eu achava cada vez mais difícil disfarçar com maquiagem depois. Algumas noites terminavam com olhos roxos ou vidros quebrados. Tenho de confessar que fui sempre aquela que dava o primeiro soco. Quando por fim nos separamos para sempre, não foi exatamente amigável. Ele atirou uma caixa cheia de coisas minhas no quintal da frente. Fiquei feliz em ver meu rifle, mas ele ficou com nossa moto e nosso cão, as únicas coisas com as quais eu realmente me importava. Não que eu tenha saído sem *nada* do relacionamento – por causa de Craig e da quantidade de buracos que fazíamos nas paredes, sou muito boa com massa corrida.

Uma de minhas amigas, Vikki, pagava a mensalidade do curso de assessora jurídica posando nua – e, com toda a minha mentalidade de "experimentar tudo pelo menos uma vez", quando o fotógrafo disse que achava que minhas fotos podiam ser vendidas para a *Penthouse*, fiquei feliz em ajudar. Acho que posso dizer que as fotos terminaram em uma revista que faz a *Penthouse* parecer a *New York Review of Books*. Dei o melhor de mim, vestindo pouco mais do que um sorriso.

Por um lado, foi meio estúpido. Por outro... Bem, tendo acabado de celebrar meu quinquagésimo aniversário, estou bem contente em ter fotos da época em que era uma gostosa de 22 anos. Toda mulher devia ter isso. (Embora admita que nenhuma mulher devesse vendê-las a uma revista.) Nem mesmo queria o dinheiro; em grande parte, eu procurava aventuras. Mas talvez uma pequena parte de meu cérebro gostasse de reivindicar o que era meu. Se algum cara estava me usando para se aliviar – como Polanski fizera anos atrás –, bem, pelo menos agora eu estava tomando a decisão, e tirando algo disso também.

Naquela época, eu estava no meio de um romance que fazia minha relação com Craig parecer Ozzie e Harriet.

Kyle era um cara mais jovem, bonito, que jurava que éramos feitos um para o outro. Ele tinha estado encrencado antes, e quando começamos a sair, ele secretamente começou a percorrer de novo a estrada das drogas e do crime. Nós nos amávamos loucamente, mas isso não foi suficiente para salvá-lo. Ele usava drogas e roubava, e as pessoas começaram a notar.

Até minha mãe – que não era a pessoa mais observadora do mundo – começou a perceber que coisas desapareciam quando ele me visitava. Inevitavelmente, Kyle acabou na cadeia. Uma pessoa normal teria ficado aliviada naquele ponto. Eu não: em meu estado delirante, tomei isso como um sinal de que, mesmo que amigos e sociedade quisessem nos manter separados, tínhamos nascido para ficar juntos. Éramos nós contra o mundo. Eu simplesmente sabia que nossa situação era única na história da civilização moderna. Então me casei com ele – no tribunal, antes que ele fosse condenado a passar um tempo na prisão. Todas nós, noivas da prisão, cantamos em nossas cabeças aquela música, "Leader of the pack": "They all thought he was bad / But I knew he was sad..."[2]

Por causa de tudo isso, eu precisava ficar um tempo longe de minha mãe, e passava muito tempo com Vikki. Ela tinha um vizinho chamado Dave. A história que ele conta é que viu minha foto na casa de Vikki; estávamos posando perto de nossas bicicross e empunhando armas, vestindo botas de caubói

---

[2] Todos achavam que ele era mau / mas eu sabia que ele era triste (N. da T.)

e biquínis. Consta que Dave viu a foto, apontou para mim e disse: "Vou me casar com esta garota". Vikki apenas riu.

E ela bem que tinha motivos para isso. Naquela época, Dave era um carpinteiro de 20 anos de idade, além de *roadie*[3] de bateria para um velho amigo meu que também vivia no prédio. Era um galinha profissional, com várias namoradas; passava suas noites em Hollywood no Rainbow[4] e se vestia a caráter: calça paraquedista, bandanas nas pernas, colar de conchas com um pingente "69". Ele me perseguiu implacavelmente. Uma vez me seguiu até o banheiro para defender seu caso – enquanto uma "ex" e uma atual "não-muito-satisfeita" estavam sentadas na sala de estar. Mas, de algum modo, aquilo era mais engraçado do que irritante. Tornamo-nos amigos.

Logo eu estava saindo com Dave também – um tipo de situação "amigos com benefícios" (não incomum para mulheres cujos maridos estão presos). Mas eu não conseguia levá-lo a sério; Dave tinha uma história tão louca. No entanto, Dave havia declarado seu amor e estava tentando prová-lo para mim com uma devoção digna de um pastor alemão. Uma vez estávamos sentados no carro dele, conversando, e quando mencionei Kyle pela quadringentésima vez, Dave disse: "Sabe qual é o seu problema? É orgulhosa demais para admitir que está er-

---

[3] Pessoa responsável por carregar os equipamentos da banda, além de preparar e montar a aparelhagem nos palcos antes das apresentações. (N. da T.)

[4] Bar frequentado por amantes do rock. (N. da T.)

rada". Ele estava certo. Eu estava me ferrando. Era meu talento especial. Nessa época, Kyle e eu sabíamos que havia acabado. Então, terminamos. Estávamos ambos cansados.

Ou pelo menos eu pensava assim. Aparentemente, eu ainda não tinha preenchido minha cota de drama. Enquanto tudo isso estava acontecendo, minha mãe, que tinha se separado de Bob e começara a vender imóveis na Califórnia, começou a falar em pegar suas economias e achar um lugar para viver na ilha havaiana de Kauai – um lugar para todos nós. Para mim, aquilo era viajar na maionese, e eu não tinha intenção de me mudar, na época. Mas Rex achou que eu ia, e que levaria nosso filho comigo. Aquilo deu início à negociação pela custódia de Jes.

Foi mais do que um pequeno alívio quando descobri que não estava legalmente casada com Kyle. Descobri sem querer, na época em que Rex me apresentou os papéis da custódia. Não tinha intenção de me mudar, mas, uma vez que recebi os papéis, caracteristicamente entrei no modo "ninguém vai me dizer o que fazer", e devolvi tudo para ele. Enquanto estávamos ocupados tentando acabar um com o outro, descobri que o divórcio rápido que havíamos feito anos antes, na República Dominicana, não era legal nos Estados Unidos e que, de fato, Rex e eu ainda estávamos casados. Então fizemos uma trégua, acertamos nossas diferenças – que incluíam conseguir um divórcio de verdade – e tive a grande sorte de ter meu casamento com Kyle declarado nulo e invalidado. Fui provavelmente a única pessoa naquele tribunal da Califórnia que conseguiu um divórcio e uma anulação no mesmo dia. Ah, o romance!

Mas eu ainda não estava curada de minha queda por *bad boys*. Antes que nos conhecêssemos, Dave fora preso por vender 10 centavos de maconha, e agora tinha de cumprir a sentença. Na noite anterior à ida para a cadeia do condado que todo mundo chamava de Acampamento do Snoopy, nos beijamos de um jeito que eu sabia que me faria lembrar dele enquanto ele estivesse fora. Dave passou 2 meses na cadeia – curiosamente, Kyle e Dave estiveram no Acampamento do Snoopy ao mesmo tempo. Kyle conhecia Dave e o odiava, já que Dave começara a perguntar por mim no momento em que Kyle fora preso. Por sorte, Kyle não tinha ideia de que Dave estivesse ali. Dave sabia, mas estava na ala de segurança mínima e os caminhos deles nunca se cruzaram.

Dave cumpriu 2 meses de sua sentença de três e saiu no dia de seu 21º aniversário. Comemoramos indo a um bar e comprando para ele a primeira cerveja legal.

Aquele beijo de despedida e a cerveja de boas-vindas se transformaram em algo sério: depois de um acampamento no Dia do Trabalho, ele veio morar conosco. Dave queria uma família maior. Menos de um ano depois, fiquei grávida. As coisas pareciam estar se ajeitando. De certo modo, eu ainda era uma garota festeira, mas uma festeira com trabalho – era secretária em uma empresa de computadores – e com um homem que amava. Era o começo da primavera de 1988.

Um dia, alguém ligou para meu trabalho e pediu para falar com Samantha. Como a recepcionista da empresa também se chamava Samantha, houve certa confusão. Espere, queriam falar com Samantha por causa de algo relacionado com Roman Polanski? Quem? O quê?

Mas eu não fiquei confusa. Sabia que, 10 anos após sair para sempre de minha vida, Polanski estava de volta.

A coisa seguinte de que soube foi que havia uma foto minha no agressivo tabloide britânico *Sunday Mirror*, sob a manchete: "FIQUE LONGE, POLANSKI". Fotógrafos deviam estar escondidos do lado de fora de meu escritório. Não importava que a "entrevista" inteira fosse inventada; o que realmente me chateou é que era outra história da "menina vítima de crime sexual", e uma que dizia especificamente onde eu trabalhava, que tipo de carro eu tinha e que mencionava até mesmo que eu tinha um namorado.

E o pior de tudo: eu nunca contara a Dave. Contaria para ele agora – e teria que explicar. Sendo três anos mais novo do que eu, ele tinha apenas 10 quando a história estava na mídia. Ouvira falar no assunto, mas não foi nada importante em seu mundo. Até agora. Quando não estava tentando cantar uma moça bonita, Dave era um homem de poucas palavras. Falou pouco, mas eu sabia que ele sentira o baque.

A história dizia:

> *Samantha Gailey, a menina vítima de escândalo sexual, tem atrapalhado as esperanças do diretor de cinema exilado Roman Polanski de um retorno aos Estados Unidos. O controverso diretor fugiu para Paris há 11 anos para escapar da justiça por ter feito sexo com a jovem beldade menor de idade.*

Samantha, mostrada à direita em uma foto exclusiva do Sunday Mirror, *nunca o deixará esquecer a sessão de sexo embriagado e enlouquecido pelas drogas da qual a obrigou participar quando tinha apenas 13 anos.*

Apesar de uma campanha recente empreendida por astros de Hollywood amigos de Polanski para trazê-lo de volta ao país, a loira de pernas compridas ainda diz "não".

"Ele não vai voltar", disse Samantha. "Só sobre meu cadáver. Essa é minha cidade, não dele, e não há jeito de ele voltar para casa...".

O jornal ainda trazia uma citação completamente fabricada de Larry: "Vamos nos opor ao retorno dele enquanto eu viver. Você pode imaginar como é crescer com o que ela cresceu?". E então concluía: "[...] Samantha ainda vive com a mãe, tentando se libertar da sombra que se abateu sobre ela com o sórdido caso".

Para minha surpresa, a foto que tiraram de mim era bem bonita, mas o texto contava outra história. Na reportagem, eu era amarga e ressentida, uma aleijada emocional que ainda vivia com a mãe. Como contraponto, a outra foto do artigo era um retrato em lingerie de Emmanuelle Seigner, a então modelo e atriz francesa de 21 anos e beleza incontestável com quem Polanski estava comprometido. O artigo sugeria que Polanski achava que era hora de "perdoar e esquecer", e que um novo casamento abriria caminho para seu retorno aos Estados Unidos – como se o casamento cobrisse o estupro como papel cobre pedra.

De certo modo, era uma bofetada nele e em sua noiva a ideia de que o casamento tinha propósitos de relações públicas. Pior para mim, no entanto, era a ideia de que, de algum modo, minha vida era definida por minha experiência com Polanski. E foi assim que senti minha vida se contextualizando, talvez pela primeira vez. Fiquei furiosa. Acabara de me erguer; a vida que eu imaginara estava apenas começando. E novamente a invasão de privacidade, o vomitório de todas aquelas lembranças horríveis.

Decidi ligar para Larry. Certamente haveria algo que ele pudesse fazer.

Mas, logo depois que o tabloide publicou a história, aconteceram duas coisas que me fizeram guardar a raiva por um pouco mais de tempo. Primeiro, descobri que estava grávida. E então minha mãe, que realmente *comprara* uma casa em Kauai, nos convidou oficialmente para morar com ela – e teríamos 6 meses de aluguel grátis.

Não havia nada nos prendendo à Califórnia, e para Dave, que era de Van Nuys, morar em Kauai era um sonho. Eu fiquei nervosa, mas como poderia dizer "não"? Não tínhamos ideia do que esperar, e pensávamos que íamos nos mudar para o meio da selva (o que, ao que parece, fizemos, embora existissem uma 7-Eleven e outras poucas lojas).

Eu hesitava em fazer uma mudança tão radical, mas aquele artigo garantiu minha decisão. Eu nunca estaria longe das lembranças do que acontecera se ficasse em Woodland Hills. Não era só a onipresença dos lembretes físicos – os velhos amigos de farra que conheciam minha história; a casa de subúrbio aonde eu chegara naquela noite, me viciara e me consumira; as casas, colinas e bares onde eu tentara me perder. Era a própria Los Angeles. Havia algo em viver em uma cultura na qual a busca pela atenção era a norma, em que o desejo de fama está nos pensamentos, aspirações e *esforços* de simplesmente todo mundo que você conhece, que sempre me fez lembrar de Polanski.

Era tempo de dar a Dave, Jes e a meu ser grávido um recomeço no belo anonimato do Havaí.

Em outubro de 1988, mudei-me para Kauai, a mais antiga das ilhas havaianas e, sem dúvida, a mais bonita. Ao longo dos anos, dúzias de filmes, de *Ao Sul do Pacífico* a *Jurassic Park* e *Os Descendentes*, foram filmados ali. Quando me mudei para lá, era uma região selvagem quase intocada, embora nos anos mais recentes tenha se tornado um retiro e, algumas vezes, um segundo lar para muita gente do ramo do entretenimento. (A vibração amigável com celebridades pode ser parte do charme do lugar, mas não para mim; ainda fico desconfiada e desconfortável perto de pessoas da indústria do entretenimento.) Mas, se hoje é o tipo de lugar em que Bette Midler e Sylvester Stallone podem ir ao mercado sem serem perturbados, naquela época era também o tipo de lugar onde *eu* podia ir sem ser perturbada. Kauai é também o paraíso para pessoas que querem uma vida simples; a paisagem perfeita e maravilhosa na qual você pode ter um ou dois segredos sem ninguém saber – ou, se souberem, não se importarão. Além disso, como logo descobri, há uma mentalidade de cidade pequena de "cuidamos dos nossos". Há o povo local, e há o resto. Se você vive lá, seus vizinhos cuidam de você.

Dave e eu nos casamos em dezembro de 1989, quando nosso filho Alex tinha quase 1 ano de idade. Eu tinha 26; Dave tinha 23. Eu estava ocupada com meus dois filhos, e Dave fazia vários trabalhos neste mundo estranho. Estávamos felizes.

Há algo na vida na ilha que parece desacelerar o tempo e estimular a reflexão. Com espaço para pensar, percebi que, em minha vida de "desviar o olhar", havia uma coisa que eu evitava acima de todas as outras. Não sou uma pessoa vingativa, de todo modo. Ainda sou amigável com ex-amantes e ex-maridos; sou profundamente grata e leal aos amigos antigos, e não me debruço sobre brigas ou insultos do passado. (De fato, tenho a grande sorte de ter uma péssima memória para essas coisas.) Eu sabia que Roman escrevera uma autobiografia. Eu estava nela. E minha família. E ouvira dizer que ela não era lisonjeira, para dizer o mínimo. Eu nem mesmo quisera comprar o livro, então finalmente pedi para Larry me mandar a parte do texto que me pertencia. E li.

É importante entender isso. Ainda em 1978, depois que pedimos que as acusações mais sérias contra Polanski fossem retiradas, minha família e eu fomos duramente criticados: será que essas pessoas só relataram os crimes dele para que pudessem conseguir dinheiro em um processo civil? Larry teve que afirmar repetidamente que não haveria processo civil. Afinal, ele dizia, o objetivo era proteger meu anonimato, e um processo destruiria isso. Então eu sempre me lembrava daquelas críticas, e sempre pensava que não daria a ninguém a satisfação de pensar que a denúncia do estupro era um jeito de ganhar dinheiro fácil.

Mas, anos depois que Polanski publicou sua autobiografia – depois que várias outras biografias de Polanski haviam sido lançadas, mais ou menos reafirmando a perspectiva dele do dia 10 de março de 1977 –, eu cansei. Qualquer hesitação que eu tivera ao longo dos anos se fora.

Deixe-me ser clara: muito do que foi dito no livro de Polanski era verdade. Mas também havia várias mentiras terríveis sobre mim e minha família – sobre minha mãe ter sido sedutora, sobre existir um *frisson* erótico não verbal entre Roman e mim e assim por diante. Você pode chamar isso de *percepções equivocadas*, se quiser; ainda assim são mentiras e machucam. Com a autobiografia, ele estava lucrando com suas desventuras e tentando racionalizar seus crimes; havia certo nível de arrogância e prepotência em tudo aquilo. Decidi assumir o controle da situação que estivera fora de meu controle por um longo tempo. Ainda sofrendo com a imagem que fizeram de mim naquele tabloide e tendo agora lido o que Roman colocara no papel sobre mim e minha família, decidi processá-lo por ataque sexual na justiça civil.

Minha decisão de processá-lo não foi impulsiva e não foi tomada com facilidade. Eu sabia que não importava quão inocente eu fosse, corria o risco de parecer ambiciosa. Algo ruim aconteceu com você? Ganhe dinheiro com isso! É o jeito americano! Além disso, o sistema legal civil pode ser tão bizantino e arbitrário quanto o criminal. Tampouco havia garantias de justiça. Mas estava começando a parecer que era o único jeito de emudecer Polanski. O processo era meu jeito de dizer: "Roman, cale a boca".

Não me entenda errado: o dinheiro também era um fator. Não era só um jeito de punir Polanski; era também uma maneira de me compensar. Eu tinha dois filhos (e logo teria mais um), nem Dave nem eu tínhamos muito dinheiro. Eu não tinha recursos para processar revistas e jornais quando publicavam mentiras a meu respeito, com frequência mentiras que vinham da autobiografia de Polanski. Parecia que nunca deixariam de me perseguir. E parecia que todo mundo, inclusive Polanski, lucrara com meu ataque – todo mundo, exceto eu. Quando os tabloides me ofereceram dinheiro para dar entrevistas no passado (em 1977, o *National Enquirer* oferecera 15 mil dólares), eu recusei. Isso não me tornava nobre; de fato, poderia me tornar ingênua. Mas era minha versão de integridade. Ninguém mais parecia ter os mesmos escrúpulos.

Mais importante ainda, quando tomei essa decisão, havia passado por vários anos sombrios. Quem sabe se eu chegaria a ter sucesso, mas minha capacidade de perseguir a carreira que eu queria fora anulada antes que eu tivesse chance de descobrir. Houve longos períodos em que o simples esforço de não pensar no que acontecera comigo, de tentar ignorar o que era dito sobre mim nos jornais e na televisão, me fizeram encontrar maneiras muito estúpidas de me entorpecer. Assumo a responsabilidade por minhas fraquezas e decisões erradas, mas também acredito que minhas oportunidades foram reduzidas e minha vida, comprometida, como resultado do estupro de Polanski quando eu tinha 13 anos de idade.

Na maior parte dos casos, o processo teria sido impossível – o prazo prescricional para um processo civil na Califórnia teria acabado havia anos. Porém, embora mais de uma década tivesse se passado, eu ainda podia processá-lo. Por quê? Por duas razões. Primeiro, na Califórnia, o relógio não começa a andar até que a criança vítima de crime sexual atinja os 18 anos. Segundo, o prazo prescricional não é aplicado durante o período em que o réu está fora do estado. Então, como Polanski deixara o país em fevereiro de 1978 e permanecera fora, era como se eu estivesse entrando com o processo em 1978, não em 1989.

Os advogados de Polanski tinham um trabalho a fazer: tentar provar que qualquer que fosse o distúrbio emocional que eu tivesse em minha vida, não era culpa de Polanski. Então, trouxeram à tona a loucura de Nana, os amigos drogados e até mesmo o fato de que fumei maconha com minha irmã quando tinha 16 anos. E havia a sugestão de que eu fora molestada quando criança, o que me motivara a acusar Polanski mais tarde. O novo advogado de Polanski, David Finkle, mencionou que eu fora questionada pelo promotor distrital se fizera sexo com Bob, o namorado de minha mãe – e se perguntou por que tinham me feito uma pergunta daquelas.

– Que tal por insensibilidade? – Larry replicou.

Para o processo, depus por dias, assim como membros de minha família. Foi embaraçoso admitir que mentira inicialmente ao grande júri sobre minha experiência sexual e com drogas. Eu dissera que tinha dormido com alguém duas vezes, quando na verdade fora apenas uma, e também mentira sobre ter tomado um Quaalude antes de me encontrar com Polanski. Dissera que tomara, quando não tomara. Por quê?

Quando Polanski estava tentando me persuadir a tomar o comprimido, eu queria que ele pensasse que, quando disse "não", estava falando com a voz da experiência – tipo, "sei como é, já fiz isso, não preciso fazer de novo". Mas, uma vez que menti para ele, senti que precisava manter a mentira para o grande júri. Como eu disse no depoimento: "Tinha medo de que me chamassem de mentirosa, e que as pessoas não acreditassem mais que o que eu estava dizendo era verdade".

Foi perturbador ouvir como minha irmã Kim pensava que minha vida tinha mudado desde Polanski. Ela me descreveu como uma pessoa introvertida, que só saía quando era estritamente necessário e que raramente socializava fora de casa. Seria exagero dela? Certamente, ela não achava que fosse.

E essa é a coisa. Talvez algumas das insinuações dos advogados de Polanski fossem válidas. Quem sabe? Atacaram meu caráter, e a sugestão deles parecia ser que Polanski me estuprar se encaixava perfeitamente em minha vida já bagunçada. Então, de verdade, qual era o problema? Era meio como argumentar: "Meritíssimo, o fato de um caminhão atropelar as pernas dela não muda nada; ela já era aleijada".

O processo se arrastou pelos anos seguintes. (A imprensa só descobriu no último ano, porque Larry espertamente havia registrado o processo sob o título "Anônima v. R. Rpolanski". Esse erro de digitação significava que o caso seria indexado pelo sobrenome do réu, que começava com R. Então, qualquer um procurando um caso com o nome Polanski não encontraria nada. (Lembre-se de que essa era uma época pré-Google.) Durante esse tempo, pessoas continuavam aparecendo na minha casa, fotografando a mim e minha família, tentando me convencer de que seria "bom para mim" contar minha história.

Duas se destacaram em particular. Primeiro foram as mulheres que chamei de Senhoras do Livro Estranho. Um dia, duas mulheres apareceram em casa dizendo que procuravam minha mãe; tinham alguns presentes para ela. Presumi que fossem clientes da imobiliária. Com meu bebê Alex no quadril, pedi que entrassem para que pudéssemos colocar os pacotes na mesa. Uma vez dentro de casa, admitiram que, na verdade, procuravam por mim. Senti-me tão estúpida, tão violada, como se tivesse convidado um ladrão para entrar em casa. Elas haviam escrito um livro chamado *Vítima perfeita: a verdadeira história da "garota na caixa"* – sobre uma menina que fora mantida em um caixão como escrava sexual por sete anos. E – boas novas – para seu novo projeto queriam escrever *minha* história. A ideia de que tinham associado minha história com a do livro já era perturbadora o suficiente; pior ainda foi a carta que escreveram algumas semanas mais tarde, oferecendo para pagar 100 mil dólares se eu cooperasse. E se me recusasse? "Em algum momento, alguém vai escrever a história de qualquer maneira e, mais uma vez, Sam ficará sem nada". Entendi as ameaças veladas e me recusei a ter qualquer coisa com elas. Mesmo depois que lhes disse para conversar com meu advogado, elas continuaram a me mandar presentes – um farol de cristal, algumas coletâneas, até mesmo uns brinquedos do Mickey Mouse para as crianças. (Dei tudo aquilo. Era triste; precisávamos de dinheiro e meus filhos teriam adorado aqueles presentes, mas simplesmente parecia errado.) Tudo que posso dizer é isto: quando uma pessoa inicia uma conversa com "não queremos assustá-la" (como elas fizeram), se prepare para ficar muito, muito assustado. Eu sei que eu fiquei.

Então, em 1990, um cara do programa de fofocas na TV *A Current Affair* estacionou a van do outro lado da rua por três dias, com uma câmera de vídeo filmando na direção de minha casa por detrás de uma janela escura. Recusava-se a ir embora. Mandou entregar três arranjos de flores imensos para minha mãe, para Kim e para mim. Também tentou me fazer uma oferta que eu não podia recusar. Ele me pagaria 5 mil dólares para falar e, se eu não falasse, simplesmente faria a reportagem sem mim. Levamos dois dias para perceber a câmera, e durante aquele tempo meus filhos, amigos e família foram filmados. Eu estava presa em minha própria casa, sentada no chão, porque ele apontava a câmera para nós e eu não queria ser fotografada. Isso durou vários dias, até que Larry teve acesso à pessoa certa no programa e lhe deu uma lição sobre o significado legal de extorsão.

Esse tipo de atenção era mais do que um simples incômodo. Eu vivia com meu marido, minha mãe e crianças pequenas nessa ilha remota, e fora tão fácil me encontrar; como eu não estava naturalmente em guarda, deixei que esses estranhos desagradáveis e levemente ameaçadores entrassem em minha casa. Isso fez com que me sentisse estúpida e vulnerável. Como poderia proteger minha família desse tipo de coisa? Não podia.

O incidente mais revelador daqueles anos ocorreu quando Larry foi para Paris pegar o depoimento do próprio Polanski. Era um procedimento rotineiro que aconteceu em um escritório de advocacia. Havia um estenógrafo judiciário que Larry levara dos Estados Unidos, o advogado de Polanski, David Finkle, e o próprio Polanski. Depois de duas horas houve uma pausa para almoço. Larry foi comer sozinho em um café perto do escritório, sem notar que Polanski e seu advogado estavam em uma mesa próxima.

Para deixar o restaurante, Larry teve de passar pela mesa de Polanski. Desnecessário dizer que isso era um pouco desconfortável. Quando ele estava passando, Polanski fez sinal para que parasse.

– Larry, Larry, venha aqui. – então Polanski lhe disse, com naturalidade: – Se a tivesse visto nua, tão bonita, iria querer transar com ela também.

Polanski nunca negou ter dito isso. Mas ficou furioso com Larry por relatar o incidente a Roger Gunson, em um almoço casual. Gunson relatou o incidente em uma declaração assinada para o escritório do promotor distrital. Ironicamente,

Polanski deveria ser grato a Larry. Fora Larry quem convencera a corte a proteger meus direitos e me impedir de testemunhar, tornando possível para ele o acordo judicial. Sem isso, Polanski provavelmente teria passado pelo menos alguns anos na cadeia.

O processo começou em 1988 e foi resolvido cinco anos mais tarde por uma soma de seis dígitos. Polanski, no entanto, evitou pagar por anos, finalmente nos obrigando a enviar um aviso de inadimplência, o que infelizmente teve o efeito colateral de registrar publicamente o valor em dólares. Os outros termos de nosso acordo, a maior parte dos quais continua confidencial, incluem que Roman estava proibido de mencionar os acontecimentos daquela noite e de falar sobre minha família e sobre mim. Concordei em não explorar a história comercialmente e em ajudar, se pudesse, nos esforços dele para resolver as questões legais com os Estados Unidos.

Eu fiquei grata pelo dinheiro quando ele apareceu, depois de um tempo. Mas dificilmente seria uma soma que compensaria ajudar Polanski a voltar para o país se eu achasse que era a coisa errada a se fazer.

CAPÍTULO 15

Para mim, a década de 1990 foi centrada principalmente em criar meus filhos. Tive meu terceiro, Matt, em 1993. Trabalhei para um bem-sucedido incorporador imobiliário na ilha e meu marido, Dave, se tornou, literalmente, um caubói: era o gerente de operações de um desenvolvedor que tinha 300 acres divididos em várias propriedades para férias e para aluguel, além de um rancho de gado. Encontrei muita satisfação em viver em uma cidade pequena, onde você sabe que seus vizinhos e os filhos deles e todos os demais olham uns pelos outros; era diferente de viver no continente. As crianças podiam ir ao parque brincar ou descer o rio para pescar e você não tinha de se preocupar se estavam em segurança. Jes nem mesmo precisava usar sapatos na escola, nos primeiros um ou dois anos em que estivemos lá. Alex era livre para caminhar até a escola e para ir ao parque ou à praia com seus colegas em total segurança. Matty estava no oceano, aprendendo a pescar com arpão, aos 7 anos. Portas destrancadas, janelas abertas, ar fresco, tardes na praia pescando ou fazendo churrasco. Bom. Éramos um paraíso para cães (em geral cinco ou seis de cada vez; minha mãe tinha seis Mastiffs) e para pessoas; teria sido muito estranho *não* ter amigos, ou filhos de amigos, vivendo conosco. Ainda me lembro do furacão Iniki, em 1992, que atingiu a ilha inteira – sem telefone, TV ou eletricidade por 3 meses –, como uma época bem feliz. Não é tão mau quanto parece ficar desconectado do mundo quando se está conectado a outras criaturas de formas tão mais profundas. Quando a eletricidade voltou, ficamos um pouco chocados em perceber que não perdemos muita coisa.

Houve uma grande tristeza nessa época, no entanto. Em 1995, meu pai morreu. Jack Gailey e eu não nos víamos e raramente nos falávamos havia anos. Ele tinha outra família; eu morava no Havaí e não ia para York fazia muito, muito tempo. A saúde dele estava declinando, e quando soube que ele estava mal, peguei um avião para visitá-lo. Não cheguei a tempo. A última coisa que lhe disse ao telefone foi "Te amo, pai. Estou indo ver você". Quando o vi, ele estava em uma urna cerâmica na funerária.

O velório foi na casa de meu pai. Todos foram adoráveis e acolhedores. Dave precisava de algo para fazer, então encontrou as ferramentas e começou a limpar o grande jardim onde a cerimônia seria realizada. Fiquei algum tempo sozinha, então vaguei por aqueles familiares e formidáveis cômodos nos quais crescera. Eu amava aquela casa. Ainda era um pouco assustadora, mas ao mesmo tempo eu sentia como se ela soubesse que eu estava de volta. Para mim, aquela casa era algo como uma coisa viva, um amigo de infância. Ela me acolheu também.

Peguei-me sentada na escrivaninha de meu pai. Sentia que tinha sido a favorita dele quando criança, mas também sentia que fora uma decepção: sem formação universitária, passado tresloucado com drogas, grávida aos 18, casada aos 19. Quando me sentei na escrivaninha, fiquei surpresa com algo: uma foto minha, de 20 por 25 centímetros, em sua estante. Ele não me esquecera. Eu ainda era amada. Por que não nos falamos ao longo dos anos? O que acontecera depois que Polanski me fez sentir, mais e mais, que não era a garotinha dele?

• • •

Minha vida descontraída em Kauai me ajudou a continuar a "desviar o olhar", embora de modo mais produtivo e feliz do que aos 20 anos. Era fácil dar as costas ao passado, mesmo quando Roman Polanski, através de seus advogados, tentava intermitentemente fazer um acordo com a promotoria para poder voltar ao país. Longe da Califórnia, escondidos no paraíso, meus amigos e vizinhos em Kauai não poderiam se importar menos com Roman Polanski, com seus filmes ou com o que acontecera comigo. Algumas vezes, as histórias de seus esforços para retornar eram apenas rumores. Algumas vezes eram verdade:

Por Steve James

Quinta-feira, 2 de outubro de 1997

LOS ANGELES (Reuters): Hollywood estava agitada nesta terça com os relatos de que o diretor de cinema fugitivo, Roman Polanski, pode voltar da Europa para encarar a sentença no escândalo de sexo com adolescente que afundou sua carreira nos Estados Unidos e o mandou para um exílio de 20 anos.

Várias estações de TV locais reportaram que o produtor de filmes clássicos como *O Bebê de Rosemary* e *Chinatown*, nascido na Polônia, estava pronto para voltar a Los Angeles para ser punido por fazer sexo com uma menina de 13 anos.

Disseram que Polanski, agora com 64 anos, conseguiu com o escritório do promotor distrital de Los Angeles um acordo segundo o qual, se retornar da França, não será condenado à cadeia.

O escritório do promotor distrital negou que qualquer acordo tenha sido feito.

Registros da corte citados pelos repórteres locais mostram que o advogado de Polanski, Douglas Dalton, se encontrou duas vezes no ano passado com o vice-promotor distrital, Roger Gunson, e com o juiz da Suprema Corte de Los Angeles, Larry Fidler.

Uma fonte no gabinete do promotor reconheceu que ao longo dos anos ocorreram contatos esporádicos com o advogado de Polanski a respeito das tentativas do diretor de conseguir uma maneira de voltar aos Estados Unidos.

Mas, oficialmente, o escritório do promotor distrital diz que a posição não mudou nos últimos 20 anos.

"O senhor Polanski deve se entregar", disse um porta-voz. "Não acordamos nenhuma sentença."

Essa negociação em particular poderia ter funcionado, se não fosse por uma confusão. O juiz envolvido, Larry Paul Fidler (que também presidiu o julgamento de Phil Spector por assassinato, dez anos depois), supostamente insistiu para que o processo de Polanski fosse televisionado. Um porta-voz da corte mais tarde chamou essa suposta exigência de "uma completa invenção".

Não sei qual história é verdade, mas sei que o acordo furou.

• • •

A mídia tinha um apetite insaciável por notícias de Polanski, e cada vez que havia o rumor de um possível retorno, isso devia ser coberto – e eu era arrastada junto. Embora eu não tivesse poder de influenciar o que era uma questão jurídica, isso não importava para jornalistas e editores, cujo foco principal estava na contagem de caracteres e no sensacionalismo. Na corrida deles em direção a um salário polpudo, eu nem sempre aparecia muito bem. A reportagem da *Vanity Fair* publicada em abril de 1997 é um bom exemplo. A *Vanity Fair* se abastecia com celebridades e crimes, então o assunto era, é claro, irresistível.

A autora Jill Robinson, que crescera em Hollywood e cujo pai, Dore Schary, já dirigira a MGM, publicou um artigo na *Vanity Fair* com a chamada "O exilado" e o título "O inferno de Polanski". Ela fazia, digamos assim, uma abordagem caprichosa dos fatos. Começava com uma entrevista por telefone com Polanski, na qual ele observava que vivera em uma época em que "estávamos fazendo tudo". Depois o artigo dizia que o assassinato de Sharon Tate havia atingido tanto Polanski que algum tipo de incidente parecia quase inevitável. Descrevendo Polanski como o tipo de homem que "seduzia a magia em você", Robinson insinuava que eu só falaria com ela se tivesse uma viagem paga à Disneylândia (de fato, ela queria me encontrar cara a cara, e achava que eu podia voar até Los Angeles com dinheiro do próprio bolso só para fazer isso). Ela então disse que eu fiquei ressabiada porque a reportagem não era sobre mim (ah, sim, a pessoa que mantinha um advogado para se manter *fora* da mídia), e que era mordaz a respeito do estupro e do que ocorrera depois porque não tinha feito sucesso em Hollywood. "Ela me lembra a Inafundável Molly Brown, ainda ansiando, à própria maneira, estar 'por cima, onde as pessoas estão'." Pensei, na época: talvez ela esteja me confundindo consigo mesma.

Escrevi para a revista, listando algumas das invenções – que minha mãe não dormira com Polanski, que eu não tinha uma "chupada" no pescoço quando Polanski me conheceu, que Polanski não escolheu minhas roupas enquanto eu fiquei parada de calcinha e sutiã – e, é claro, o fato de que eu não estava trocando viagens à Disneylândia por entrevistas. A alusão a Molly Brown é o mais desconcertante. Se, como Molly Brown, eu era uma incansável alpinista social, então devia ser a pior alpinista social da história, por deixar Los Angeles para viver tranquila, feliz e anônima em uma ilha remota.

Não fui a única a fazer reparos ao texto. Polanski reclamou com veemência – objetando, entre outras coisas, ter sido chamado de "exilado" dos Estados Unidos quando, de fato, é e sempre foi cidadão francês. E a nota de Anjelica Huston expressa de modo bastante hilário e sucinto quanto a autora saíra dos trilhos. "Gostaria de acertar as coisas. Em nenhum momento descrevi Roman Polanski como uma aberração nem disse que já o vi nu."

A *Vanity Fair* publicou uma arrogante "não desculpa": "Nós nos desculpamos por qualquer possível mal-entendido, mas não temos razão para acreditar que algum tenha ocorrido".

(Vários anos depois, Polanski entrou com um processo e ganhou uma indenização de 84 mil dólares contra a *Vanity Fair* por um artigo de 2002, no qual o jornalista afirmava que Polanski parara no bar do restaurante Elaine's e tentara pegar uma loira gostosa a caminho do funeral de sua esposa. Polanski não estava nem perto do restaurante naquele momento. Ops!)

A parte mais perturbadora da história não eram as mentiras. Era a versão da verdade que haviam desenterrado e publicado – as perguntas sexuais íntimas e as respostas do testemunho original do grande júri, quando eu tinha 13 anos. Bom trabalho, Robinson. Bela jogada, *Vanity Fair*. Deve ter vendido um monte de revistas.

• • •

No final da década de 1990, finalmente decidi sair do esconderijo: dei uma entrevista [para o programa de TV] *Inside Edition* na qual revelava minha identidade. Foi um alívio, mesmo que tenha causado uma enxurrada de artigos complementares – particularmente sempre que Polanski, que agora tinha uma bela e jovem esposa, dois filhos pequenos, uma carreira próspera na Europa, e tentava negociar um retorno para os Estados Unidos sem ser pego e jogado na cadeia. Mas eu estava cansada de me esconder e de sentir medo, cansada de as pessoas contarem mentiras sobre mim. Então imaginei que diria: "Aqui estou. Se tem alguma pergunta, faça. Se tem algo a dizer, não pense que não direi nada em resposta".

A questão toda pegou fogo em 2003, quando Polanski foi indicado para o Oscar de melhor diretor pelo filme de 2002, *O Pianista*. Parcialmente autobiográfico, este filme sobre um músico judeu polonês lutando para sobreviver à destruição do gueto de Varsóvia, durante a Segunda Guerra Mundial, era extraordinário em todos os aspectos (não assisti; como se pode imaginar, não fico sentada por aí esperando o próximo lançamento de Polanski). Previsivelmente, alguns setores se indignaram com o fato de que um estuprador de criança e fugitivo fosse indicado como melhor diretor. Não importa o absurdo de me perguntarem se eu achava que Polanski devia ganhar um Oscar por um filme que nunca vi; desta vez, com o ataque violento de ligações e as instruções para que as crianças não atendessem o telefone, houve uma grande perturbação para meus filhos: *Ah, algo ruim aconteceu com nossa mãe. Ah, agora somos todos parte disso. Nossa mãe foi prejudicada.*

(A controvérsia teve vida própria, é claro, mas pode ter sido impulsionada pelo incidente não muito diferente, alguns anos antes, envolvendo Woody Allen, cujo caso com a filha adotiva de sua mulher, Mia Farrow, fora descoberto. Mia Farrow o acusara de molestar a filha que haviam adotado juntos. Ele foi vilipendiado, mas isso não impediu que fosse indicado para seis prêmios da Academia como diretor e roteirista nos anos seguintes.)

A questão é: a vida pessoal de um homem deve ditar o modo como julgamos seu trabalho? Dei minha resposta pessoal em um artigo de opinião que escrevi para o *Los Angeles* Times em fevereiro de 2003, um pouco antes do Oscar. Era intitulado "Julguem o filme, não o homem".

Conheci Roman Polanski em 1977, quando tinha 13 anos. Eu estava no nono ano naquele ano, quando ele disse para minha mãe que queria tirar fotos minhas para uma revista francesa. Foi o que ele disse, porém, ao invés disso, depois de me fotografar na casa de Jack Nicholson em Mulholland Drive, fez algo bem diferente. Ele me deu champanhe e um pedaço de Quaalude. E então se aproveitou de mim.

Não foi sexo consensual de jeito nenhum. Eu disse "não" repetidas vezes, mas ele não aceitava "não" como resposta. Eu estava sozinha e não sabia o que fazer. Foi amedrontador e, olhando para trás, muito assustador. Podem parecer palavras do jardim de infância, mas é como me sinto. Foi há muito tempo, e é difícil lembrar exatamente como tudo aconteceu. Mas tenho repetido a história tantas vezes que a conheço de cor.

Apresentamos queixas e ele confessou culpa. Um acordo judicial estava combinado entre o advogado dele, meu advogado e o promotor distrital, e fora aprovado pelo juiz. Mas, para nossa surpresa, no último minuto o juiz voltou atrás e se recusou a honrar o combinado.

Com receio de passar os 50 anos seguintes na prisão – em vez de simplesmente o tempo já cumprido –, o senhor Polanski fugiu do país. Nunca mais voltou e nunca mais o vi ou falei com ele.

Olhando para trás, não há como questionar que ele fez algo horrível. Era uma coisa terrível para se fazer com uma menininha. Mas foi há 25 anos – 26 no próximo mês. E, honestamente, a publicidade ao redor de tudo isso foi tão traumática que, em comparação, o que ele me fez parece sem cor.

Agora que ele foi indicado ao Oscar, tudo está sendo reaberto. Estão me perguntando: ele deve receber o prêmio? Ele deve ser recompensado por seu comportamento? Ele deve ter permissão para voltar aos Estados Unidos depois de fugir por 25 anos?

Eis como me sinto: na verdade não tenho nenhuma mágoa contra ele, nenhuma simpatia tampouco. Ele é um estranho, para mim.

Mas acredito que o senhor Polanski e seu filme devam ser honrados de acordo com a qualidade do trabalho. O que ele faz para viver e quão bom ele é nisso não tem nada a ver comigo ou com o que ele fez comigo. Não acho que seria justo levar os acontecimentos do passado em consideração. Acho que os membros da Academia deveriam votar nos filmes que acham que merecem seu voto. Não nas pessoas que sentem que são populares.

Ele deve voltar? Imagino que ele preferiria não ser um fugitivo e poder viajar livremente. Pessoalmente, gostaria de ver isso acontecer. Ele nunca deveria ter sido colocado na posição que o levou a fugir. Ele deveria ter recebido a sentença combinada há 25 anos, assim como todos concordamos. Naquela época, meu advogado, Lawrence Silver, escreveu para o juiz afirmando que o acordo judicial seria aceito e que a confissão de culpa seria arrependimento suficiente para nos satisfazer. Eu não mudei de ideia.

Sei que há um preço a pagar pela fuga. Mas quem não pensaria em fugir ao encarar uma sentença de 50 anos de um juiz que claramente estava mais interessado em sua reputação do que em um julgamento justo ou mesmo no bem-estar da vítima?

Se ele conseguisse resolver seus problemas, eu ficaria feliz. Espero que isso signifique nunca mais ter de falar sobre isso novamente. Algumas vezes sinto que nós dois tivemos condenação perpétua.

Minha atitude surpreende muita gente. É porque eles não enfrentaram tudo; não sabem tudo o que sei. As pessoas não entendem que o juiz voltou atrás em sua palavra. Não sabem quão injustamente fomos todos tratados pela imprensa. Falam sobre ser violado! A mídia transformou aquele ano em um inferno na terra, e tenho tentado deixar isso para trás desde aquela época.

Hoje estou muito feliz com minha vida. Tenho três filhos e um marido. Vivo em um lugar lindo e gosto de meu trabalho. O que mais posso pedir? Ninguém precisa se preocupar comigo.

A única coisa que me incomoda é que o que aconteceu comigo em 1977 continua a acontecer com meninas todos os dias e, mesmo assim, as pessoas estão interessadas em mim porque o senhor Polanski é uma celebridade. Isso nunca me pareceu certo. Isso me faz sentir culpa pela atenção que me é dirigida, quando certamente há outras que realmente poderiam utilizá-la.

Nota do editor: A prática usual do Times *é não publicar nomes de vítimas de crimes sexuais. O nome de Samantha Geimer é usado com seu consentimento.*

Aquele texto criou uma tempestade e, no dia em que foi publicado, 23 de fevereiro de 2003, Larry Silver e eu aparecemos no [programa de TV] *Larry King Live* para discutir o assunto. "O que aconteceu naquele dia", Silver disse, "tanto para Polanski e, em certa medida, para o sistema judicial norte-americano, realmente acho que foi um dia vergonhoso".

Algumas semanas mais tarde, Polanski ganhou o Oscar de Melhor Diretor. Não pôde ir a Hollywood para a cerimônia. Nunca pensei que Roman ganharia, e fiquei feliz em silêncio por sua vitória. Era como um pequeno golpe contra o politicamente correto. Vamos tirar da balança tudo o que aconteceu há 25 anos e simplesmente considerar o homem como um artista.

Marina Zenovich, uma cineasta que fez documentários sobre o excêntrico empresário/político francês Bernard Tapie (e que faria um filme em 2013 sobre o comediante Richard Pryor chamado *Omit the Logic*), tomou nota dos comentários de Larry no *Larry King Live* – a ideia de que fora um dia vergonhoso para a justiça norte-americana. Marina é atraída por pessoas que deixam um rastro de caos em seu caminho, então Polanski era um assunto perfeito para ela. Seu documentário, *Roman Polanski: Procurado e Desejado*, do qual Larry e eu participamos, foi o primeiro relato público acurado do caso. Foi ao ar na HBO em 2008. No início, participei porque tinha medo de não participar: depois da reportagem horrível na *Vanity Fair*, sempre tentei cooperar com a imprensa, temendo que pudessem fazer coisas terríveis se eu não cooperasse. Quando o filme estreou no Festival de Cinema de Sundance, em Utah, foi um sucesso, e eu fiquei muito feliz por Marina – feliz, também, que ela tivesse me convidado para ir a Nova York, na estreia na HBO. Imaginei que a chance de ver o lançamento de um filme em Nova York seria uma oportunidade única na vida, e pensei que era hora de minha mãe parar de se esconder, também. Podíamos reviver nossa época em Nova York, em 1976, antes que nossas vidas mudassem para sempre.

Uma vez que cheguei à festa, fiquei desconfortável e na defensiva; o pensamento de que eu estava naquela festa com todas aquelas celebridades e outras sumidades simplesmente porque tinha sido estuprada por um bode velho parecia meio humilhante. Mas queria apoiar Marina e o filme. O jeito como ela colocara tudo tão perfeitamente por fim nos deu a chance de compreender tudo aquilo. Ver de fora, não de dentro da loucura. Trouxe para minha mãe um encerramento e conforto – e aquilo, para mim, era um presente extraordinário.

Ao escrever sobre o caso e o documentário de Zenovich para a [revista] *New Yorker*, em dezembro de 2009, Jeffrey Toobin explicou como a fama pode ser uma faca de dois gumes. "A força da celebridade mais uma vez fustigou o caso", Toobin escreveu. "Ela ajudou Polanski ao persuadir a vítima a aceitar um acordo judicial e ao inspirar um relatório de condicional bajulador; ela o feriu ao trazer suspeitas sobre sua viagem legítima à Alemanha e ao levar às decisões erráticas de Rittenband. A celebridade agora ajuda ao chamar a atenção de Zenovich que, por sua vez, leva a novas questões sobre o caso contra o diretor. Seus advogados decidiram fazer outra tentativa para resolver isso."

Em dezembro de 2008, a equipe de advogados de Polanski apresentou uma moção na Suprema Corte de Los Angeles pedindo a suspensão do processo contra ele, baseada no fato de que em 1977 ele fora privado dos devidos processos legais. Larry estava presente para demonstrar o apoio de minha família.

Chad Hummel, que fora recrutado para a equipe de advogados de Polanski, argumentou que a sentença do diretor nas instalações psiquiátricas de Chino "pretendia ser a condenação inteira [...], então essa noção de que de algum modo ele estava fugindo da condenação não é verdadeira [...]". Ele prosseguiu acusando o juiz e outros de impropriedades. "Em nosso sistema, não podemos tolerar comunicações de bastidores entre promotores e juízes que influenciem a sentença e afastem o réu e seus defensores dessas comunicações [...]. Este é o cerne deste pedido."

Esta tentativa acabou por fazer Polanski ser atingido pelo próprio petardo, levando à prisão na Suíça e aos procedimentos para extradição. Para o escritório do promotor distrital de Los Angeles, era como arrancar a crosta de uma ferida. "Este caso é sobre um réu de 44 anos que encheu uma menina de 13 anos com drogas e álcool e depois, contra o consentimento dela, cometeu atos de sexo oral, sodomia e relação sexual com ela", o escritório da promotoria escreveu. A declaração mais correta teria sido: é sobre um réu que confessou culpa por ter tido relação sexual ilegal com uma menor de idade. Mas isso não teria o efeito dramático que a promotoria queria, e eu realmente sentia que a declaração fora feita para me humilhar, já que eu não estava cooperando com os esforços deles. "A fuga do peticionário, quaisquer que tenham sido suas motivações, e sua falha em assumir as responsabilidades por seus crimes estão no cerne dos atrasos extraordinários deste caso." Apesar de reconhecer que podiam ter ocorrido irregularidades em 1977, o juiz que presidia o caso, Peter Espinoza, descartou a moção com base na "doutrina da incapacidade do fugitivo", o que basicamente quer dizer "volte para cá e então conversaremos".

A última tentativa da equipe de advogados de Polanski enfurecera o escritório da promotoria, e ressuscitou um caso já morto. Some-se a esse erro tático o fato de que era ano eleitoral. O promotor distrital de Los Angeles, Steve Cooley, já em seu terceiro mandato, estava concorrendo ao posto de procurador-geral. (Ele protestara ruidosamente quando seu predecessor, Gil Garcetti, tentou ganhar um terceiro mandato dizendo que só servira em dois. Uma vez no cargo, Cooley aparentemente decidiu que a cidade não podia ficar sem ele.) Cooley, um republicano em um estado democrata, tinha se tornado cada vez mais impopular, e já enfrentara uma grande controvérsia ao dizer que apoiaria a Proposta 8, o divisor projeto da Califórnia que baniria o casamento entre pessoas do mesmo sexo. Ele precisava direcionar as atenções para um assunto no qual todos concordassem: pegar pesado com Polanski e fazê-lo voltar para encarar a justiça. Moleza, certo? Pense mais uma vez.

Em 22 de setembro de 2009, depois de descobrir que Polanski viajaria para a Áustria e a Suíça, Cooley enviou vários e-mails para descobrir que país tinha um registro melhor de extradição para os Estados Unidos. Era a Suíça e, em 26 de setembro, quando Polanski entrou no país, a caminho do Festival de Cinema de Zurique no qual seria homenageado, foi preso e encarcerado.

Então o espetáculo de trapalhadas começou. Os acontecimentos mais pareciam cenas de *Debi & Lóide* do que exemplos do nosso nobre sistema em ação. David Wells, o promotor distrital designado para lidar com os casos na corte de Rittenband (embora não no caso de Polanski), se gabara em *Roman Polanski: Procurado e Desejado* de que convencera o juiz Rittenband a atrair Polanski de volta da Alemanha, e de então lhe dar uma condenação mais dura. Ao mesmo tempo em que isso fazia parecer que Wells desempenhara um papel mais importante no processo, também admitia de modo estúpido que cometera uma falta ética que poderia ter resultado em sua exoneração (um promotor distrital é proibido de discutir condenações com o juiz, mesmo que o caso não seja seu). Para surpresa de todos, Wells repentinamente anunciou em uma entrevista que suas declarações no documentário não eram verdadeiras.

"Entrevistaram-me no tribunal de Malibu, quando eu ainda era promotor distrital, e eu embelezei a história", Wells disse em uma entrevista para a Associated Press. "Sou um cara que vai direto ao ponto: menti. Isso me deixa muito constrangido."

Por que ele resolvera admitir a mentira agora? Bem, ele estava aposentado, então presumia-se que não tinha nada a perder. Mas certamente devia haver muita pressão de seus companheiros no escritório da promotoria.

A prevaricação judicial era parte da petição de Polanski de que a corte o tratara de maneira indevida, até mesmo ilegal. Então, quando Wells afirmava que mentira no documentário sobre ter agido de modo antiético, estava, de fato, enfraquecendo o pedido de Polanski para voltar sem punição adicional. Essa parecia ser a ideia, de qualquer modo.

Mas o escritório da promotoria não tinha terminado com a propaganda. Para fortalecer o caso, precisavam que Polanski parecesse não um estuprador, mas um estuprador *em série*. Entra em cena a personalidade/advogada Gloria Allred. Em 14 de maio de 2010, ela estava na televisão (como sempre), com uma mulher atraente ao seu lado. Meu primeiro pensamento foi: "Pelo amor de Deus, quantas amantes Tiger Woods tem?". Mas então tive uma surpresa.

A entrevista coletiva de Allred era com Charlotte Lewis, atriz britânica e modelo da *Playboy* que tivera um pequeno papel na produção de Polanski, *Piratas*. Lewis afirmava que Polanski abusara sexualmente dela "da pior maneira possível", em Paris, quando ela era menor de idade. (Ela tinha 16 anos na época do incidente, o que legalmente não é menor de idade na França.) "Ele se aproveitou de mim e tenho vivido com os efeitos do comportamento dele desde que o fato ocorreu", Lewis afirmou, lendo uma declaração preparada na coletiva de imprensa no escritório de Allred. "Tudo que quero é justiça." Então Allred pediu que qualquer outra pessoa que tivesse sido abusada por Roman entrasse em contato com ela. É claro.

Tive vários pensamentos. O primeiro foi de advertência para a senhora Lewis. Sei como isso tudo funciona: alguém o convence de que é uma boa ideia, que você precisa fazer isso. Mas sei o que vem na sequência. A publicidade dá meia volta e ataca você. Em poucas semanas, a imprensa estará publicando coisas horríveis a seu respeito. Ninguém passa por isso ileso. Gloria Allred e o promotor estão simplesmente usando você, e provavelmente você vai lamentar por deixá-los fazer isso.

Meu segundo pensamento foi na direção das outras "vítimas". A senhora Allred estava convidando-as a dar um passo adiante. Eu esperava que não houvesse nenhuma, mas se as pessoas dessem o passo para a frente, todas as questões e acusações começariam: essa aqui não era menor de idade, essa outra não foi não consensual... A imprensa analisaria a moral e os motivos de cada um... E os meus seriam amontoados juntos na pilha de "questionáveis".

E mais ou menos foi o que aconteceu. Outra mulher interessada em justiça – Edith Vogelhut, uma ex-modelo e editora de revista – apareceu com a afirmação de que em 1947, quando tinha 21 anos, Polanski a algemara em uma festa na casa de Jack Nicholson e a sodomizara repetidamente. “Eu meio que sabia que íamos fazer sexo”, ela disse, mas “não esperava ser sodomizada”.

“Vi Roman Polanski nu caminhando em minha direção com duas bebidas”, ela disse, acrescentando que também haviam fumado maconha e que ele lhe dera *ecstasy* antes de algemá-la. “Ele me agarrou pelo cabelo, levantou minha cabeça, colocou nitrito de amila sob meu nariz e me penetrou pelo ânus”, Vogelhut contou. “Machucou. Foi estupro.”

Sabe de uma coisa? Eu não estava lá; não sei o que aconteceu. Ninguém devia ser obrigada a fazer sexo contra a vontade e todo mundo tem o direito de dizer “não”. Mas por que esperar tanto tempo para acusar Polanski, e só fazer isso com o brilho dos holofotes sobre si mesma?

Não estou julgando; a experiência de Edith Vogelhut parece horrível. Mas se ela foi abusada de modo tão terrível em 1974, como adulta, onde estava quando eu estava sendo chamada de puta e mentirosa em 1977? Mais do que isso, não pude deixar de pensar naquele momento, por que todo mundo quer fazer parte disso? (Fora relatado que ela estava tentando vender um livro.)

Quanto a Charlotte, logo depois da acusação, veio a retribuição. Foi relatado que em uma entrevista de 1999, para o tabloide britânico *News of the Word*, Charlotte Lewis afirmara que fora namorada de Polanski por seis meses depois das gravações de *Piratas*, acrescentando: "Eu sabia que Roman fizera algo errado nos Estados Unidos, mas queria ser amante dele". Isso implicava que ela mentira sobre o estupro; alguns relatos que li questionavam o caráter dela.

No fundo, é isto: há algumas experiências que é genuinamente impossível deixar para trás. Ao mesmo tempo em que este circo estava acontecendo, os pais de Amber Dubois choravam na audiência de condenação do homem que assassinara brutalmente a filha deles. Eles vão se recuperar completamente? Duvido.

Isso é tão diferente. Todos fizemos algo na vida que lamentamos, algo que é estúpido; ou algo horrível e estúpido foi feito contra nós. Em 90% dessas situações, há um momento em que você precisa deixar para lá – a menos que não queira. Então, em certo sentido, é problema seu.

Por que o estado da Califórnia estava interessado em gastar tempo e recursos para extraditar Roman Polanski? O promotor havia livrado a Califórnia de todas as drogas e violência de gangues? Não havia mais problemas com imigração ilegal? Estavam soltando milhares de criminosos só para abrir espaço para Polanski? Não era óbvio para todo mundo que o promotor distrital estava fazendo isso como um meio para impulsionar a própria carreira, com total desrespeito e desconsideração pela vítima do caso? Ele estava fazendo o oposto do que seria seu trabalho.

Por causa de sua fama, Polanski fora enganado e manipulado por nosso sistema de justiça criminal. Sua notoriedade atraiu para si pessoas corruptas e venais como mariposas até uma lâmpada, começando pelo juiz e descendo. Celebridade pode ser um benefício e uma maldição. Há um privilégio imenso, mas o privilégio e a atenção podem facilmente se voltar contra você, como vemos quase diariamente. Se Polanski fosse um zé-ninguém, talvez tivesse conseguido mesmo assim o acordo judicial, fosse sentenciado a seis meses por relação sexual ilegal com uma menor de idade e cumprisse dois ou três meses – exatamente como ele fez. Mas ele não era um zé-ninguém; era alguém cuja fama e poder faziam com que todos os envolvidos no caso se preocupassem com eles mesmos em relação àquilo tudo. Quem pareceria durão? Quem pareceria um fracote? Quem poderia usar o caso para ganho pessoal ou profissional?

E eis a grande questão: quem, exatamente, se beneficiaria se Roman Polanski fosse para a prisão? É verdade, aquele era um homem que inapropriadamente gostava de menininhas. Ora, ele acabou se casando com uma garota incrivelmente jovem – Emmanuelle Seigner, que tinha apenas 23 anos quando eles se casaram, em 1989 (ele tinha 56). Mas ele não era um pedófilo; não estava espiando pátios de escolas. Não era violento, não era rude; era, em grande parte, um homem egoísta e arrogante – e que nem sequer era um caso isolado, considerando-se sua posição e o momento cultural.

Fui recordada de quem Roman Polanski era naquela época quando li o livro seminal de Peter Biskind sobre Hollywwod no final da década de 1960 e durante os anos 1970, como *a gera-*

ção sexo-drogas-e-rock'n'roll salvou Hollywood – Easy Riders, Raging Bulls. Peter Bart, o produtor da Paramount que trabalhou com Polanski em *O Bebê de Rosemary*, o chamou de "um homem brilhante, o diretor mais letrado, com mais cultura que já conheci na vida. Mas... Estava sempre à beira do abismo". A vida não fazia sentido para ele. Então ele buscava prazeres, que eram uma coisa certa. Um desses prazeres eram meninas jovens. Robert Towne, roteirista de *Chinatown*, falava sobre reescrever o roteiro com Polanski em um hotel, e como brigavam por causa "das garotas que Roman levava para tirar fotos Polaroid mergulhando sem blusa do maldito trampolim. Era uma distração".

Já fui chamada várias vezes de defensora de Polanski, com a implicação de que devo ter sido manipulada por pessoas nefastas em posição de poder para ficar ao lado dele. Não estou pedindo desculpas por ele nem acho que sua arte de algum modo perdoa o que ele fez. (A verdade completa: nem mesmo gosto dos filmes dele.) Em grande parte, sou uma pessoa com o senso comum e a crença de que o motivo tem um papel no julgamento de um crime. Roman Polanski era um homem com tesão e drogado em 10 de março de 1977. É isso. Não acho que sua motivação fosse me machucar, mesmo que, inevitavelmente, tenha feito isso. Considero a integridade do nosso sistema judiciário muito mais importante do que a punição de um homem por um crime, mesmo que eu tenha sido a vítima.

Aqueles eram meus pensamentos. Enquanto muitos discordavam de mim, a prisão de Polanski e a tentativa de extradição da Suíça provaram ser um prato cheio para peritos e sabichões dos dois lados do Atlântico.

Para aqueles que o veneravam como artista... Bem, se Polanski já não era reverenciado o suficiente na França, a prisão e a tentativa de extradição o transformaram em mártir. Primeiro a Société des Auteurs et Compositeurs Dramatiques fez circular uma petição assinada por mais de cem pessoas da indústria do cinema, incluindo Martin Scorsese, Pedro Almodóvar e Woody Allen:

> *Ouvimos com surpresa as notícias da prisão de Roman Polanski pela polícia suíça em 26 de setembro, após sua chegada em Zurique (Suíça) enquanto seguia para o festival de cinema no qual receberia um prêmio por sua carreira.*
>
> *Sua prisão cumpre um mandado de captura norte-americano datado de 1978 contra o cineasta, em um caso de costumes.*
>
> *Cineastas na França, na Europa, nos Estados Unidos e por todo o mundo estão consternados com esta decisão. Parece inadmissível que um evento cultural internacional que homenageava um dos maiores cineastas contemporâneos seja usado pela polícia para prendê-lo.*
>
> *Por sua natureza extraterritorial, festivais de filme por todo o mundo sempre permitiram que trabalhos fossem mostrados e que cineastas os apresentassem de maneira livre e com segurança, mesmo quando determinados Estados se opunham a isso.*
>
> *A prisão de Roman Polanski em um país neutro, para onde ele presumia que podia viajar sem obstáculos, mina esta tradição: abre caminho para ações das quais ninguém pode saber os efeitos.*
>
> *Roman Polanski é um cidadão francês, um artista de renome internacional que agora enfrenta a extradição. Esta extradição, se ocorrer, terá consequências sérias e tirará sua liberdade.*

Cineastas, atores, produtores e técnicos – todos os envolvidos no cinema internacional – querem que Polanski saiba que tem o apoio e a amizade deles.

Em 16 de setembro de 2009, o senhor Charles Rivkin, embaixador norte-americano na França, recebeu artistas e intelectuais franceses na embaixada. Ele os apresentou à nova Ministra Conselheira para Relações Públicas na embaixada, a senhora Judith Baroody. Em perfeito francês, ela elogiou a amizade franco-americana e falou favoravelmente sobre o desenvolvimento de relações culturais entre nossos dois países.

Em nome dessa amizade entre nossos dois países, exigimos a imediata soltura de Roman Polanski.

Para mim, duas coisas se destacam nesta petição. Uma, que a única referência ao crime de Polanski é que foi um "caso de costumes". Um caso de costumes? Sério? Então este documento importante e tão cheio de si faz uma pausa para prestar tributo ao "perfeito francês" da ministra norte-americana. Se Polanski tivesse me estuprado em perfeito francês, toda essa chateação subsequente poderia ter sido evitada. *Vive la France!*

Bernard-Henri Lévy, escritor e filósofo francês, começou a própria petição de famosos bem-intencionados – todo mundo desde Salman Rushdie e Jean-Luc Godard até Diane Von Furstenberg. A prisão foi chamada de "linchamento judicial" por uma sociedade de cineastas poloneses. Páginas editoriais suíças fizeram um monte de *mea culpa* sobre como uma "armadilha" fora armada para o diretor naquele país. Os ministros do exterior francês e polonês levaram suas reclamações até a então secretária de estado Hillary Clinton, e, em uma entrevista em uma rádio estatal francesa, Bernard Kouchner, o ministro do exterior francês, disse que "francamente, este caso é um pouco sinistro". E Frédéric Mitterrand, o ministro da cultura francês, chamou a prisão de "insensível" e "absolutamente horrível". (Ele teve de recuar um pouco depois que as pessoas relembraram seu livro de memórias de 2005, no qual ele escrevera sobre a própria paixão por garotos menores de idade, os quais ele pagava para que fizessem sexo enquanto viajava pela Tailândia. *Vive la France encore!*)

Houve uma reação igualmente forte daqueles que queriam que Polanski voltasse aos Estados Unidos e estavam desgostosos com o apoio que ele tinha da elite intelectual. Katha Pollitt escreveu um artigo exaltado e amplamente lido na *Nation*.

> *É revoltante que superestrelas literárias que sempre tratam da dignidade humana, dos direitos humanos e até mesmo do direito das mulheres (pelo menos quando as mulheres são muçulmanas) ainda não enxerguem o que Polanski fez como estupro, ou não se incomodem com isso porque ele é, no final das contas, Polanski – um artista como eles próprios. Que alguns desses defensores sejam mulheres é particularmente decepcionante. Elas não veem que estão apoiando argumentos que culpam a vítima, minimizam o estupro e se curvam para inocentar o autor do crime? Erro da juventude, deve ter confundido a idade dela, putinha adolescente, mãe*

de atriz mirim – é isso que queremos que as pessoas pensem quando homens de meia-idade atacam estudantes do nono ano?

Nem todas as observações eram pesadas assim. De fato, quando deixei de escutar os comentários sérios – ouvindo os detalhes do caso sendo repetidos e exagerados ao extremo –, até que me diverti com as piadas, mesmo quando eu era o alvo delas. A mais engraçada veio de Chris Rock, no programa de Jay Leno: "As pessoas estão defendendo Roman Polanski porque ele fez alguns filmes bons? Está me zoando? Ele fez bons filmes há trinta anos, Jay! Nem mesmo Johnnie Cochran teria coragem de falar 'bem, viu O. J. Jogar contra o New England?'".

• • •

Durante tudo aquilo, tentei manter a cabeça baixa e ficar longe de toda a idiotice da imprensa. Nem sempre foi fácil. Por um lado, como eu disse anteriormente, havia câmeras posicionadas do lado de fora de minha casa. E não eram apenas as câmeras. Meu filho Alex se lembra de repórteres irem até ele e dizerem: "Olhe, vou lhe dar dinheiro se fizer uma declaração. Vinte pratas só para dizer 'sem comentários'". Em certo momento, meus filhos começaram a tirar fotos *deles*. Uma vez – naquele dia fatídico em setembro de 2009, depois da prisão de Roman –, mostrei o dedo para os fotógrafos. Não se deve fazer isso com paparazzi. Mas era como se minha mão estivesse possuída. Olhei para o meu terceiro dedo erguido pensando, *Você me traiu, York, Pensilvânia, eis meu "foda-se" para você.*

Era incrível o que a imprensa podia fazer para tentar me levar a criar notícias. Um dos tabloides britânicos ligou para Larry e disse que estava disposto a me pagar "dinheiro de verdade" por uma entrevista: 75 mil, 80 mil dólares. Para mim, era mais do que um ano de salário por uma hora de meu tempo. Eu precisava do dinheiro. Meus *filhos* precisavam do dinheiro. Pensei comigo mesma, se posso ser paga para dizer o que venho passando todo esse tempo, ótimo.

O jornalista do tabloide ligou uma e outra vez. Larry, como meu advogado e porta-voz, disse que eu estava disposta. Então veio isto: "Acabo de falar com meu editor na Inglaterra", o jornalista falou para Larry. "Se vamos pagar todo esse dinheiro, ela precisa dizer que está retirando o perdão a Polanski."

Primeiro: nunca usei a palavra *perdão* publicamente – o que eu fazia em meu coração era questão íntima. Mais importante ainda, enquanto eu lutava para entender e deixar para trás o que acontecera, nunca fui tão arrogante para sugerir que tivesse o poder de conceder "perdão". Perdão era para minha paz de espírito; tinha pouco a ver com ele.

Puxa, obrigada, mas não, obrigada.

Durante as semanas e meses após a prisão de Polanski na Suíça, eu mais uma vez me senti unida a este homem que era quase um estranho: em certo sentido, tanto Polanski quanto eu estávamos sendo mantidos presos contra nossas vontades. Era difícil não pensar nele na cadeia. Eu acordava de manhã, livre para fazer o que eu quisesse, enquanto ele estava trancado em uma cela. Eu achava que isso tudo era errado. Na verdade, fiquei aliviada quando ele foi para "prisão domiciliar" no chalé que possuía na Suíça.

Enquanto Larry trabalhava nos bastidores para me libertar daquele inferno, conseguindo um encerramento (o que significava fazer com que Polanski pudesse voltar aos Estados Unidos sem a ameaça de novo encarceramento), eu tinha o prazer de me ver sendo execrada pela imprensa. Eis o problema: eu não estava sendo uma boa vítima. Uma boa vítima pede ajuda e chora na TV e desfila por aí contando sua história de sofrimento para consumo do público. Dizem-nos que estamos "ajudando os outros" ao nos expor dessa maneira. O apetite do público pela infelicidade alheia exigia isso.

E eu não estava cooperando.

Jaclyn Friedman, editora do livro *Yes means yes! Visions of female sexual power & a world without rape*, fez um argumento apaixonado e, ainda assim, sensível, sobre por que Polanski devia ser preso, apesar dos meus desejos.

> *[...] o estupro não é um crime contra uma pessoa, e não devemos processá-lo a fim de satisfazer as necessidades ou os desejos de uma vítima. O estupro é um crime contra o tecido social que une todos nós. [...] Quando o autor do crime fica impune, todos nós ficamos menos seguros. Não só porque há mais um estuprador solto, mas porque essa falta de responsabilização manda uma mensagem para outros possíveis estupradores: vá em frente e estupre alguém, o resto de nós não se importa muito, desde que não seja conosco ou com alguém que amamos. Neste caso, podemos acrescentar uma ressalva: especialmente se você for rico, talentoso e tiver amigos poderosos.*

Esse é o motivo, Friedman sugere, pelo qual a parte queixosa em qualquer caso de estupro não é a vítima – é o governo. Casos de estupro são levados a cabo por um representante de todos nós, porque todos nós somos prejudicados quando alguém é estuprado.

Entendo isso. Também entendo que a punição deve ser dada de acordo com o crime. Polanski já cumprira pena – tanto na Califórnia quanto na Suíça. Quanto mais queriam? E me pergunto por que o que "eles" querem importa? Mais estranhos se metendo em minha vida!

Os meses de prisão de Polanski na Suíça, a batalha legal – tudo isso foi horrível. Os ataques de pânico e a insônia que sofri de tempos em tempos a vida toda retornaram com força total. Era cada vez mais difícil me concentrar no trabalho, e meu chefe, apesar de compreensivo, também estava preocupado. Eu tinha medo de perder o emprego – o que só fazia aumentarem a insônia e o pânico.

Como meu advogado, Larry apresentou uma "declaração da vítima" no tribunal de apelações apoiando a moção de Polanski para arquivar o caso contra ele. Acho que ele espertamente combinou meus pensamentos e desejos com um forte argumento jurídico formal. Eis um trecho:

> *Desde o início deste caso, Samantha Geimer tem tentado ser deixada em paz. Como é a vítima de um crime cometido por uma celebridade, isso não aconteceu. Depois de anos e anos sendo seguida, perseguida, caçada, fotografada e gravada aberta e sorrateiramente por centenas, se não milhares, ela foi advertida por*

um conhecido repórter que só se contasse sua história seria deixada em paz. Disseram-lhe que era seu silêncio que tornava a perseguição ainda mais intensa. Ela contou sua história e ainda é vítima de uma intensa curiosidade pública. Ao longo dos anos, por exemplo, seus filhos foram abordados na escola, amigos dela foram abordados para fotos ou comentários, repórteres e fotógrafos sorrateiros estacionaram do lado de fora de sua casa com buracos perfurados nos veículos, na tentativa de tirar fotos ou fazer vídeos dela. Seus filhos, em sua ausência, teriam sido presenteados por fotógrafos em busca de informação – diga a seu filho para jogar fora um brinquedo que ele ganhou. Em uma violação da ordem do juiz Rittenband, o promotor distrital consentiu em tornar público o testemunho do grande júri, para que o mundo pudesse conhecer os detalhes sensuais [sic], embora verdadeiros, do crime. Está agora na internet, para que o marido, a mãe e os filhos dela leiam.

Sempre que Polanski está nas notícias, os esforços de Samantha para ser deixada em paz são corrompidos. Isso acontece quando Polanski lança um novo filme, quando é considerado para uma indicação, por exemplo, ao Oscar. A vida de Samantha é significativamente alterada cada vez que a celebridade dele se torna mais pública. Acaba de acontecer novamente.

Em 26 de setembro de 2009, como o mundo sabe, Polanski foi preso na Suíça. A prisão novamente levou o foco da mídia para Polanski e, portanto, para Samantha. Contando Samantha e seu advogado, eles receberam quase 500 ligações telefônicas da mídia de todo o mundo em busca de um comentário, em busca de entrevistas, em busca de novas fotos, em busca de uma declaração, em busca de qualquer coisa que alimentasse o frenesi. À resposta "sem comentários" foi contraposta a oferta de dinheiro, e outras gratificações em troca de uma ou duas palavras ou de uma aparição de Samantha. A resposta tem sido: "Deixem-me em paz".

Mas eles não a deixarão em paz. A mãe dela tem sido seguida por órgãos de imprensa e paparazzi. *Os filhos de Samantha têm sido caçados por fotógrafos e repórteres. Em lugares onde tenta levar uma vida normal, como, por exemplo, um aeroporto, Samantha tem sido recepcionada por fotógrafos, repórteres e* paparazzi. *Cercam a casa dela, esperando pelo momento em que cederá à pressão e sairá para falar. Ligações, em todas as horas, invadem sua vida em casa, pelo celular e no local de trabalho. A vítima é novamente a vítima. A perseguição fez com que tivesse problemas de saúde. A perseguição tem causado problemas em sua atuação no trabalho, gerando um compreensível descontentamento por parte de seu empregador e a real possibilidade de que Samantha perca o emprego.*

Confrontada com as consequências econômicas de ficar desempregada na economia atual, mais uma vez a vítima está sendo vitimizada. Isso vem acontecendo há 32 anos. Todos afirmam que estão "fazendo seu trabalho", mas ela pode ficar sem trabalho Todos afirmam que estão agindo para reivindicar justiça, mas Samantha não vê justiça. Todos insistem que ela lhes deve uma história, mas a história dela continua a ser triste. Ela suporta esta vida porque um juiz corrupto compassivamente propiciou que Polanski fugisse. Não importa qual tenha sido o crime, ele tinha o direito de ser tratado com justiça; não foi. O dia em que Polanski fugiu foi um dia triste para a justiça norte-americana. Samantha não deve ser obrigada a pagar o preço disso. Ela vem pagando por um sistema judicial e processual falho.

Esta petição faz mais uma exigência, mais um pedido, mais um apelo: deixem-na em paz.

Quer você considere Polanski um monstro ou a vítima de um processo viciado, há uma coisa com a qual ambos os lados podem concordar: a perfídia de minha mãe e minha. Em um artigo no *Huffington Post* que começava com "Cansei dos suíços", Joan Z. Shore, uma expatriada que vivia na Bélgica e se autointitulava fundadora das Mulheres no Exterior pela Igualdade ("WOE", na verdade)[1], escreveu:

> *A modelo de 13 anos "seduzida" por Polanski fora empurrada para ele pela mãe, que queria vê-la no cinema. A menina estava apenas a poucas semanas do 14º aniversário, que é a idade de consentimento sexual na Califórnia. (Provavelmente, agora é 13!) Polanski foi demonizado pela imprensa, condenado, e conseguiu fugir, temendo uma sentença pesada. Conheci Polanski pouco tempo depois que ele deixou os Estados Unidos e estava filmando* Tess *na Normandia. Eu trabalhava no escritório da CBS News em Paris, e acompanhei Mike Wallace para uma entrevista de Polanski no set de filmagens para [o programa de TV]* Sixty Minutes. *Mike achava que encon-*

[1] *Women Overseas for Equality*, no original em inglês. A sigla, WOE, forma uma palavra que pode significar angústia, mágoa, aflição. (N. da T.)

traria o demônio encarnado, mas ficou completamente encantado pela sobriedade e inteligência de Polanski.

Ah, céus. Mas este é o nível da visão que se passa por jornalismo. Ele não podia ter estuprado aquela menina, porque ela, apesar de ter 13 anos, era uma vadia, e fora prostituída pela mãe ambiciosa e, além disso, todas as pessoas que fazem coisas erradas são estúpidas, feias e parecem criminosas. Shore não deixa que os fatos estraguem seu julgamento cruel, mas, para registro, a idade legal para consentimento sexual na Califórnia é 18 anos, e tem sido assim há mais de um século. Mesmo na Bélgica adotada por Shore, a idade para consentimento sexual é 16 anos.

Talvez a pancada mais perturbadora de um defensor de Polanski tenha vindo em outubro de 2009: uma entrevista com Gore Vidal feita por John Meroney, na [revista] *Atlantic*, logo depois que Polanski foi preso. Vidal e Polanski eram amigos em Hollywood.

MERONEY: *Na época do incidente original, você estava trabalhando no ramo, e você e Polanski tinham um amigo em comum, o crítico de teatro e produtor Kenneth Tynan. Então, qual sua opinião sobre Polanski, tantos anos depois?*

VIDAL: *Na verdade, não dou a mínima. Olhe, por acaso vou sentar e chorar toda vez que uma jovem prostituta sentir que tiraram vantagem dela?*

MERONEY: *Eu certamente nunca ouvi falar desse lado da história antes.*

VIDAL: *Primeiro, eu estava no meio de tudo aquilo. Naquela época, todos estávamos. Todo mundo conhecia todo mundo. Havia uma história totalmente diferente naquela época, que não se parece com nada com a que está sendo contada agora.*

MERONEY: *O que quer dizer?*

VIDAL: *A mídia não consegue fazer nada direito. Além disso, há em geral uma coisa antissemita e antigay acontecendo com a imprensa – muitas coisas malucas. A ideia de que essa menina estava em seu vestido de comunhão, um anjinho todo de branco, sendo estuprada por esse judeu horrível, polaco – é como as pessoas o estão chamando –, bem, a história é totalmente diferente agora do que era naquela época.*

Então, para os apoiadores de Polanski, eu era uma vadia e um impedimento para a grandeza dele. E quanto a seus detratores? Bem, se os apoiadores de Polanski achavam que eu era uma puta, os detratores de Polanski achavam que eu era uma coitada. Como uma maquiadora me disse antes que eu aparecesse no *Good Morning America*, da ABC, para explicar por que achava que Polanski não deveria ser extraditado: "Ah, coitada, coitadinha". Sei que ela só estava tentando ser gentil, mas eu era uma "coitadinha" porque fora estuprada quando criança? Eu seria agora e para sempre uma "coitadinha"?

Eu disse para ela que estava bem. Mas podia sentir a pena dela e não gostei disso.

Aqui também Nancy Grace foi particularmente memorável.

A vampira loira que come misérias no desjejum estava positivamente radiante na época da prisão de Polanski. Polanski, ela disse, "nunca mais veria a luz do dia" depois que fosse extraditado e mandado para sempre para a prisão. Grace vilipendiou os apoiadores do cineasta e zombou da ideia de que houvera alguma má conduta judicial, em 1977, quando interrogou Carmen St. George, uma advogada de defesa, em seu programa, em setembro de 2009.

GRACE: *Não há nada provado sobre uma irregularidade. De fato, [...] a única coisa que sabemos com certeza é que Roman Polanski, um famoso diretor de cinema de Hollywood, admitiu sob juramento ter estuprado uma menina de 13 anos. Sabemos apenas isso. [...] Então você está dizendo que porque o caso é muito antigo, porque ele está vivendo em uma mansão na Europa, devemos simplesmente nos esquecer disso tudo, que isso é um problema e que a Dona Justiça deveria simplesmente pegar as malas e ir para casa?*

Não era o que St. George estava dizendo, mas isso não importava para Grace. Mais tarde, no programa, ela falou com a doutora Evelyn Minaya, especialista em saúde da mulher.

GRACE: *Moças e mulheres lembram em todos os momentos de sua vida que foram estupradas quando crianças. Esta é uma criança, uma menina de 13 anos. Isso as afeta para sempre.*

MINAYA: *Para sempre. E não só isso, há os aspectos físicos tam-*

bém. Lembre-se, ela passou por sodomia. Você sabe que isso a coloca sob um risco maior de ter câncer anal no futuro, sem contar todas as outras ramificações psicológicas que vêm com isso, imagine só.

E o show seguiu nessa toada. Eu estava acostumada a ter meu caráter caluniado por causa do estupro. Mas agora me diziam que, por causa do estupro, era mais provável que eu tivesse câncer. Que bom. O que vinha a seguir?

Eu queria gritar para a televisão: estou parada bem aqui, posso ouvir você!

Em outro programa, Grace se referiu a mim como uma "vítima fraca", que não conseguia se levantar por conta própria. Ela chamou a si mesma de "defensora da vítima". Em outras palavras, ela precisava de um estoque de vítimas para defender. Sem vítimas, não havia ramo de defesa das vítimas. Não posso ajudá-la quanto a isso, Nancy Grace. Eu era a vítima de um crime – sou e sempre serei vítima de estupro. Mas não sou vítima como pessoa. Sou uma mulher forte que escolheu se identificar por seus pontos fortes, seus interesses, sua família e sua aversão por moscas varejeiras que querem se apropriar de sua vida para seus próprios interesses. Não estou disponível para você, Nancy Grace; vá vitimizar outra pessoa.

E então havia aquele outro abutre do drama, o doutor Phil McGraw. Li que ele disse que eu era um caso clássico de culpa da vítima, e que gostaria de me ajudar. É esse tipo de atitude paternalista que faz com que vítimas de estupro pensem para sempre que *devem ter* algo pelo que se sentir culpadas. Dr. Phil, você está confundindo orgulho de sobrevivente com culpa de vítima. Mas não há dinheiro no orgulho do sobrevivente, há? Obrigada pela oferta. Vou recusar por enquanto, mas, se algum dia achar que preciso da ajuda de um apresentador de TV, meu pessoal entrará em contato com seu pessoal.

• • •

Em 12 de julho de 2010, nove meses depois da prisão domiciliar de Polanski, o ministro da justiça da Suíça emitiu um comunicado que garantiu que a cabeça de Nancy Grace explodisse: "O diretor de cinema franco-polonês de 76 anos, Roman Polanski, não será extraditado para os Estados Unidos", o ministro disse em um anúncio na segunda-feira. "As medidas de restrição de liberdade contra ele foram revogadas."

Eu fiquei muito satisfeita, porque os últimos meses haviam me desgastado. Agora, eu esperava, a imprensa pararia de me perseguir. Eu tiraria minha fantasia de Menina Estuprada e voltaria para minha vida maravilhosamente comum – minha família, meus animais, meus filmes de terror. (Algumas pessoas gostam de encenações sobre a Guerra Civil; minha família e eu éramos mais adeptos das encenações do apocalipse zumbi no Halloween.) Estava muito feliz que Polanski tivesse sido solto, embora ficar na bela casa em Gstaad não fosse exatamente estar na baía de Guantánamo. Mas não estava acabado. O escritório do promotor distrital do condado de Los Angeles continuou estragando o caso.

Antes do fracasso épico de Cooley, o cenário deve ter parecido uma barbada. A Suíça havia entregado outros fugitivos da justiça norte-americana no passado, e este caso era claro. Bem, não exatamente. Por um lado, a Suíça tem critérios muito específicos para extradição. A pessoa só pode ser extraditada se tem seis meses ou mais para cumprir de sentença em seu país natal, e a corte não estava convencida de que Polanski tinha seis meses para cumprir quando retornasse. É claro, ninguém sabia – em primeiro lugar, fora a própria ambiguidade da sentença que fizera Polanski fugir em disparada –, mas as autoridades suíças observaram que provavelmente Polanski não teria mais de seis meses porque, no ano em que o diretor fora condenado, nenhuma pessoa na Califórnia cumpriu pena de seis meses por relação sexual ilegal. De fato, poucos cumpriram mais do que dois meses. Polanski também corria risco por sua fuga ilegal, mas ninguém poderia prever que sanções seriam essas. E, mesmo sob a lei da Califórnia, ninguém pode ser condenado até ser considerado culpado.

A principal razão para a recusa da Suíça em entregar Polanski, no entanto, foi a recusa da promotoria distrital em entregar uma testemunha chave. Em janeiro de 2010, Roger Gunson – que tivera graves problemas de saúde – deu um testemunho sob sigilo para ser usado caso estivesse doente demais para comparecer à corte. A equipe de Polanski, assim como Larry e eu, queríamos que o testemunho de Gunson fosse entregue, já que acreditávamos que revelaria informações vitais sobre o juiz Rittenband e a má conduta judicial na década de

1970. Não estava claro como isso poderia ter afetado o caso, mas imagino que teria sido bem embaraçoso para a Suprema Corte do Condado de Los Angeles.

A equipe de advogados de Polanski reclamou que o escritório da promotoria estava fornecendo às autoridades suíças informações "falsas e materialmente incompletas". Mesmo assim, o juiz da Suprema Corte de Los Angeles, Peter Espinoza, rejeitou o pedido dos advogados de defesa para suspender o sigilo do testemunho – e aquilo praticamente assegurou a liberdade de Polanski.

Cooley ficou furioso. "Justificar a decisão de negar extradição com uma questão que é exclusiva à lei da Califórnia no que diz respeito ao exame condicional de uma testemunha potencialmente indisponível é a rejeição da competência dos tribunais da Califórnia", ele disse em uma entrevista coletiva. "Os suíços não podiam ter encontrado um gancho menor no qual pendurar o chapéu."

A Suíça via de forma diferente. Parecia que os Estados Unidos tinham algo a esconder. Tinham. E ainda têm.

Havia apenas duas pessoas envolvidas no meu estupro em março de 1977 – o autor do crime, Roman Polanski, e eu. Desempenhei meu papel – eu era a criança que foi estuprada. Polanski desempenhou o dele – me agrediu, foi preso e acusado. E devia ter sido isso. Ainda assim, embora eu só tivesse 13 anos, sabia que aquilo tinha se transformado em algo muito maior do que o ocorrido naquela noite. E, de algum modo, o que acontecera, por pior que fosse, não seria tão mau quanto o que estava por vir.

Eu esperava estar errada. Tinha de estar errada, certo?

Então corri para o monstro de duas cabeças do sistema de justiça criminal da Califórnia, e seus atores corruptos cujo desejo por publicidade se sobrepunha às preocupações com a justiça. Para ser justa, havia aqueles que achavam que a lei devia ser aplicada independentemente das consequências para a vítima. Para mim, as consequências de as leis do estupro serem aplicadas vigorosamente em Polanski significariam que eu seria exposta ao exame agressivo, danoso e contraditório dos advogados de Polanski, que queriam mostrar que o caso nunca ocorrera, ou que eu era algum tipo de sedutora trapaceira de 13 anos e que, por isso, a história não era grande coisa. Meu caso seria julgado não só pela corte, mas também na mídia. Todas as histórias sobre mim seriam contadas e recontadas. Meu crime? Ser vítima de um crime de estupro de uma celebridade de Hollywood. Percebo que há pessoas que, em busca de atenção e notoriedade, não têm vergonha. Afinal, a fama de Kim Kardashian e Paris Hilton está não no canto, na dança ou na atuação, mas em sua capacidade de fazer uma fita de sexo ardente. Eu as admiro por fazer o melhor de uma situação desconfortável, e se conseguem aguentar o tranco, ótimo para elas. Mas não é tão fácil quanto parece.

• • •

Larry e minha família concordaram que proteger a vítima – eu – era mais importante do que Polanski ser processado na extensão total da lei. Fomos obrigados a lutar para conseguir que ele confessasse a acusação menos séria para evitar que eu fosse estampada em todos os tabloides do país. E então tivemos que lutar de novo, recentemente, quando, sem que me fosse feita nenhuma consulta, os esforços foram renovados para extraditar Polanski para os Estados Unidos. E, a propósito, nem mesmo em 1977 foi uma decisão difícil. Minha família nunca pediu que Polanski fosse punido. Só queríamos que a máquina jurídica parasse.

Eu era jovem durante o circo montado ao redor do estupro no final da década de 1970, e dependia dos cuidados de meus pais e de meu advogado. Agora, trinta e cinco anos depois, tenho minha própria opinião, desenvolvida após um longo período de reflexão, para me guiar. Polanski cometeu um erro terrível, agravado pela fuga do país. Por outro lado, fora publicamente exposto como estuprador, sua carreira estava comprometida e vivera como exilado dos Estados Unidos, o centro do universo do cinema. Punição suficiente? Há divergências quanto a isso. Mas, para mim, é a pergunta errada. Não estou interessada em punição; estou interessada em justiça. E justiça, acredito, começa com o interesse das vítimas – particularmente quando está claro que o autor do crime não é uma ameaça para o resto da sociedade.

O bafafá ao redor da extradição de Polanski se tornou cada vez mais curioso. Simplesmente não havia dúvidas de que Rittenband, o juiz que originalmente presidiu o caso, era um descarado buscador de publicidade. O promotor distrital David Well admitira ter mentido. Mesmo assim, parecia que nada disso seria investigado até a rendição de Polanski.

Não acho que essa seja a maneira como nosso sistema foi planejado para funcionar. Temos um Departamento de Justiça, não um Departamento de Punição. Temos a Senhora Justiça, não a Senhora Punição. Ela segura uma balança; acredito que isso indique equilíbrio. Não um equilíbrio entre direitos da vítima e publicidade para o juiz. Não um equilíbrio entre os direitos da vítima e uma licença para mentir para o promotor distrital. Não um equilíbrio entre os direitos da vítima e a ambição de um funcionário público. Se deve existir algum equilíbrio, deve ser entre os direitos da vítima (para acabar com seu sofrimento) e os interesses do estado (em punir o crime), com ênfase em proteger os inocentes.

Como o estado da Califórnia pode se recusar a investigar a má conduta de um juiz e de um promotor porque uma celebridade infringiu a lei? Os oficiais da corte não deveriam manter um padrão mais alto? Pedi investigação do que ocorreu a portas fechadas no tribunal em 1977 e 1978. Como vítima, a Carta de Direito das Vítimas da Califórnia me garante algumas considerações. Mas o escritório do promotor distrital se recusa a conceder-me qualquer uma delas. Em vez disso, inescrupulosamente me tira esses direitos. Trata meus direitos como privilégios que precisam ser conquistados. E eu os conquisto apenas me submetendo. Devo seguir suas regras não escritas, enquanto eles não seguem nem mesmo as próprias leis. A ofensa que sofreram com a fuga de Polanski supera tudo. Meus direitos como cidadã e como vítima, a má conduta dos oficiais da corte, tudo isso é deixado de lado porque a lei deve ser aplicada, primeiro, a Polanski. Por quê? Justiça aplicada de forma seletiva, aplicada segundo a vontade do escritório do promotor distrital. Por quê?

Punir Polanski pelo que fizera comigo era apenas uma entre várias motivações, e uma relativamente menos importante. Havia preocupações muito mais prementes: política, negócios, espetáculo.

A analogia que sempre me vem à mente quando penso no jeito como fui tratada é a seguinte: e se, em vez de ter sido estuprada, eu tivesse sido ferida de outra maneira? Vamos dizer que eu tivesse um corte realmente feio no braço, que tivesse sido coberto com um curativo e que mal começasse a sarar. Seria apropriado se alguém me dissesse: *uau, você vai me contar tudo sobre como isso aconteceu? Pode tirar o curativo para que eu possa dar uma olhada? Parou de sangrar, dá para apertar um pouquinho para que comece a sangrar novamente? Dói mais agora?* É assim que parece para mim, de qualquer modo.

O caso Polanski não é um bom, nem mesmo um mau, exemplo de justiça. De certa forma, é o oposto de justiça. Justiça não é destinada para entretenimento ou para o enriquecimento de funcionários públicos, peritos e meios de comunicação. Não acredito que punição e espetáculo possam ser substitutos de justiça. Não acredito que regras e leis para o próprio bem são mais importantes do que justiça. Não acredito que regras e leis aplicadas no vazio, a fim de apoiar um ponto de vista estreito, representem justiça.

Como eu estava exigindo justiça para a vítima, teria sido hipócrita não exigir também justiça para o réu. Justiça equivale a um tratamento igual para todos os envolvidos. Polanski e eu somos seres humanos, não instrumentos da política, e nenhum de nós deve ser indevidamente usado pelo sistema. Pode parecer estranho que eu faça campanha por justiça para Roman Polanski, o homem que foi, naquele período de tempo, tão egoísta e preocupado com o próprio interesse. Mas é mais bizarro para mim que o sistema seja tal que, neste caso, de todo modo, a única maneira de conseguir justiça para a vítima seja pedir isenção de punição para o criminoso. Não é perfeito. Mas está certo.

• • •

Em abril de 2013, o Coletivo Feminista de Londres fez um protesto em uma retrospectiva dos filmes de Polanski no British Film Institute (BFI). As mulheres marcharam com cartazes que diziam coisas como "Polanski ainda está na ativa / Mas isso não incomoda o BFI" e colocaram lado a lado fotos de Polanski e de Jimmy Savile, o artista britânico sagrado cavaleiro, agora falecido, que foi recentemente descoberto por ter molestado sexualmente centenas de crianças. (Cartaz: "Participaria de uma temporada de Savile?".) O Coletivo soltou uma declaração para a imprensa que dizia, em parte: "O British Film Institute se juntou à minimização do crime de Polanski, ao organizar uma retrospectiva de seu trabalho sem nem mesmo mencionar que ele também é um estuprador de criança condenado [sic]. [...] A defesa 'ele é um artista' é usada toda vez que essas questões são levantadas e continua sendo um lixo completo. Ser um 'artista' nunca foi desculpa aceitável para um homem adulto abusar de uma criança, e nunca deveria ser."

Esse é um argumento válido, é claro, e eu estou totalmente de acordo – quem não estaria? Só não quero ser a criança do pôster anti-Polanski, usado segundo a conveniência de alguém. Por um lado, ainda anseio por um pouco de privacidade, e lutaria para que qualquer vítima mantivesse a sua. Por outro lado, meu caso é complicado demais e muito cheio de nuances para servir como exemplo. Eu me ressinto de ser apropriada para campanhas e causas de outras pessoas. Se você quer de verdade realizar algo bom, comece de um bom lugar: garanta a cooperação daqueles que você quer ajudar; não os explore.

Há alguns dias, eu estava no YouTube e topei com um divertido comercial de televisão que, por acaso, era dirigido por Polanski. Era uma paródia de comercial de perfume, no qual Natalie Portman e Michelle Williams, vestidas como cortesãs francesas, parecem estar em um clima romântico, mas acabam em uma luta corporal por um perfume chamado "Greed" ["Ganância"]. Era como um quadro bobo do *Saturday Night Live,* e eu estava prestes a ver alguma outra coisa quando, espremido entre os comentários aleatórios sobre o comercial, estava isto: "A garota que afirmou que Polanski a sodomizou é uma mentirosa e uma fraude. Assim como aquelas duas outras pessoas que afirmaram a mesma coisa em 2010". Nada a ver com o comercial. Nada a ver com nada. Mas é como uma resposta pavloviana às palavras "Roman Polanski". A resposta tanto pode ser "Ele é um pedófilo" quanto "Ela é uma puta".

Estamos em 2013, e ainda tenho de me conter sempre que vejo o nome dele.

Não há final à vista para a controvérsia que cerca Roman Polanski. Em parte, é porque a tintura do tempo não limpa magicamente a mancha do estupro. Mas também é porque não há fim para a controvérsia sobre o ato em si – o que é, quando acontece, quem define. A mais íntima das trocas humanas – sexo, e suas derivações grotescas como o estupro – será analisada e debatida para sempre. E afiliações políticas não necessariamente preveem opiniões sobre o assunto. No programa de TV *The View*, a muito liberal Whoopi Goldberg notoriamente argumentou que o que aconteceu comigo podia não ser "estupro-estupro". Não fiquei ofendida, mas tive que dar uma gargalhada. Ah, meu Deus, Whoopi, sua audiência não vai ficar satisfeita por você ter dito isso! E não ficou. Mas até mesmo conservadores ficaram ofendidos quando partidários republicanos começaram a usar termos como "estupro legítimo" e "estupro honesto" durante a campanha de 2012. Como se vê, estupro não é uma questão que se presta à análise ideológica fácil e previsível.

Não posso deixar de pensar, também, nas normas sexuais das décadas de 1960 e 1970 em relação às de hoje. O artigo da

New Yorker sobre o escândalo de abuso sexual na Horace Mann School, discutido anteriormente, cita Gary Alan Fine, um pós-graduado de 1968 e sociólogo na Universidade Northwestern. "Era final da década de 1960, e o que agora consideramos estupro ou assédio sexual não significavam a mesma coisa naquela época de despertar sexual", Fine disse. "Se você é uma pessoa poderosa e faz coisas às quais as outras respondem por causa de seu poder, você pode se convencer de que elas realmente o amam e que isso é entre dois iguais." Amor não era uma questão em meu caso, mas o ponto dele é bem colocado. Os poderosos estão acostumados a serem queridos. Tomam isso como seu direito.

Em 2009, depois do lançamento de *Procurado e Desejado,* Polanski me escreveu este bilhete:

Querida Samantha,

Assisti ao documentário de Marina Zenovich pela segunda vez e achei que devia escrever este bilhete para você.

Quero que saiba o quanto sinto por ter afetado tanto sua vida. Vendo você no filme, fiquei impressionado com sua integridade e inteligência. E, você está certa, deviam dar um tempo para sua mãe! A culpa foi minha, não de sua mãe. Espero que a pressão da mídia tenha diminuído e que sua família lhe traga muitas alegrias.

Com meus cumprimentos,

Roman Polanski

Este bilhete foi escrito quando Polanski tinha os próprios filhos. Talvez, ser pai de um adolescente tenha colocado os acontecimentos do filme em perspectiva para ele. Não mudou nada para mim, mas pude ver o efeito que teve em minha família, em especial em minha mãe. Significou muito para eles, e foi um alívio vê-los deixar de lado um pouco daquela dor e raiva.

De muitas formas, tenho sido uma mulher de sorte. Por um lado, nunca me ensinaram que sexo era uma coisa má – era algo natural que você devia olhar de frente algum dia. Se foi porque cresci em uma época permissiva, se foi a atitude de meus pais ou apenas minha natureza – nunca me senti suja ou profundamente envergonhada porque alguém fez sexo comigo contra minha vontade. Posso ter me sentido meio estúpida, mas nunca achei que havia algo fundamentalmente errado comigo. Isso não é pouca coisa; para uma vítima de estupro, pode ser uma questão de vida ou morte.

Recentemente estava lendo sobre Elizabeth Smart, a menina que aos 14 anos foi raptada de sua casa em Salt Lake City, mantida cativa nas montanhas e abusada por nove meses. Quando falou em um painel na Universidade Johns Hopkins, ela explicou que um dos fatores chaves para que não tentasse escapar de seu atacante era que havia sido ensinada, através de uma educação sexual baseada exclusivamente em abstinência, que seria inútil depois de estuprada – que não estava em condições de retornar à sociedade.

– Eu me lembro de uma vez, na escola, que tinha uma professora que estava falando sobre abstinência – Smart disse no painel. – E ela falou "Imagine que você tem um chiclete. Quando começa a fazer sexo, é como se estivesse mastigando o chiclete. Se faz isso muitas vezes, começa a se tornar um pedaço de chiclete velho, e quem vai querer você depois disso?". Bem, isso é terrível. Ninguém deveria dizer isso. Mas, em meu caso, eu pensei: "Sou aquele pedaço de chiclete mascado". Ninguém quer um pedaço de chiclete mascado. Você o joga fora. E é fácil assim sentir que você não vale mais a pena. Que sua vida não tem mais valor.

Concordo com Smart. Como sociedade, estamos constantemente dando dicas às jovens sobre como permanecer em segurança: não saia tarde da noite, vista-se de maneira discreta, não saia sozinha, não beba e não faça sexo antes do casamento. Embora eu certamente entenda por que falamos essas coisas para as mulheres, e até mesmo pense que podemos fazer certas escolhas de bom senso que nos impeçam de ter experiências sexuais das quais vamos nos arrepender, não podemos mandar a mensagem que, quando algo tão grotesco quanto um estupro acontece, *você mereceu.*

O efeito duradouro de minha experiência com Polanski não foi trauma, seja psíquico ou físico. Tem sido um desejo de manter e nutrir uma conexão real – com amigos, família, marido, até mesmo com os "ex". (Sou amigável com todos com quem já me envolvi, acho – são todos como personagens no livro da vida de uma pessoa, e você não quer colocar o livro de lado sem saber o que acontece no fim!) E talvez minha experiência também tenha criado em mim uma empatia e, algumas vezes, até mesmo o desejo de estender a mão para mulheres que são vítimas em casos criminosos de muita publicidade. Dói em mim pensar no que elas estão passando, *além* da própria experiência do crime. Lembro-me, por exemplo, de ouvir dizer que a jovem mulher que acusou Kobe Bryant recebeu ameaças de morte. Ela era a má por contar à polícia o que acontecera?

Neste ano, me senti compelida a escrever para a menina de 16 anos estuprada por dois jogadores de futebol da escola em Steubenville, Ohio. (Não sei quem ela é, é claro; mandei a carta por meio de Mike Dewine, promotor geral de Ohio.)

26 de março de 2013

Querida "Anônima",

Meu nome é Samantha Geimer e, em 1977, eu também fui anônima. A maciça cobertura da mídia cercando você me tocou, e quis me aproximar, entendendo como é ser o centro de um caso famoso de estupro, sendo tão jovem.

Fui estuprada por Roman Polanski, apenas duas semanas antes do meu 14º aniversário, e terminei no centro de um caso muito famoso, que me segue até os dias de hoje, dada a natureza da fama de Polanski.

Só queria dizer que as coisas vão melhorar e que você ficará bem. Talvez não neste momento, talvez não todo o tempo ou de uma vez, mas você passará por isso e ficará mais forte. Lembro-me de como fiquei zangada ao ver e ouvir todas as mentiras contadas a meu respeito, todas as mentiras sobre o que acontecera e até mesmo mentiras sobre Roman. É difícil acreditar que tanto do que se vê e ouve na mídia pode ser falso, mas é assim. Eu me perguntava por que pessoas que não tinham nada a ver com o assunto tinham opiniões e sentimentos tão fortes em relação ao ocorrido. Eu me senti usada pela mídia, por pessoas que fizeram a vida a partir de meu infortúnio.

Pode ser confuso, você sabe que não é sua culpa, entretanto você pode ainda assim culpar a si mesma por se colocar no lugar errado, na hora errada. Você sabe que aqueles garotos mereceram a punição que receberam, mas de algum modo ainda se sente mal por saber que estão na cadeia. Tenho tentado encontrar um equilíbrio. Saber que a culpa não é minha, é só de meu estuprador, de certo modo faz com que me sinta impotente. Então também posso olhar para trás e perceber que, embora tenha tomado algumas decisões pouco sábias naquele dia, eu não deveria me sentir culpada ou responsável. Eu me sinto menos vítima desse jeito. Esta sou eu, no entanto; você vai encontrar um jeito de encaixar todo esse horror em sua vida e seguir em frente.

No fim, você não é uma vítima, é uma sobrevivente. Você é uma de muitas e está em muito boa companhia. Vergonha e embaraço impedem que as pessoas falem sobre essas coisas; deixam esse tipo de abuso escondido nas sombras. Você devia saber que sua história jogou luz em alguma coisa que as pessoas precisavam ver e sobre o que precisavam conversar. Alguém aprendeu alguma coisa e não vitimou outro alguém por causa da publicidade que você tem sofrido. E, por causa de tudo que sua família tem passado, certamente alguma coisa boa virá para alguém, em algum lugar, quando outra pessoa talvez hesitar e não machucar alguém.

Principalmente, só quero que saiba que não está sozinha. Enquanto isso desaparece até se tornar uma lembrança muito, muito distante, você não está sozinha. Nós, sobreviventes, somos muitos, e somos fortes. E, o mais importante, estamos por perto e a compreendemos.

Espero que o futuro lhe traga muitas coisas maravilhosas; você não tem de deixar que isso a puxe para baixo. Vai melhorar, e você ficará bem.

Sinceramente,
Samantha Geimer

CAPÍTULO 16

Este livro quase não existiu. Nunca tive vontade de contar minha história inteira; só queria que a história sumisse. Não que não tivesse pensado nisso. Recebi consultas e ofertas regularmente desde 1977. E houve momentos em que fiquei tentada. Teria sido bom ter o dinheiro, e teria sido bom ter um púlpito para fazer os registros corretos. A controvérsia que veio em ondas ao longo dos mais de trinta anos desta história causou grande dor e ansiedade em mim e, pior, em minha família. Chamar mais atenção sobre nós escrevendo um livro sobre o assunto teria sido muito doloroso para mim e muito abusivo para aqueles que amo.

Mas então veio o documentário de Marina, *Procurado e Desejado*. O jeito como ela colocou tudo de modo tão simples e perfeito nos deu a chance de compreender. Finalmente pudemos dizer: "É isso, é isso o que realmente aconteceu". E depois da prisão de Polanski e do pesadelo que se seguiu, meus filhos começaram a ver as coisas de outro jeito. Quando eram garotos, devem ter ficado embaraçados com a atenção; agora, como homens, estavam zangados. Eles basicamente se juntaram ao resto da família dizendo: "Ok, vamos atrás deles". Eu estava pronta também.

Toda vez que procurava um artigo, uma notícia ou uma reportagem sobre Samantha Geimer, eu encontrava uma pessoa diferente. Havia "Samantha, a vadia", que usara seu charme para atrair o pobre Roman Polanski até sua teia de perversões. Havia "Samantha, a abusada", cuja ambição materna avançou até oferecer a filha núbil para o poderoso diretor. Havia "Samantha, a vítima", que se odiava e que desculpou a si mesma e não conseguia ver nada errado com seu agressor. E ali estava "Samantha, a vítima fraca". Nunca encabecei a história; estava sempre reagindo aos retratos de uma dessas Samanthas.

A maior parte do que minha família, o querido, brilhante e essencial Larry e eu trabalhamos dentro e fora da corte, todos esses anos, foi voltada para garantir privacidade. Infelizmente, todas essas falsas Samanthas ainda vazavam. Eu estava pronta para aparecer. Aparecer como eu mesma.

A disciplina de reviver todos esses anos – algumas vezes frustrante, algumas vezes triste – trouxe novas perspectivas, novos entendimentos, particularmente em relação a uma compreensão maior do próprio Roman Polanski. Por mais diferentes que nossas vidas tenham sido, compartilhamos da sensação de fadiga da batalha quando se trata do sistema judicial e da mídia. Ambos fomos punidos. Ambos queremos ir em frente.

Ambos podemos ser considerados vítimas. Não posso falar por Roman; quanto a mim... Não, obrigada. A palavra *vítima* vem do latim e significa a pessoa ou animal sacrificado com algum propósito religioso. Ao longo do tempo, passou a significar a pessoa que sofre um acidente ou incidente que a deixa machucada e comprometida de alguma maneira. Imagino que deva ser terrível ser vítima. Digo isso por uma razão. Faz-me lembrar de um dos princípios básicos de minha vida – um que desejo compartilhar com todos aqueles que me chamaram de "vítima fraca". Se atravessar a vida carregando ódio no coração, você na verdade só vai se machucar. Eu não o perdoei por ele, fiz isso por mim. Perdão não é sinal de fraqueza. É sinal de força.

POSFÁCIO

Por Lawrence Silver

Trinta e seis anos

Ser advogado de Samantha Geimer tem sido um desafio interessante e gratificante. Quando comecei a representá-la, ela estava com 13 anos, e minha missão era clara e simples: manter sua identidade como vítima de estupro o mais confidencial possível. Os pais de Samantha acreditavam que o anonimato era essencial para sua saúde mental, e que ela deveria poder levar uma vida o menos afetada possível pelos atos criminosos de Polanski. O objetivo teria sido realista se o caso tivesse terminado em 1978. Mesmo com a celebridade de Polanski, o intenso interesse em Samantha provavelmente teria desaparecido completamente. Mas o objetivo nunca foi verdadeiramente alcançado uma vez que Polanski, de modo compreensível, fugiu do país depois que o juiz Rittenband cedeu à pressão da mídia e renegou o acordo de sentença. Aquele voo deu asas (por assim dizer) ao caso. Levou a trinta e seis anos de foco em Samantha e a trinta e seis anos de tentativas minhas de protegê-la. No princípio, a família de Samantha não estava interessada em colocar Polanski em nenhum litígio civil legal porque, entre outros motivos, aquilo significaria revelar a identidade dela. Nenhuma quantidade de dinheiro de Polanski valeria aquele preço.

Mas as coisas mudaram. Polanski publicou um livro de memórias no qual não apenas defendia seu comportamento ilegal como procurava lucrar com isso. Além disso, Samantha crescera e, embora ainda quisesse evitar atenção, estava mais forte. Esses fatores contribuíram para a decisão de processá-lo. Ainda que houvesse o risco de exposição, podíamos levar a questão a um juiz privado e mover a ação usando um nome anônimo, Jane Doe.

Meu papel neste livro foi bem limitado. Esta é a história de Samantha, mas, desde logo depois do estupro até agora, tenho estado a seu lado nesta jornada. Eu lhe forneci as informações sobre os acontecimentos judiciais e ajudei a refrescar sua memória, especialmente sobre os primeiros anos. Lembre-se, a recordação de Samantha sobre aqueles acontecimentos, acontecimentos estes ainda perturbadores de se contemplar, era a recordação de uma criança de 13 ou 14 anos.

Dois itens relativos ao litígio não foram discutidos no livro de Samantha e são, penso eu, particularmente interessantes para aqueles que acompanharam o caso.

Primeiro, as fotografias tiradas por Polanski no dia do crime; segundo, a recente alteração na constituição da Califórnia que proporciona certos direitos à vítima de atividade criminosa.

Fotografias

Depois que a mãe de Samantha fez o boletim de ocorrência, a polícia conseguiu um mandado de busca para Polanski e seu quarto no Beverly Wilshire Hotel. Aparentemente, depois que tirou algumas fotos de Samantha nas casas de Jacqueline Bisset e de Jack Nicholson, Polanski tirou o filme usado da câmera e colocou um novo, para tirar mais fotos. A polícia confiscou a câmera com o filme inacabado dentro. O filme na câmera foi revelado e impresso pelo departamento de polícia. É quase cômico pensar agora, mas o orçamento do departamento de polícia não permitia a revelação colorida, mais cara. Então, você verá que as fotos neste livro nas páginas 60 a 62 são bem terríveis, em preto e branco. Os negativos têm um considerável sombreamento, o que dá riqueza às cores. Em preto e branco, as imagens parecem apenas sombrias. A polícia nunca recuperou o primeiro rolo de filme.

No litígio civil, exigi todas as fotografias de Samantha. Polanski devolveu as revelações daquele primeiro rolo, que não fora visto. Mas eu acreditava que havia mais coisa. O que aconteceu foi o seguinte: ao executar o mandado de busca, a polícia não percebeu a importância de um recibo/comprovante de solicitação do departamento de fotografia da Sav-On Drugs. Anos mais tarde, me contaram que Polanski deu o recibo ao seu advogado, e ele retirou o rolo revelado e os negativos da drogaria. Durante o processo civil, o advogado dele devolveu aquelas fotos para mim. Aquelas fotografias, importantes tanto do ponto de vista jurídico quanto histórico, provavelmente nunca teriam sido descobertas se não fosse o processo civil.

Carta de Direito das Vítimas

Em 2008, os eleitores da Califórnia aprovaram a Lei de Marsy, que emendou a constituição da Califórnia para acrescentar uma cláusula conhecida como Carta de Direito das Vítimas. Como descrito no site da Procuradoria Geral da Califórnia:

> *A Lei de Marsy dá à vítima de crimes na Califórnia certos direitos, incluindo:*
>
> *1 – Ser tratada com justiça e respeito por sua privacidade e dignidade; ser livre de intimidação, assédio ou abuso durante todo o processo na justiça criminal ou juvenil.*
>
> *2 – Ser razoavelmente protegida do réu e de pessoas agindo em benefício do réu.*
>
> *3 – Ter a segurança da vítima e da família da vítima levada em consideração na definição do montante da fiança e nas condições de liberação do réu.*
>
> *4 – Impedir a divulgação de informações confidenciais ou gravações para o réu, os advogados do réu ou qualquer outra pessoa agindo em benefício do réu, que possam ser usadas para localizar ou intimidar a vítima ou a família da vítima, ou divulgar comunicações confidenciais feitas durante tratamento ou aconselhamento médico ou que sejam de algum outro modo privilegiadas ou confidenciais por lei.*

5 – Recusar-se a dar entrevista, depoimento ou solicitação de localização para o réu, o advogado do réu ou qualquer outra pessoa agindo em benefício do réu, e estabelecer condições razoáveis na condução de qualquer entrevista consentida pela vítima.

6 – Ser razoavelmente avisada, e poder conferir razoavelmente com a agência de acusação, a respeito de pedidos que digam respeito à prisão do réu, se conhecidos pelo promotor, a respeito das acusações apresentadas, de determinações sobre a extradição do réu e a respeito de pedidos, ser notificada e informada antes de qualquer disposição pétrea sobre o caso.

7 – Ser razoavelmente avisada sobre todos os procedimentos públicos, incluindo os de inadimplência, sobre pedidos nos quais o réu e o promotor têm o direito de estar presentes, sobre toda liberdade condicional ou outros procedimentos de soltura pós-condenação, e de estar presente em tais procedimentos.

8 – Ser ouvida, a pedido, em qualquer procedimento, incluindo qualquer procedimento de inadimplência, envolvendo decisões de soltura pós-prisão, acordos, condenações, decisões de soltura pós-condenação ou qualquer procedimento no qual o direito da vítima esteja em questão.

9 – Ter um julgamento rápido, com uma conclusão final e imediata do caso, e a qualquer procedimento pós-julgamento a ele relacionado.

Esses direitos teriam feito uma enorme diferença na vida de Samantha e na minha. Eles *estavam* em vigor quando Polanski foi preso na Suíça, em 2009 – mas só ter aqueles direitos não era o bastante. Steve Cooley, o promotor distrital de Los Angeles na época da prisão, estava se preparando para concorrer ao cargo de Procurador-Geral do Estado da Califórnia (venceu as primárias republicanas, mas foi derrotado por pouco na eleição geral). Ele liderou a campanha para ter Polanski extraditado. Anunciou que seu escritório não acataria determinadas disposições da Carta de Direito das Vítimas. Além disso, os tribunais, desconfortáveis com as mudanças significativas feitas pela Carta de Direito das Vítimas, pareciam, no mínimo, relutantes em aplicá-la e até mesmo inseguros em como agir nesses casos. Este foi o primeiro grande acontecimento jurídico no qual a vítima estava reafirmando seus direitos. Samantha estava expressando o ponto de vista de que assim não dava para continuar. Ela procurava, juntamente com o réu, a dispensa da ação.

Penso que é crucial para a administração da justiça dar direito às vítimas, mas não é suficiente garantir esses direitos; esses direitos devem ser executados. É importante que os tribunais da Califórnia reconheçam esses novos, robustos direitos, e que façam cumprir a constituição, seguindo o juramento do próprio tribunal.

Samantha Geimer está inteira, agora. Mas foi um dia triste para justiça norte-americana quando Roman Pomanski se sentiu compelido a fugir por causa de uma prevaricação judicial clara. E houve uma série de dias tristes para Samantha, porque o sistema judicial não havia abraçado total, completa e vigorosamente nem garantido os direitos das vítimas.

AGRADECIMENTOS

A jornada de partilhar uma história que nunca imaginei que quisesse contar foi bem longa. E só foi possível com a ajuda de estranhos que se tornaram amigos, de amigos que se tornaram família e da família que está em meu coração. Preciso agradecer as seguintes contribuições:

Lawrence Silver é muito mais do que meu advogado; tem sido meu protetor, meu colaborador e meu amigo há trinta e seis anos. Tem estado a meu lado a cada passo do caminho. Dependi de sua memória para contar minha história que, de muitas formas, é a história dele também. Estamos ambos em profunda dívida com sua assistente, Wendy Lovgren, que tem sido de valor inestimável para nós e para Mark Field, da Silver & Field.

Judith Newman, nossa coautora, me entendeu totalmente. Ela trabalhou muito duro para colocar em palavras os pensamentos e sentimentos que estiveram espalhados por tantos anos. Ela transformou em prazer o que poderia ser um processo difícil.

Peter Borland é meu sonho do que um editor deve ser. Sempre apoiou o que minha história significava para mim, e acreditou em tê-la contada do jeito que eu queria contá-la. Seus esforços nos permitiram fazer isso direito. Um agradecimento especial para a incrível equipe do [selo editorial] Atria, particularmente Daniel Loedel, Felice Javit, Paul Olsewski, Diana Franco, Hillary Tisman, Isolde Sauer, Jeanne Lee, Jim Thiel, Dana Sloan, Lisa Keim e Kimberly Goldstein – todos liderados por minha editora, Judith Curr, que tem sido uma verdadeira defensora deste livro desde o primeiro dia.

Christy Fletcher, Melissa Chinchillo, Mink Choi, Sylvie Greenberg, Rachel Crawford, a equipe da Fletcher & Company. E o agradecimento mais especial para minha agente, Rebecca Gradinger. Rebecca me deu ótimas orientações; foi fundamental para que o livro fosse concretizado, trabalhando duro lado a lado com todo mundo no Atria e comigo. Além disso, agradeço a Kat Likkel, que foi gentil o bastante para me mandar para Rebecca, e a Craig Wolff, que me ajudou a começar.

O promotor distrital assistente aposentado, Roger Gunson. Nem sempre estávamos exatamente do mesmo lado, mas nunca duvidamos de sua integridade e bondade. Ele realmente permaneceu acima dos demais e estava lá quando precisamos dele.

Marina Zenovich que, no filme *Roman Polanski: Procurado e Desejado*, contou uma história sensacional com incrível clareza e esplendor. Seu filme deu para minha mãe certa dose de paz e encerramento, e por isso minha gratidão é profunda e sem fim.

Todos os meus amigos, que me protegeram com sua lealdade e me sustentaram com seu calor. Dawn McMillan, cuja dedicação e apoio têm me mostrado o que a amizade realmente significa. Duncan Scrymgeour, cujo coração incrivelmente gentil é comparável apenas a seu intelecto e sagacidade. Michele Burke, minha amiga de infância: passamos por aqueles anos difíceis juntas, e não sei o que teria feito sem ela. Meus amigos de York, que não percebiam na época quanto eu precisava deles. Meus amigos da Hughes Jr. High que me acolheram, me aceitaram e me ajudaram a fingir que tudo estava normal quando meu mundo estava desmoronando. E em especial para aqueles poucos que sempre estavam lá para me ouvir com apoio e paciência para que eu pudesse colocar tudo para fora: Mark Atkins, Dudley Wilson, James Jennings, Patricia Budde e Deborah Wolf.

Minha mãe, Susan Gailey, que me mostrou como atravessar tempos difíceis com a cabeça erguida. Minha irmã Kim, e Nana, que me ensinou o significado de família. Robert Nesbitt, nosso herói. Meu pai, John R. Gailey Jr., que me deu o refúgio de uma infância maravilhosa.

E, principalmente, meu marido há vinte e cinco anos e melhor amigo, David, que tem estado a meu lado através de tantas coisas, e meus filhos incríveis, Jes, Alexander e Matthew. Não conseguiria ter feito isso sem o encorajamento deles. Não teria feito isso sem o apoio deles. E não estaria aqui sem o amor deles.

Este livro foi composto em ITC New Baskerville Std
para LeYa em novembro de 2013.

Aquele que não me acompanhava

AUTONOMIA
LITERÁRIA

Este livro foi publicado originalmente sob o título de *Celui qui ne l'accompagnait pas,* por Éditions Gallimard.

Coordenação editorial:
Cauê Seignemartin Ameni, Hugo Albuquerque, Manuela Beloni
Tradução: João Gomes
Revisão: Natasha Belford Palmeira
Capa: Rodrigo Côrrea/studiocisma
Diagramação: Manuela Beloni

Dados Internacionais de Catalogação na Publicação (CIP)
(eDOC BRASIL, Belo Horizonte/MG)

Blanchot, Maurice.
B641a Aquele que não me acompanhava / Maurice Blanchot; tradução João Gomes. – São Paulo, SP: Autonomia Literária, 2024.
120 p. : 14 x 21 cm

Título original: Celui qui ne l'accompagnait pas
ISBN 978-65-5497-010-5

1. Filosofia. 2. Ficção francesa. 3. Literatura francesa – Ensaios. I. Título.

CDD 843

Elaborado por Maurício Amormino Júnior – CRB6/2422

Autonomia Literária
Rua Conselheiro Ramalho, 945
cep: 01325-001 São Paulo – SP
autonomialiteraria.com.br

Maurice Blanchot

Aquele que não me acompanhava

Traduzido por João Gomes

2024
Autonomia Literária

SUMÁRIO

Prefácio

Uma narrativa em apneia

Christophe Bident

Aquele que não me acompanhava faz parte dos títulos mais enigmáticos da literatura romanesca. "Aquele", pronome demonstrativo, não remete a ninguém que se possa identificar. "Me", pronome pessoal, poderia designar o autor, mas desde Proust e sua recusa em atribuir o nome próprio Marcel ao narrador de *À Procura do Tempo Perdido,* desde, também, os formalistas russos e poetólogos, esta referenciação parece proibida de direito e de uso. <Não + acompanhar>: a negação aplicada sobre o verbo perturba o sentido do predicado, e o tempo do pretérito imperfeito ("-ava")[1] redobra a incerteza. Em suma, se ele fixa algumas linhas de horizonte, o título não explica nada. Ele faz nascer uma espera... que a narrativa não preencherá realmente, de jeito nenhum.

Quem é então "aquele" que não o acompanhava? Quem é a pessoa que não se deve acompanhar? Como compreender a negação aplicada sobre o verbo "acompanhar": recusa, rejeição, refutação, restrição, atenuação, denegação? Como entender o imperfeito: uma síntese definitiva do passado, a caracterização de uma ação recorrente, um processo em curso se abrindo para uma possibilidade de mudança? Aquele que não me acompanhava pode se tornar aquele que me acompanha e me acompanhará? Quais são os efeitos de uma tal distância: aonde ele vai, aonde ele não vai, onde ele deseja ir ou onde ele não pode ir? Quais caminhos se abrem, ou não, no espaço real, no espaço do pensamento?

A narrativa nos mostrará: o narrador é um escritor. Esse escritor não acompanhado escreve retirado em um "pequeno cômodo", "vazio em um grau exaltante", aberto dos "dois lados" para uma "luz cativante", na "fantasia flutuante do verão".[2] É preciso, entretanto, ler essa descrição com precaução, pois ela é menos realista do que metafórica e a narrativa está atravessada por ilusões. Assim, o vazio exaltante que parece caracterizar o cômodo não é um "vazio de objetos", pois o narrador nos diz perceber uma mesa, uma cadeira e um divã. O leitor aprende pouco a pouco a considerar o que ele lê fora de toda referência positiva. Ele vê passar rostos e pensamentos que não carregam nenhum nome nem sobrenome. Ele compreende que a pessoa designada pelo título é o Outro do narrador, uma figura inominável com a qual aquele engaja um diálogo fantasmático, ou fantástico, e com a qual ele compõe um todo solitário. É a figura ao mesmo tempo holística e esquiza do escritor.

É, pois, uma meditação profunda a partir da solidão do escritor, sobre a solidão da obra e da operação de escrever, que se engaja na narrativa. Esta solidão abre um abismo infinito para a experiência que a narrativa tenta, pouco a pouco, descrever, traçar, balizar, aprofundar. Cada instante e cada instância da relação com esse "parceiro invisível" do ato de escrever, que desdobra, ou até mesmo dissemina ao mesmo tempo o sujeito e a temporalidade, estão gravados no movimento da sintaxe frásica e narrativa. Tudo isso é ao mesmo tempo muito concreto e muito abstrato. Tudo nos deixa pensar que estamos em Èze, perto de Nice, às margens do Mediterrâneo, na casa pertencente ao seu irmão arquiteto e que Blanchot ocupara durante uma dezena de anos, onde ele escreveu várias narrativas. As descrições do texto concordam com aquela que será mais tarde dada na primeira página de *Uma voz vinda de outro lugar*[3] e que se pode visualizar no filme de Hugo Santiago.[4] Mas esse lugar discreto e luminoso, sob o qual plana a lembrança do terceiro tomo de *Zaratustra,* que Nietzsche escrevera sobre um rochedo na encosta da cidade, é sobretudo o pretexto para a deriva imaginária à qual o ato de escrever abandona. Figuras, notadamente, aparecendo e desaparecendo, começando por aquela do narrador que, como se ele fosse um sonâmbulo em pleno dia, se encontra subitamente em um lugar da casa onde ele não pensava estar, ou por vezes se situa em dois lugares ao mesmo tempo. "Eu ainda me encontrava perto da mesa, quis me voltar rapidamente para encarar essa figura, mas me surpreendi por estar agora muito perto das vidraças e por me sentir, entretanto, sempre no centro da sala" (p. 35). Movimento de atração talvez, pois as vidraças são precisamente paredes transparentes detrás das quais se apresenta por diversas vezes, lancinante, surpreendente, a figura "que não me acompanhava". Em um tal espaço, nada poderia evoluir linearmente. Estamos nós, então, ainda em uma narrativa, ou em um vasto poema em prosa remoendo à vontade as múltiplas figuras às quais conduz a experiência de escrever? Se o texto, sem capítulos, de um só fôlego, dá lugar a uma gênese, é aquela que aflora das trinta ou quarenta últimas páginas quando, em um movimento insensível, mas cada vez mais premente, o Outro do escritor se metamorfoseia em palavras, "aquele" se tornando "elas", desenhando um espaço intenso, vibrante e feliz, de uma alegria física e metafísica, como uma espécie de prazer próprio da apneia. Há ali uma tradução sutil de sensações, vibrando e ganhando sentido em um mundo extremo que filtra e afasta o mundo comum no qual nós respiramos, fazendo ao mesmo tempo viver e pensar de outro modo. É a cumplicidade paradoxal entre "esse mundo no qual vivemos" e "esse mundo no qual morremos" que Georges Bataille identificará em um de seus artigos sobre as narrativas de Blanchot.[5]

As edições Gallimard publicam *Aquele que não me acompanhava* em 1953. Ela foi a primeira editora de Blanchot. Depois de lhes ter confiado, por intermédio de Jean Paulhan, a primeira versão do romance *Thomas l'Obscur* (1941) [Thomas o Obscuro][6], Blanchot lhes deu dois outros romances, *Aminadab* (1942) e *Le Très-Haut* (1948) [O Altíssimo], várias narrativas, mais breves, *A Pena de Morte* (1948), a segunda versão de *Thomas l'Obscur* (1950) e *Au Moment Voulu* (1951) [No Momento Oportuno], assim que ensaios críticos, *Faux Pas* (1943) [Passo em Falso] e *A Parte do Fogo* (1949). Há somente o ensaio sobre *Lautréamont et Sade* que lhes escapou, tendo Blanchot o publicado nas Éditions de Minuit, por convite de seu amigo muito próximo Georges Bataille. Uma correspondência privada entre os dois escritores atesta que Blanchot teria podido se comprometer contratualmente com a Minuit. Ele não o fará (só três exceções, esse *Lautréamont et Sade* e, bem mais tarde, em 1983, *Depois do Golpe* e *A Comunidade Inconfessável*), por uma razão provavelmente essencial: a fidelidade à casa que o havia publicado pela primeira vez, que o havia empregado por alguns meses, em 1942, como secretário da *La Nou-*

velle Revue Française (quando a revista tinha passado para o controle do ocupante alemão, por intermédio de Drieu La Rochelle), e que o emprega como colaborador mensal, a partir de janeiro de 1953, quando a revista é novamente publicada sob o nome de *Nouvelle Nouvelle Revue Française.*

Como outras narrativas de Blanchot, *Aquele que não me acompanhava* teria causado boa impressão ao lado de *O inominável* de Samuel Beckett, dos *Gommes* de Alain Robbe-Grillet ou de *Roberte ce soir* de Pierre Klossowski, todos publicados em 1953. E isso tanto mais porque os escritores que, ao longo dos anos 1950, publicam nas Éditions de Minuit e são afiliados à escola do Nouveau Roman, não são nunca considerados como um grupo literário escrevendo de maneira comum e concertada, seguindo as ideias de um manifesto, mas como uma constelação de autores traçando cada um o seu próprio caminho, com a consciência compartilhada e sempre mais aguda da figurabilidade do ato de escrever. Esse movimento, iniciado nos anos 1940, foi acompanhado por Blanchot e é o que indica a transformação radical de sua escrita ficcional. Os três primeiros romances dispunham ainda um mundo, claro, estranho e pouco positivo, mas frondoso, com frases amplas, com numerosos personagens, com múltiplas metáforas, cujas referências se situam mais em Giraudoux ou Kafka. Com *A Pena de Morte,* a escrita se ramifica. Blanchot sinaliza explicitamente passar do "romance" à "narrativa", de um amplo universo romanesco para uma forma mais concisa, o que ele exemplifica publicando uma segunda versão de *Thomas L'Obscur.* Em epígrafe a esta variação, ele explica: "A presente versão nada acrescenta, mas como ela retira muito, pode-se dizê-la outra e até mesmo completamente nova, mas também completamente parecida, se, entre a figura e o que dela é ou se crê ser o centro, têm-se razão de não distinguir, cada vez que a figura completa expressa ela mesma apenas a busca de um centro imaginário".[7] Modo de dizer que o episódio central do livro, a morte de Anne, amiga de Thomas, é mais bem valorizado nesta versão depurada dos inúmeros episódios narrativos e de alguns personagens.

Há ainda um outro paradoxo. Eu omiti de citar uma outra narrativa de Blanchot, extremamente breve, do tamanho de uma novela, que ele publica na revista *Empédocle,* em 1949, sob o título "Uma narrativa", não sem uma hesitação sobre a qual não sabemos se ela se deve ao autor ou ao editor: na contracapa e nos títulos listados, o título é seguido por um ponto de interrogação, quando no sumário e abrindo a narrativa esse sinal de pontuação não aparece. Esse texto, que será editado em opúsculo pela Fata Morgana em 1973 e retomado na Gallimard em uma pequena obra da coleção Blanche em 2002, é ou não é uma narrativa? E como compreender suas últimas palavras, suas últimas frases: "Uma narrativa? Não, nada de narrativa, nunca mais"? Trata-se de uma simples réplica narrativa, um eco aos acontecimentos reportados no texto, ou de uma palavra de ordem mais geral, com dimensão teórica? Deve-se entender que o autor, Maurice Blanchot, não mais escreverá uma narrativa, "nunca mais", no mesmo momento em que ele, com *A Pena de Morte,* acaba de publicar a primeira de uma série que vai se estender por uma vintena de anos? Deve-se entender que cada narrativa recusa a sua própria natureza no momento mesmo em que ela se escreve? Deve-se entender que cada narrativa tenta viver ou sobreviver, de uma maneira diferente a cada vez, desarmando a ameaça de desaparecimento do seu gênero usando estratégias narrativas e ficcionais diversas? Deve-se entender que é difícil, impossível, insustentável, acabar definitivamente com a narrativa? Em qualquer um dos casos, quais são as razões desse debate, dessa mania, dessa obsessão invencível?

Cada narrativa publicada por Blanchot tenta à sua maneira explorar essas questões. Para terminar de situar brevemente *Aquele que não me acompanhava* no percurso de escritor de Blanchot é necessário ainda precisar que com as três narrativas que o enquadram em sua ordem de publicação, *Au Moment Voulu* depois *Le Dernier Homme* [O Último Homem] e *L'Attente L'Oubli* [A espera O Esquecimento], ele forma um tipo de tetralogia. Situações, motivos, frases idênticas retornam. Os três primeiros livros foram escritos em Èze e dão lugar a várias referências autobiográficas, entretanto muito codificadas e visíveis, na época de suas publicações, apenas aos próximos do autor. Mas não é indiferente que Blanchot coloque o ponto final, em junho de 1952, no artigo que ele dará à *Nouvelle Nouvelle Revue Française* para o seu primeiro número de janeiro de 1953, "La solitude essentielle" [A solidão essencial], quando justamente ele escreve, durante esse ano de 1952, *Aquele que não me acompanhava.* Já se disse: trata-se nessa narrativa do processo de escrita. E o processo de escrita passa por uma solidão que é antes aquela do escritor, dialetizada naquela da obra. Em "La solitude essentielle", Blanchot escreve sobre o escritor: "Quando eu estou só, não estou só, mas, nesse presente, eu retorno a mim sob a forma de Alguém. Alguém está ali, onde estou só", e mais adiante: "O fascínio está fundamentalmente ligado à presença do neutro, impessoal, o *On* indeterminado, o imenso Alguém sem figura"[8].

Esse "imenso Alguém sem figura", é "aquele que não me acompanhava": aquele que desde sempre nunca me deixa, mas se situa à distância, me atrai me cegando, me desloca, faz nascer em mim as palavras, constitui a parte despossuída da minha consciência de escrever.

Lembraremos também que 1953 é o ano de publicação do *Grau Zero da Escrita* de Roland Barthes e do artigo, "Plus loin que le degré zero" [Mais longe que o grau zero], que Blanchot lhe dedicará. Modificado como "La recherche du point zero" [A procura do ponto zero] quando foi publicado em *O Livro Por Vir*, o título inicial do artigo deixa entender o acordo comedido de Blanchot em relação às teorias de Barthes. Grau zero, sim, mas mais adiante, como escrevem as últimas linhas: "Orientando-nos, por meio de uma reflexão importante, em direção ao que ele chamou o zero da escritura, Roland Barthes talvez tenha designado também o momento em que a literatura poderia se apreender. Mas é que nesse ponto ela não seria somente uma escritura branca, ausente e neutra, ela seria a experiência mesma da 'neutralidade', que nunca ouvimos, pois quando a neutralidade fala, só aquele que lhe impõe silêncio prepara as condições da escuta, e, entretanto, o que há para ser ouvido, é esta palavra neutra, o que sempre foi dito, não pode cessar de se dizer e não pode ser ouvido, tormento cujas páginas de Samuel Beckett aproximam de nós o pressentimento."[9] Assim, a*quele que não me acompanhava* é também *aquele que impõe silêncio à neutralidade e prepara as condições de escuta.* E esse *o que há para ser ouvido* é a própria narrativa, que Blanchot situa claramente na proximidade da escrita de Samuel Beckett, da qual ele dirá, na ocasião da homenagem que ele lhe prestara depois da sua morte, que ele "aceitara se reconhecer" em certas páginas de *L'Attente L'Oubli.*[10]

Quando ela me convidou para o colóquio Barthes/Blanchot em 2005 no Rio de Janeiro[11], Fabiana de Moraes, que havia organizado o evento com Nina Velasco e Cruz e André Queiroz, me falou da sua leitura de *Aquele que não me acompanhava* como de uma experiência fascinante, permanecendo agarrada às palavras sem ir mais além, um quadrado branco sobre fundo branco da literatura. Essas palavras me acompanham desde então. Eu pressinto o que elas significam, sem compreendê-las de fato: eu sei, em todo caso, que elas abrem para a experiência da leitura.

Christophe Bident é professor de estudos teatrais na Universidade de Picardie-Jules Verne. Suas pesquisas se situam no cruzamento da literatura, do teatro e da filosofia. É autor de vários livros consagrados a Maurice Blanchot (em particular, *Maurice Blanchot, partenaire invisible*, Champ Vallon, 1998), Roland Barthes ou ainda Bernard-Marie Koltès. É editor de duas antologias de textos críticos de Blanchot publicadas pela Gallimard (*Chroniques littéraires du Journal des Débats*, 2007, e *La Condition Critique*, 2010)

Aquele que não me acompanhava

Eu procurava, desta vez, abordá-lo. Quero dizer que tentei fazê-lo entender que, embora eu estivesse ali, eu não podia, entretanto, ir mais longe, e que por minha vez eu havia esgotado meus recursos. A verdade é que, há muito tempo, eu tinha a impressão de estar no limite. "Mas você não está", dizia ele. Nisso eu devia lhe dar razão. De minha parte eu não estava. Mas o pensamento de que, talvez, eu não levasse em consideração "minha parte" tornava o consolo amargo. Eu procurei apresentar a coisa de outro modo. "Eu gostaria de estar." Maneira de dizer que ele evitara levar a sério; ao menos ele a tomou sem a seriedade que eu desejava dar a ela. Isso lhe parecia, provavelmente, valer mais do que um desejo. Prossegui refletindo sobre o que "eu queria". Eu tinha percebido que ele se interessava pelos fatos, se tornava mais exigente e talvez mais sincero quando era possível lhe falar na linguagem de todo mundo, e essa linguagem parecia mesmo ser aquela dos fatos. O obstáculo é que, justamente – então – os acontecimentos pareciam ter recuado prodigiosamente. Ele me auxiliou à sua maneira. "Me parece, disse, que em certo sentido eu tenho tudo, salvo... – Salvo?" Ele me dava a impressão de estar agora mais atento, mesmo que essa atenção não fosse dirigida a mim, ela era sobretudo uma direção silenciosa, uma esperança para ele próprio, um tipo de amanhecer que, finalmente, não revelara nada além da palavra "salvo". Um pouco mais, entretanto, pois eu fora levado a acrescentar: "Salvo que eu gostaria de me ver livre disso."

Creio que esperava dele, apesar de tudo, um convite para ir adiante e talvez um risco, um obstáculo. Eu não lutava, mas tampouco cedia, ceder teria exigido mais forças do que eu tinha. Não posso negar que a necessidade de lhe falar e de falar no mais das vezes em primeiro lugar, como se a iniciativa tivesse estado do meu lado e do dele, a discrição, o cuidado em me deixar livre – mas isso mesmo talvez não fosse de sua parte senão impotência e, consequentemente, impotência também de minha parte –, essa necessidade me parecia tão desgastante, tão extenuante que, frequentemente, não me restavam forças verdadeiras suficientes para usar esta necessidade. Eu não tinha a sensação de que falar fosse para ele a coisa menos necessária do mundo, nem agradável, nem, tampouco, desagradável. Ele sempre dava provas de uma lealdade extrema, ele me conduzia com a maior firmeza de uma palavra menos verdadeira para uma palavra mais verdadeira. Por vezes eu me perguntava se ele não buscava me reter a qualquer preço. Eu chegava a acreditar que ele me havia sempre bloqueado o caminho, ainda que, se ele manifestava uma intenção, foi muito mais aquela de me ajudar a acabar com isso. Segundo ele – mas devo acrescentar que ele nunca me havia afirmado com tanta precisão como eu o faço –, de sua ajuda eu me aproximava mais quando eu me decidia a escrever. Ele ganhara uma ascendência estranha sobre mim por conta de todas essas coisas, tanto que eu me deixei persuadir de que escrever era o melhor meio de tornar nossas relações suportáveis. Eu reconheço que durante algum tempo esse meio fora suficientemente bom. Mas um dia percebi que o que eu escrevia lhe concernia cada vez mais e, embora de uma maneira indireta, parecia não ter outro fim senão refleti-lo. Essa descoberta me atingiu ao extremo. Eu via nisso o que mais podia me paralisar, não porque eu tentaria doravante escapar desse reflexo, mas porque eu talvez fizesse, ao contrário, esforços maiores para torná-lo manifesto. Foi então que me aferrei a mim mesmo. Eu sabia, mas não o sabia precisamente, eu esperava que a necessidade de dizer "Eu" me permitiria dominar melhor minhas relações com esse reflexo. Penso que a honestidade pessoal, a verdade pessoal, me parecia ter algo específico, capaz de me dar momentaneamente a segurança de um ponto de vista. Entretanto, as consequências para a minha vida foram desastrosas. Não apenas eu tivera de renunciar ao que chamamos uma vida normal, como eu perdera o controle sobre minhas preferências. Eu tive, também, medo das palavras e eu escrevia cada vez menos, mesmo que a pressão exercida dentro de mim para me fazer escrever tenha se tornado rapidamente vertiginosa. Eu falo de medo, mas era um sentimento inteiramente diferente, um tipo de usura do porvir, a impressão de que eu já havia dito mais do que me era possível, de que eu estava de tal modo adiantado, que a possibilidade mais futura estava aqui, um porvir que eu não podia mais ultrapassar. Ao mesmo tempo, eu me limitava a uma ficção de vida legal. Não sei se uma tal preocupação era um erro. Minha intenção era de não fazer nada que pudesse surpreender e interessar o mundo na medida em que este estava a par de minha conduta e da minha maneira de ser. Isso me obrigava a todo tipo de subterfúgios e até mesmo a uma mentira geral na qual, temo, muito de minhas forças eram despendidas, e que, em contrapartida, me convidava a ser excessivamente inflexível contra as atividades mais inocentes. A essas dificuldades pelas quais eu passo rapidamente, juntava-se outra, é que elas não me ajudavam de forma alguma a resolver minhas relações com ele, relações face às quais, entretanto – e pensando, talvez por sugestão dele, que escrever fosse o lugar onde eu podia estar menos constrangido por sua presença – eu me coloquei pouco a pouco em uma situação quase insustentável.

No fundo, era possível que ele me tivesse dado, durante algum tempo, uma ajuda considerável. Ele me havia imposto uma tarefa criando um vazio ao redor dessa tarefa e provavelmente me deixando crer que a tarefa teria como limitar e circunscrever o vazio. E assim foi, de fato, ao menos na aparência, e mesmo que durante o mesmo tempo eu tenha tido de atravessar acontecimentos tão terríveis que melhor seria dizer que eles me atravessaram e que eles me atravessam ainda e sem cessar, eu me beneficiava de uma ilusão estranha que me permitira não ver que eu não devia mais falar de tarefa, mas sim de vida. Essa ilusão representava um desvio, mas também um poder que eu havia adquirido. A despreocupação é o único dom com o qual eu fora capaz de arrastá-lo comigo em plena luz do dia. Sucesso de um instante, mas em nada diminuído por conta disso, pois que o sucesso consistia precisamente em reunir vida e instante. Passado o instante, a despreocupação se apagara, mas o rosto que ela havia iluminado não se apagara, ou seu modo de se obscurecer fora aquele em que a obscuridade também se tornara seu rosto. Nisso também é possível que ele tenha me ajudado, me desviando da responsabilidade do mundo, me envelopando com um silêncio ambíguo que se sustentava tanto pela minha recusa de conversar com ele quanto pelo fato de que na verdade eu não deixava, sem me dar conta, de lhe dirigir a palavra através dessa mesma recusa. Ajuda que, se ela existiu, terá consistido em desviar minha atenção de um acontecimento, de uma imagem, com os quais eu nunca teria podido me comportar de uma maneira natural e verdadeira, reservada e discreta, sem um estado de meia atenção e quase de indiferença. Mas se escrever fez de mim uma sombra para me tornar digno da obscuridade, devo sem dúvida pensar que essa manobra teve mais êxito do que teria sido necessário, pois a reserva e a discrição foram por mim, sob esta perspectiva, levadas tão longe que não somente eu nada fizera para perturbar esses momentos, como eles tampouco me perturbaram, de modo que a lembrança que eu guardo me faz tragicamente errar no vazio. Tudo isso, todos esses acontecimentos, tão difíceis de reassimilar e que desvanecem através da sua própria presença, todas essas dificuldades, essas exigências, esses esforços, e nesse momento essa imobilidade à qual meu desejo sempre me subtrai mais desconfortavelmente, essa situação, tão insólita, mas que se tornou para mim tão familiar que eu quase não posso mais me recusar a compreendê-la, tudo isso estava destinado a chegar a esta frase: "Eu buscava, dessa vez, abordá-lo"? "Dessa vez", eu via bem como uma tal palavra parecia injustificada. Ela surgia ali porque eu desejava chegar ao limite. Mas, de minha parte, eu não chegava, e por isso também dessa vez não fosse dessa vez, mas uma outra vez, uma vez que era sempre outra. Eu não posso esconder que o desejo de o abordar podia só muito dificilmente conciliar-se com a ideia de que isso nunca poderia acontecer "dessa vez". Ele nada fazia para afastar um tal acontecimento. É até mesmo possível que ele o aguardasse com uma espécie de esperança. Mas eu sentia que só a mim estava confiada toda a empresa e, devo dizer, eu não conseguia, eu não conseguia. "Você até que se vira muito bem, notava ele. Você é surpreendente, sabia?" Sim, eu me virava bem, mas isso justamente dava um aspecto pouco engajado a tudo o que eu podia imaginar fazer, eu me virava bem demais, quando o melhor que poderia me acontecer seria não me virar de forma alguma.

Ele não deixava de me encorajar, mas à sua maneira, e essa maneira era estranha, desencorajadora, pois ela consistia em me assegurar que eu tinha todo o tempo. Sem dúvida a espécie de decisão, inaugurada pelo recurso desesperado e arbitrário ao "dessa vez", deixava entender que até aqui eu ainda não havia me aproximado dele com um espírito de preocupação, de intenção, para não dizer de inquisição. Eu conservava a lembrança de não tê-lo feito, não por medo, mas porque "eu não tinha o tempo" e simplesmente porque eu não me importava. Se agora eu tinha todo o tempo, é porque eu havia renunciado a qualquer outro interesse além dele e até mesmo a todo interesse, pois – e esse era o lado ridículo da situação – eu não podia me interessar por ele, eu não podia senão lhe conferir essa falta de interesse, essa tristeza da minha desatenção que tornava estéril toda presença. Ele se acomodava, certamente, mas parecia duvidar também, embora na expressão de sua dúvida ele não fosse nunca mais longe do que esta fórmula: "Oh! não é uma coisa assim tão necessária." E o que ele queria dizer com isso tinha este sentido bastante edificante: "Oh! eu não me interesso tanto assim a mim mesmo." É verdade que de sua misteriosa fala de encorajamento eu podia tirar uma outra consequência mais persuasiva, é que em suma eu não precisava temer as falsas iniciativas, dos itinerários do erro; eu não tinha um caminho, tinha todos, e isso deveria ter, com efeito, me encorajado a me colocar em movimento com uma confiança excepcional. "Todos! Mas sob a condição de que eu tenha todo o tempo, contanto que eu tenha todo o tempo." Ele não desconvinha, pois estava claro que o próprio de um caminho é fornecer um atalho através "tempo"; é esse atalho que eu procurava, com essa ideia desarrazoada de que nele encontraria, não um caminho ainda muito longo, mas o intervalo mais curto, a essência da brevidade, a tal ponto que, desde os primeiros passos, me parecia, recusando-me ir mais longe, ter o direito de me dizer: "Eu fico aqui", e para ele era o que eu dizia com uma firmeza acirrada: "Eu fico aqui, eu me mantenho aqui", ao que lhe acontecia precisamente responder com um tipo de ímpeto, e sem que eu pudesse levá-lo a mal : "Mas você tem todo o tempo."

Dele, eu não podia levar nada a mal. Eu ignorava onde e como tudo isso iria terminar. Ele havia se tornado meu companheiro de viagem, mas eu não podia afirmar que tivéssemos tudo em comum, ou então essa comunidade teria significado que ele tinha tudo em comum comigo e eu nada em comum com ele, se nós não tivéssemos tendido claramente a não ter nada, nem um nem o outro. Eu não podia lhe atribuir más intenções, pois ele era extraordinariamente desprovido de intenção. Que ele tenha me ajudado, eu o supus, mas eu deveria dizer a propósito de uma tal ajuda que me deixava sobretudo desprotegido, impróprio e indiferente a ser ajudado da maneira que fosse, e somente uma certa obstinação me autorizava a pensar que essa assistência podia ser chamada de ajuda e até da maior ajuda possível. Isso, é verdade, eu não reconhecia sempre. Eu havia constatado com surpresa, com um leve sentimento de estranheza, mas com o passar do tempo, com incômodo e sem surpresa, que ele estava provavelmente bem desprovido de intenções para conseguir desviar as minhas, para levá-las até o ponto em que lhe seria necessário se identificar com esse desvio. Eu podia me lembrar, como uma navegação inebriante, desse movimento que mais de uma vez tinha me empurrado em direção a um fim, em direção a uma terra que eu não conhecia e que eu não buscava alcançar, e de que não houvesse definitivamente nem terra nem fim, eu não me queixava, pois, entretempo, e por esse mesmo movimento, eu havia perdido a recordação da terra, eu a havia perdido, mas também havia ganhado a possibilidade de ir ao sabor do acaso, embora, justamente, entregue a esse acaso, me fosse preciso renunciar à esperança de um dia parar. O consolo poderia ter sido o de me dizer: Você renunciou a prever e não ao imprevisível. Mas o consolo retornava como um dardo: o imprevisível não era nada além da própria renúncia, como se cada acontecimento, para me atingir, nessa região onde nós navegávamos em comum, tivesse exigido de mim o compromisso de deslizar para fora da minha história. Isso, por uma infelicidade, se aplicava a tudo e às coisas mais simples, aquelas com as quais em certos momentos eu estava pronto para me contentar. Eu posso dizer que eu tinha o dia à minha disposição, mas sob a condição de que não fosse este dia e, mais ainda, que esse fosse em parte esquecido, que fosse o sol do esquecimento.

Em desespero de causa, a ideia de lhe consagrar diretamente os meios que ele mesmo havia colocado à minha disposição ou que me haviam obrigado a dispor dele, a lhe dar um lugar que eu não conseguia mais mensurar: eu teria adorado que ele se pronunciasse sobre um tal projeto. Mas, para minha surpresa, ele parecera ignorar completamente a minha questão. Devo notar que, se ele falava raramente de si próprio, ele dava também o menos possível a impressão de negligenciar seu interlocutor: ele escutava em silêncio, mas de tal maneira que seus silêncios não eram inertes, sem dúvida levemente sufocantes, como se eles tivessem consistido em repetir de um modo mais distante, em repetir exatamente sílaba por sílaba tudo o que queríamos lhe fazer escutar. Pelo menos – e acontecia de fato que sua recusa em responder não fosse uma, e contribuísse a perpetuar a conversa, a obriga-la a se prolongar para além de toda medida, a se esgarçar a tal ponto, pela repetição e obstinação, que ele não podia senão continuar e continuar ainda mais – , se ele não respondia, ele não mudava tampouco de assunto, pois lhe era necessário de algum modo se contentar com os caminhos que eu traçava para ele, quero dizer que ele julgava sem dúvida ter feito suficientemente seu dever me dando a réplica. Por enquanto, ele não a dava, e pelo contrário, como que para me colocar em desvantagem, ele pedira, após um silêncio que aumentava a amplitude da questão: "Me diga, logo não será inverno?" Dizer que eu tropeçava na sua fala, seria dizer pouco. Me parecia passar por mundos e mais mundos. Eu teria podido mergulhar neles durante dias, e talvez eu o tivesse feito se o pensamento de que não se devia por preço algum romper o fio não me houvesse conduzido à necessidade de responder, infelizmente para questionar, por minha vez: "De qual inverno você quer falar? – Então, do nosso. – Do nosso?" Eu permaneci suspenso nessa fascinante estação em comum: "Você quer dizer que o tempo me faltará para...?" Não é que eu tivesse medo de dar um nome ao que eu queria fazer, mas eu já via a sua resposta, aquela que retornava como uma promessa alegre e que precisava de muito pouco para ser atraída: "Ah! Mas você tem todo o tempo." Mas a resposta não viera, e aquela que veio fora sob todos os aspectos surpreendente: "Quero dizer: você não está esperando um mundaréu para daqui a pouco?" Sim, ela era surpreendente, e eu não podia dessa vez superar a minha surpresa, senão para repetir: "Mundaréu? Pessoas?", o que o levara a repetir, também: "Pessoas, pessoas!" de uma maneira que dispensara a conversa, que me obrigara a considerar que ela só renasceria a partir de uma fonte completamente outra que agora me era preciso procurar. Eu tinha, sem dúvida, sobre o que pensar. Mas tinha ainda mais sobre o que me calar, e era isso o importante: a possibilidade de me manter firmemente em um só lugar, sem me mover.

Eu gostaria de crer que ele podia também permanecer ali, pois, mesmo que ele falasse de um lugar que parecia o centro da calma e que fora em certos momentos terrivelmente repousante, ele de fato o era, terrivelmente. Embora eu o abandonasse a si mesmo, eu não o esquecia, mas rapidamente a força de pensar nele me faltava, só me restava o pensamento, e pensar era o que podia tornar nossos encontros mais estéreis. "Posso pensar? – Sim, claro, mas por quanto tempo? – Ah! só um instante!" Ele não se opunha, certamente, mas o fato de que ele acrescentava: "O que nós faremos enquanto você reflete?" mostrava que ele desejava se manter ao largo da "reflexão" e que ele não queria me deixar intacto nela. Eu não podia lhe sugerir que refletir significava seu afastamento, a faculdade de interromper o movimento pelo qual o que eu dizia me escapava, se apressava em direção a um ponto estrangeiro de onde eu não estava certo de fazê-lo retornar. Mas a verdade é que seu afastamento significava sim reflexão, e esperar me aproximar dele à força de refletir não colocava a esperança em um caminho muito bom. Entretanto, eu não abandonava realmente esse caminho. Onde ele me conduzia, eu podia dizê-lo: era a estagnação, a perseverança vazia e até mesmo o aparvalhamento, mas a partir daí, eu me imaginava ter adquirido peso suficiente para poder de novo ir adiante, mesmo que a reflexão consistisse sobretudo em repetir: Você ainda não refletiu suficientemente (você deve se tornar mais pesado). Ele mesmo estava longe de ser privado de lógica, ele tinha um tipo de tenacidade feroz, dado que ele não desejava, aparentemente, alcançar alguma coisa, representava uma potência quase formidável, uma potência que não se podia combater a não ser lhe conferindo, sob suspeita, objetivos, metas e, desse modo, ele preparava para si uma confusão extraordinária da qual eu havia sentido mais de uma vez a aproximação, a ameaça. Eu podia me julgar severamente por ter tão frequentemente, diante do sentimento dessa potência, buscado um refúgio junto à reflexão, pedindo: "Posso pensar nisso?", o que só podia me garantir "um instante", mas este instante, ao menos, impedia o círculo[12] de se fechar, impedia que eu mesmo o fechasse.

No lugar em que havia chegado eu não permanecera por muito tempo. O sentimento de possuir alguma coisa de infinitamente importante ia de mãos dadas com a impressão de que eu não tirava proveito dela, e mesmo que a importância fosse quase seguramente destinada a se dissipar com o uso, eu não tinha outro meio para mantê-la viva. "Mundaréu, pessoas", eu me repetia essas palavras, as minhas, às quais sucediam, com uma força alegre, as suas: "Pessoas, pessoas!", sem que ele traísse o desejo de ir mais longe. Eu não podia esperar abusar da sua paciência. Eu podia abusar da minha, eu podia errar de um lugar a outro, de janela em janela, para apoiar-me no fora, mas essa digressão era vã, esse vaivém me levava ao mesmo ponto onde eu o encontrava cada vez mais ancorado. Eu sofria com isso uma coação monstruosa. Posso dizer que, se pouco a pouco eu havia rompido com tudo, é que essa mesma coação significava aquela ruptura, e que ela tenha chegado ao limite da minha resistência, da minha vontade, era algo que eu via bem, mas eu não ganhara nada com isso, pois a derrota tinha tomado para mim a pior forma, transformando meu caráter partido em algo de uma rigidez inutilizável, um "Eu fico aqui, eu permaneço aqui" que duplicava, confirmava, a sua própria obstinação. O fato de que ele tenha me levado a romper com tudo, como sob a promessa de que então teríamos o campo livre, representava muito bem o gênero de ilusão da qual eu não podia torná-lo responsável, mas apenas eu. É verdade que, quando eu frequentava o mundo, ele parecia se manter à distância por causa do mundo, e a necessidade de terminar com uma duplicidade infeliz, de abusar de uma só lealdade, de uma só verdade, me havia empurrado pouco a pouco, lentamente, inelutavelmente – para onde eu estava. O resultado é que o mundo faltava, mas a distância permanecia, mesmo que não houvesse mais nada que nos fizesse senti-la e, além disso, ela nem mesmo permanecia, pois ela era somente uma das formas desse campo livre que só eu tinha a obrigação de percorrer. O estranho é que nesse exato momento eu acreditava me lembrar a quê suas palavras aludiam, e como era preciso respondê-las, mas isso era o que eu também queria evitar, eu queria algo diferente, eu queria com uma vontade fraca, sem capacidade, sem luz, um querer que não era nada além de um voo agitado através da casa. Há uma fome que ignora a fome, e é ela que fazia meu silêncio, um silêncio igual ao seu, ávido, um deserto, enquanto o seu parecia a plenitude e o equilíbrio, mas era o deserto no qual eu habitava. Eu me lembro de um período em que eu lhe perguntava constantemente, questão que eu não podia lhe dirigir senão do fundo da minha imprudência: "Você sabe disso?", ao que ele respondia: "Sim, é verdade, eu sei muito bem", e dessas respostas eu tirava um prazer exultante, um estranho júbilo, a impressão de que esse desdobramento não era o enquadramento da lembrança, mas a abertura do espaço. No momento, a despreocupação me faltava, eu permanecia silencioso. Eu desejava, certamente, que ele falasse, mas não para dizer, como ele fazia frequentemente, quase ao acaso: "E então, mais um dia passou, não é?", ora, para quem ele havia passado? Eu poderia ter-lhe perguntado isso, mas ele não teria podido responder que ele havia passado para nós: ele passará mais tarde, talvez; enquanto isso, eu carregava seu peso e não carregava seu fruto. Eu não pude me eximir de expressar minha reserva: "Passou? Para quem, então? Eu me pergunto. – Ah! com efeito, podemos nos perguntar." Eu insistia amargamente: "Por que você repete essa fórmula? – Eu a repito?" e ele parecia menos surpreso do que desejoso de me deixar repetir, por minha vez, meu protesto, de me conduzir a elevá-lo um tom acima, dizendo: "Sim, você a repete o tempo todo. Sim, eu estou cansado disso e você deveria desistir dela", palavras que eu guardava para mim e que por isso eu fora de certa maneira recompensado, pois ele fizera essa observação: "Mas é para ajudá-lo." Eu tentava me explicar por que a palavra ajudar dirigia contra mim uma ponta tão afiada, como se ele me tivesse dito, na verdade: "Você sabe, eu não posso fazer nada por você senão repetir isso de tempos em tempos." Desse sentimento, eu não consegui me livrar e, de tudo o que eu poderia lhe ter feito notar de útil a esse respeito, me viera somente esta fala – que contornava a sua -: "Isso me ajuda?" Ao que ele logo respondera de pronto com uma alegre solicitude que era também um lembrete de seu próprio destino: "Isso ajuda a nós dois" – A você também? Você quer dizer que nós estamos ligados?" Ele parecera disposto a estudar a questão, mas o exame se concluiu prontamente por essas palavras: "Bom, você sabe bem disso!" que ele me dirigira em um tom que me remetia a mim mesmo.

Justamente, eu não sabia. Eu sabia que não havia nem conversa nem comunidade de interesse nem nada que correspondesse à ideia de que nós estivéssemos ligados. Me parecia apenas que eu era mestre dessa ideia e, consequentemente, da realidade desses laços, eu era juiz: ela dependia de mim, dependia tão completamente que tudo o que podia ser dito era "você sabe bem disso", de sorte que teria sido fácil chegar nesse ponto a uma certeza, se não houvesse subsistido essa dificuldade, que, justamente, de minha parte, eu não sabia. Esse sentimento me dera a força de lhe perguntar: "Já faz muito tempo, não é, que nós nos encontramos?" Ele pareceu querer calcular esse tempo, conscienciosamente, e disso resultou um longo silêncio, um silêncio anormalmente longo, que me parecera destinado a preencher minha espera, a acalmá-la, e talvez a me fazer pronunciar outras palavras, mas como eu não dizia nada, ele respondera de uma maneira levemente decepcionante: "Não faz tanto tempo assim..." Entretempo, nesse silêncio, eu tinha mudado de ideia, e eu formulara essa nova ideia com uma verdadeira energia: "Mas tudo depende do que se deve entender pela palavra encontro." Ele concordara logo: "Ah! sim, tudo depende disso." Eu continuei: "Talvez ela queira dizer que nós vamos nos encontrar em breve de uma vez por todas."

O que ele confirmara sem hesitação: "Em breve, eu também acho. – Mas em breve, eu retomei, não é agora? – É isso, agora, quando você quiser." Diálogo que eu sentia ser tão decepcionante, tão inutilmente fechado só por culpa minha e também pelo fato de que minhas palavras – e assim eram também as suas – não podiam senão retornar ao seu ponto de partida; por quê? Se eu soubesse, um grande fardo me teria sido retirado. Eu imaginava que isso tinha relação com o tempo. No final das contas nós falávamos, mas talvez tudo tivesse sido dito e o que eu dizia ainda era incapaz de consumir o tempo, incapaz também de pará-lo, de fixá-lo. Mas por que tudo havia sido dito? entre nós? Isso explicava sua maneira de ser, sua paciência e o sentimento de abandono que me parecia ser a marca, a sinceridade de nossas relações. Quando eu aludia a um encontro, eu só podia aludir a esse "tudo foi dito", que era a sua verdade, e ele era muito indiferente, perigosamente indiferente, tivesse ela acontecido há muito tempo ou não há tanto tempo assim ou mesmo "então", um então que comprometia o porvir, já que todas essas palavras eram apenas uma das formas de nosso encontro, formas cuja escolha me havia sido entregue por causa de um "Quando você quiser", cuja cruel transparência eu penetrava. Eu fizera então essa observação que mostrava o quanto eu fazia pouco caso de minhas "reflexões": "Não estamos agora perto demais um do outro?" Mas, como que para me dar razão, ele se limitara a interrogar por sua vez: "Perto demais?" – Sim, disse eu, perto demais: eu não o repudio, eu provavelmente não teria a força para isso, nem sequer o desejo. Eu quero dizer que, se esse desejo existe, ele não consegue fazer uma escolha entre você e eu. Posso escolher? Eis a questão que lhe faço." Ele parecera espantado com esse fluxo de frases cujo aspecto desordenado e exigente fazia com que parecessem mais com um treino de fôlego do que com palavras e, com efeito, coincidência sobre a qual eu teria podido refletir, eu percebera que o vento, como se ele tivesse dado sequência a elas ou como se eu tivesse encontrado em sua potência a lembrança da minha decisão, tinha neste instante começado a soprar, um vento agreste e frio, como reinava com frequência nessas regiões do Sul. Ele mesmo parecera notá-lo. "Ao menos, disse ele, ao menos..." Eu não posso explicar por que essas duas palavras me fizeram um certo bem, talvez tenham diminuído a minha tensão, talvez me exprimissem algo de sua natureza; não me detive nisso por muito tempo, pois ele acrescentara: "Nós queremos ser razoáveis, nós queremos esperar", e depois de um instante que marcara como que sua hesitação diante de um limiar: "E não é que a casa aqui é agradável?" Respondi brevemente: "Sim, ela é." Minha secura não o impediu de querer escavar o terreno, e escavar expressava exatamente, eu acho, o que ele desejava: procurar sobre quais fundações estávamos estabelecidos: "Ela é! disse ele. Te aborreceria descrevê-la para mim? – mais uma vez?" Devo confessar: mesmo compreendendo a extraordinária assistência que ele estava me dando, eu fora colocado em alerta por suas últimas palavras que, quase mecanicamente, me impuseram minha resposta: "Eu não posso." Mas ele não se deixava desencorajar: "Nós dois, nós poderíamos. – Nós dois? – Você sabe, disse ele com um tipo de fervor, eu gostaria de fazer alguma coisa por você, eu gostaria de fazer tudo por você. – Tudo?" O silêncio que se seguiu estava à altura desse "tudo": que eu devia me afundar nisso, eu sentia, mas o que eu sentia também é que ao mesmo tempo eu devia fazer com que tudo o que havia ainda de sólido ao meu redor deslizasse para lá.

Eu tivera de permanecer durante muito tempo no mesmo lugar (eu estava de pé lá embaixo, no começo da escada, mas sem dúvida me sentei um pouco mais tarde em um dos degraus). Por esse último grito, alguma coisa de mim me foi tomada[13]; eu tocava mais ainda o fora, eu o tocava menos também, olhava a sala que parecia se estender para muito longe, não via claramente os limites, me lembrava antes do espaço, como eu me lembrava de mim. Eu me levantara para ir até a cozinha buscar um copo d'água, mas devo ter me enganado de porta, eu logo vi abaixo um cômodo em desordem, mal-iluminado, para onde eu não tive a força de descer (a despensa, provavelmente).

Eu me encontrava um pouco mais longe. Eu ouvia uma porta bater, sem dúvida aquela que eu devia não ter fechado e que o vento empurrava. Mas esse barulho me parecera muito distante. Tudo estava extraordinariamente calmo. Olhando pelas grandes janelas envidraçadas – havia três – eu vira que mais além havia alguém; quando eu o avistei, ele se voltou contra o vidro e, sem me dar atenção, fixou rapidamente, com um olhar intenso, mas rápido, toda a extensão e a profundidade do cômodo. Talvez eu estivesse no centro da sala. Eu não via claramente o jardim que devia estar lá fora, mas eu me lembrava dele com uma grande potência, uma força que se assemelhava ao desejo. Eu distinguia os arredores. Enquanto eu estava no interior desta imagem, tentava ainda olhar, um pouco mais longe, para perceber se havia ainda alguém, mas não consegui, ou não consegui completamente. Eu me lembrei, entretanto, dessas palavras: "Pessoas, pessoas", o que me levou a dizer, lentamente: "Eu creio que há alguém. – Alguém? Aqui? – Agora há pouco alguém olhava pela vidraça. – Pela vidraça?" Palavras pronunciadas em um tom tão inusitado, tão baixo, que eu começara a sentir um tipo de medo. O que me apavorara foi que ele parecia repetir minhas palavras sem de fato compreendê-las, e eu tivera esse pensamento: Ele sabe o que é uma vidraça? "Alguém que olhava de fora para a sala. – Aqui? – Aqui onde estamos." Ele diz também: "Quem era? – Eu não sei, eu não o vi suficientemente. – E ele viu você?" Eu refleti; esta questão, não sabia por que, me apertava o coração; eu só pude lhe dizer: "Talvez ele não tenha me visto, talvez ele não tenha visto ninguém." Eu experimentava nesse instante uma fadiga, por empregar essa palavra, que escavava o espaço, que buscava substituí-lo por outro espaço mais tênue, por um ar vazio, sem raiz. Eu o ouvira, entretanto, ainda me dizer: "Você sabe, nós devemos ficar sozinhos, estamos sozinhos."

É possível que o tempo tenha passado, um tempo, ele também, sem ar e sem raiz. Eu ainda estava com sede, eu tinha me sentado perto de uma mesa, e quando eu o ouvi murmurar: "É um momento pelo qual se deve passar", eu confundira esta frase com esta outra: "Eis que mais um dia passou, não é?", e essa lembrança me arrepiou, em mim alguma coisa se quebrara. Eu tinha sustentado tantas lutas, eu tinha ido tão longe, e tão longe, onde era? Aqui, perto de uma mesa. Talvez meu silêncio, minha imobilidade e o sentimento que se tinha estabelecido entre nós como um equilíbrio, tenham me devolvido parte de minhas forças; talvez, pelo contrário, eu tenha ganhado em fraqueza; em um certo momento eu me encontrava na sala, e mais além da mesa, lá onde eu me dizia que devia se situar o fim, havia uma parede e, creio eu, um espelho, ao menos uma superfície levemente brilhante. Tentara reconhecer esse lugar, era ali onde eu estava há pouco? era eu? Em todo caso, no momento, aquele que se encontrava lá também se apoiava em uma mesa. A sede, a necessidade de esgotar o espaço, fez com que eu me levantasse. Tudo estava extraordinariamente calmo. Olhando em direção das grandes janelas – haviam três – eu vi que mais além havia alguém; quando eu o avistei ele se voltou contra o vidro e, sem me dar atenção, fixou intensamente toda a extensão e a profundidade do cômodo. Eu ainda me encontrava perto da mesa, quis me voltar rapidamente para encarar essa figura, mas me surpreendi por estar agora muito perto das vidraças e por me sentir, entretanto, sempre no centro da sala. Isso me obrigava a olhar estranhamente para um ponto de um modo que me era muito custoso, mais próximo do que me parecia, próximo de uma maneira quase assustadora, pois ele não se dava conta do meu próprio distanciamento. Enquanto eu a procurava quase ao acaso, eu percebera como um raio – um raio que era a brilhante, a tranquila luz de verão – que eu mantinha essa figura contra meus olhos, há alguns passos, os poucos passos que ainda deviam me separar das janelas, e a impressão fora tão viva quanto um espasmo de claridade, um arrepio de luz fria. Eu fora tomado de tal maneira que não pude deixar de murmurar: "Não se mova, eu acho que há alguém. – Alguém? Aqui? – Alguém nos olha pela vidraça. – Pela vidraça?" Palavras que, na hora, me deram um sentimento de assombro, de horror, como se o vazio da vidraça se refletisse nelas, como se tudo aquilo já tivesse acontecido, de novo, e de novo. Acho que eu gritei, deslizei ou caí contra o que me pareceu ser a mesa. Eu o escutara, entretanto, me dizer mais uma vez: "Você sabe, não há ninguém."

Eu guardei disso uma lembrança que se assemelhava ao espaço onde, um pouco mais tarde, eu me levantara. Eu tive, todavia, motivo suficiente para me apoiar na mesa, seguir lentamente seu contorno e assim eu fora um pouco mais longe. Agora estava muito mais escuro, ainda que o pouco de dia que restava tivesse como que fora de mim uma realidade excepcional. Foi esse dia que me mantivera firmemente perto da parede, que me impedira de me afastar, como se, de acordo com ele, todo o perigo, que tinha também a força de um desejo arrasador, se tivesse situado em algum outro lugar, mais ao centro do cômodo. O caminho, uma margem estreita, me conduzira – lá onde ele queria, a um outro lugar, lá também, sem dúvida, onde eu queria ir, a um outro momento, mas quando eu cheguei, eu pensei imediatamente que era a cozinha que eu já havia procurado. O que me chocara foi uma pequena parede que a dividia, uma separação por cima da qual o olhar passava alegremente: era como uma reserva, uma alegria inesperada do espaço, um vazio no vazio. O lugar tinha a aparência mais alegre, nele se derramava uma claridade que, por contraste com aquele de onde eu vinha, evocava o momento mais certo do dia, um meio-dia desprendido das estações e das horas. Luz, contudo, silenciosa que, eu vi, entrava por uma pequena janela de cozinha. O que me chocara mais uma vez, foi que eu reconhecera ali toda a desordem de uma vida que me era habitual: aqui, nesta mesa, eu devia ter comido há poucos instantes, um copo, uma garrafa, um tubo farmacêutico. Como me lembrava da minha sede, quis beber, mas a garrafa estava vazia.

A força que me havia conduzido até aqui neste instante me faltara. Eu lhe perguntei (isso aconteceu quando eu me vi diante da mesa, com sua desordem intacta): "O que você acha desse cômodo? – Ele é bom. – Ele é estranho, não é? – Não, ele é bom. – Você tem agora dois quartos à sua disposição." Observação que ele acolheu com bom humor: "Eu espero ter outros mais também. – E eu? – Ah bom, você os terá comigo." Eu não desejava levantar uma objeção, o que eu desejava tomou uma forma inesperada: "Você sabe onde eu estava antes de vir para cá? – Sim, disse ele, é verdade, eu sei muito bem. – Você acha então que eu não estive sempre aqui?" Eu tentei refletir sobre minha questão, que me dera um tal horizonte de incerteza, uma tal profundidade de tristeza e de esquecimento que eu tivera que completar, pouco depois, com esta outra: "Você quer dizer que eu me afastei, me afastei cada vez mais? mas por quê? o que teria ocorrido? o que aconteceu, então? – Eu me pergunto." Essa fórmula, uma espécie de parênteses onde o tempo circulava, mesmo que ele a empregasse com frequência, me pegou, pois ela me parecera de súbito ter um sentido que até então eu não havia entrevisto tão claramente, e isso me obrigara a acrescentar: "Você quer dizer que isso ainda não aconteceu?" Mas, eu pressentira, minha questão chegava tarde demais, ela não podia senão se chocar – calmamente – contra a presença de bruma dessa palavra, através da qual ele se reafirmara não sem apreensão: "Sim, eu me pergunto." Eu tentei, por minha vez, me perguntar; durante um instante eu acreditei conseguir, – e lá aonde eu cheguei, não foi nada menos do que esse belo lugar iluminado, a cozinha, às custas da qual eu tinha rompido o silêncio e para a qual eu olhava agora, como se ela tivesse sido o espaço aberto àquele que se perguntava. Era aqui?

Ele não respondera, mas o silêncio se fechou sobre mim como se ele me tivesse dito: não há aqui para uma tal dor. Eu a senti na hora, eu estava ligado a esta dor, ela também havia se fechado sobre mim, ela tinha seu espaço, seus muros, sua luz tranquila. Sim, era um verão calmo esta dor, e talvez ela me tenha conduzido até aqui, mas aqui, mesmo que tudo tenha parecido tão completamente imóvel como um lugar onde nada acontece, não podia ser aqui. Eu me demorava aqui, entretanto. Me parece que demorar era também o que ela queria[14], e creio eu, tive a impressão de que ela precisava de mim para isso; mas, ao mesmo tempo, ela me arrastava poderosamente, com uma tal força que eu não saberia explicar. Eu via a porta levemente aberta: além, a obscuridade, a meia-luz[15] da sala, mais além, o centro do cômodo. Devo dizê-lo agora, eu tinha este pensamento: que meu companheiro soubesse mais do que eu sobre ela, era possível, que ele tivesse com ela relações que me faziam acreditar que com sua ajuda eu poderia entendê-la melhor, torná-la ainda mais transparente e eu mais transparente nela, era uma evidência difusa, uma luz tentadora em direção à qual a própria verdade me empurrava, mas eu não podia reuni-los em mim, não podia; eles me pareciam, ao contrário, tão desconhecidos um do outro quanto eu estava talvez próximo de ambos. Era, de uma certa maneira, o mais terrível: não se pode realmente desaparecer quando é preciso morrer em dois mundos separados. O que se acrescentava à tentação de chamá-lo é que, já que eu lhe falava e ele me respondia, eu estava de antemão, e de todas as maneiras, orientado na sua direção, comprometido com esta promessa que ele parecia ter colocado no centro das coisas, me declarando que ele "queria fazer tudo por mim", promessa que me envolvia tão completamente que ela também era o espaço no qual eu me deslocava. Eu cheguei a lhe perguntar: "Eu falei de você como de um companheiro.

Não é uma palavra irrefletida? –Seria eu seu companheiro? A quem você disse isso? – A mim mesmo, enquanto pensava. – Não creio que eu esteja atrás dessa palavra, creio que você não deveria empregá-la. – Mas você não se lembra do que me havia prometido? – Se eu me lembro? Profundamente, amigavelmente, eu não a esquecerei tão cedo." Eu me voltei para esta reticência, ela não era decepcionante, mas atraente, ela se assemelhava a uma espécie de timidez, talvez porque ela se dissimulasse na lembrança. Foi ela, eu não era bobo, que me incitara a ir mais longe, a lhe dizer: "Não seria mais cômodo se eu pudesse lhe nomear? – Você gostaria de me dar um nome? – Sim, nesse momento, eu gostaria", e como ele não respondia: "Isso não facilitaria as coisas? Não devemos chegar a isso?" Mas ele parecia ainda estar na sua questão: "Me dar um nome? Mas por quê? – Eu não sei precisamente: talvez para perder o meu." O que estranhamente o fez reencontrar seu bom humor: "Ah! Você não vai se safar assim." Réplica, eu compreendia muito bem, que reclamava, que esperava pela minha: "Mas eu não desejo me safar", e para escapar dessa espera que buscava seduzir em mim palavras já ditas, me foi preciso um esforço que resultara nesta questão: "Já não há muitas palavras entre nós? – Sim, seguramente, muitos escritos." Eu notei então com uma leve incoerência: "Você quer dizer que não deve haver nome entre nós? – Sim, é isso", mas ele acrescentou, com uma falta de perseverança que mostrava que a minha não lhe escapava: "Você sabe, as palavras não devem nos assustar."

Talvez eu não me desse conta disso o tempo todo, porque ele não deixava de me responder com uma boníssima vontade, mas eu devia interpelá-lo, ouvi-lo – e também para manter nossa direção para um objetivo que eu não via, que eu pressentia apenas – , com mais forças do que eu dispunha: forças silenciosas que supunham que eu já tivesse livremente abandonado as minhas e que, todavia, exigiam de mim – ou era um erro, uma armadilha? – a afirmação, reduzida à mais leve transparência, da minha presença entretanto mantida. Eu não lutava contra um adversário, não era tampouco uma luta; eu não me defendia e não atacava ninguém, ninguém me atacava. Se ele havia feito da minha vida um tormento e uma tarefa infinitos, era talvez por causa da cumplicidade infinita que, sem me dar conta, eu tinha incessantemente encontrado nele. Eu só pude lhe mencionar esse limite que desejava colocar diante de mim: essa conversa ia mais uma vez parar bruscamente? Eu já não lhe tinha dito o que me fora preciso de novo nesse momento lhe responder? "Eu estou cansado da sua presença. – A esse ponto? Perguntou ele. – Sim, a esse ponto, a esse ponto, tal como você me ouve." Ele deixou passar o tempo. Eu tinha o sentimento de que ele se preparava para me dizer: "O que devo fazer?", a essa pergunta, eu estava pronto para responder: "O que você pode fazer?" Mas ele queimou estranhamente as etapas: "É nesse ponto que nós deveríamos nos ligar um ao outro de uma maneira mais real?" Você deseja alguma coisa desse gênero, não é?" Eu não podia negar, eu tinha desejado isso; quando? Há pouco; eu talvez não o desejasse mais agora. Mas ele não se ocupava com as minhas reticências: "E você gostaria de estar ligado para poder também se desligar?" Sim, esse pensamento também tinha me ocorrido, do qual eu tive, entretanto, de me afastar por causa de sua forma: "Não é assim tão claro", e ele confirmou em seguida: "Isso nos serviria para pouca coisa, isso nos pararia em vão. – Nos pararia? – Sim, mas em vão." Eu quase admiti isso, talvez rápido demais, pois, como que para me reter nessa inclinação à adesão, ele me disse com uma intimidade e uma impetuosidade quase loucas: "Você me atraiu poderosamente até você: você não fala, você não me ouve? Nossa esfera não é a mesma? O que você deseja? Sair dessa esfera?" Eu só pude lhe dizer: "Quando você fala assim, eu me sinto mais próximo de você. – Próximo de você, próximo do que lhe é próximo, não de mim. – Não de você? E, no entanto, disse eu desesperadamente, você acaba de perceber, eu falo com você. – Você fala!" gritou ele bruscamente em um tom de desprezo inacreditável que me pareceu sair de uma outra boca, ah, de um passado infinito. Eu ficara pregado no mesmo lugar.

Até onde posso compreender, eu ouvira, e sem dúvida quase imediatamente, o abalo de um barulho surdo, o bater potente de uma porta. O vento! Este pensamento me levara para fora do cômodo em um movimento do qual só tive consciência quando me vi em um lugar mais escuro. Fui tomado por uma imensa necessidade de agir. A insistência, o retorno do vento, exerciam sobre mim uma autoridade evidente. Essa necessidade expressava uma ânsia vazia do fora, respondia a um chamado, a uma necessidade de vagar que falsificava e confundia o espaço. Era um tipo de repouso: longe daqui, longe daqui e, entretanto, aqui. Eu bem que poderia crer-me em uma praça deserta – mas havia uma diferença que eu procurava perceber; eu não me esforçava, eu a via até ficar fascinado: é que se eu passava cá e lá, se neste momento eu me liberava impessoalmente das minhas tarefas – eu tinha acendido a luz, tinha fechado a porta da despensa –, essa possibilidade de errar, esse trabalho, significava que em algum lugar, longe, eu estivera, de fato, "pregado no mesmo lugar". Quando, então? No momento, eu mal podia sonhar, eu não experimentava nem mesmo um transtorno ou um leve mal-estar impessoal, como se o medo tivesse sido, para mim, o medo que eu corria o risco de despertar em alguém. Sim, eu me lembrava da sua réplica, da violência de seu desagravo com o qual aparentemente ele tinha tentado me quebrar, mas que eu não podia "levar a mal", eu podia apenas lhe dar razão, e o que havia acontecido, exatamente? Seguramente, isso remetia há muito antes; seguramente, quando isso foi dito, algo de completamente outro, através dessa fala, veio à luz, tinha buscou uma saída, algo mais antigo, assustadoramente antigo, que acontecia talvez até mesmo em todos os tempos, e em todos os tempos eu estava pregado no mesmo lugar. Isso parecia explicar por que eu podia agora ir e vir nesse cômodo, fazendo as coisas que se faz habitualmente – eu tinha aberto um armário, comia rapidamente, depois, quando eu tivesse terminado, eu iria puxar as cortinas ao longo das grandes janelas. Em todo caso eu tinha o sentimento de que eu me confundia menos a respeito desses gestos, a respeito daquele que os realizava e que, agora, subia a escada e, imagino eu, ia se deitar. Vê-lo desaparecer não era, propriamente falando, estranho, já que era eu mesmo. Mas, não posso esconder, havia, entretanto, neste desaparecimento um não sei o quê de angustiante que eu não conseguia controlar: ele parecia tão impessoal, parecia esquecer com uma tal sisudez o que deixava para trás, proibindo-se de saber que, se ele entrava agora nesse quarto, um cômodo que se abria logo após a curva da escada, para dormir como todo mundo, isso acontecia na verdade porque ele estava em alguma outra parte pregado no mesmo lugar.

Eu não pude dormir, no entanto. O vento tinha se tornado a violência, a desolação do vento, mas não era esse poderoso rumor do fora que me mantinha acordado, era, ao contrário, a calma prodigiosa que um tal barulho deixava intacta. Sobre essa calma, eu não podia me enganar: era como um lugar reservado em um lugar, que todavia não se situava aqui, que eu me imaginava encontrar voltando atrás, vagando, mas onde eu não podia tampouco chegar, pois se, daquele que havia "desaparecido", eu tinha o direito de falar na terceira pessoa, era, entretanto, eu mesmo que estava aqui e que se demorava. Eu não podia dizer que ele dormia, eu experimentava sua reserva, seu mutismo que aceitava a noite e, através da noite, fixava o espaço em um só lugar, enquanto eu não sabia talvez nem me interromper nem me retirar. Que ele fosse, "de sua parte", ainda mais inacessível do que eu ao meu companheiro – aquele que não se reconhecia por trás dessa palavra –, mais estrangeiro e como que subtraído de sua esfera, eu me persuadia, precisamente experimentando a sua reserva, do fato de que mesmo seus gestos não falavam. Reserva que me parecia, nesse momento, terrível, tão angustiante quanto seu desaparecimento, ao qual ela estava certamente ligada, como se ele tivesse se afastado, se apagado na existência impessoal, na aflição extrema que não é nem mesmo aquela de alguém, e ainda que o direito de falar de mim na terceira pessoa me parecera se justificar por um tal apagamento, devo reconhecê-lo, falar dele me causava um mal-estar infinito, uma tristeza horrenda, com o sentimento de que esta reserva merecia algo melhor, clamava por um silêncio que infelizmente se recusava, mesmo parecendo ser a inclinação que me convidava, a mim também, a nela deslizar. É por isso que, nessa noite em que eu ouvia somente o meu próprio pensamento ao qual nada respondia a não ser essa reserva que, entretanto, não era outra senão eu mesmo, eu prometera a mim mesmo de guardar ao menos junto do meu companheiro o segredo sobre essa "terceira pessoa", e me perguntando ao mesmo tempo se eu teria a força para isso, se o segredo não queria dizer que essa força me faltava.

Mas o que é uma noite? No dia seguinte, eu me levantei como de costume. "Como de costume" era uma voz que me vinha do fora, uma espécie de janela aberta nesse espaço fechado. A noite toda eu havia desejado este momento: me levantar e que tudo estivesse como de costume. Eu não teria conseguido expressar precisamente o que significava esse desejo: uma necessidade de me apoiar sobre o mundo? A preocupação em confirmar a veracidade do dia? De reconhecer as aparências? Creio que eu desejava humildemente ter a força para me levantar. Isso acontecera e mais facilmente do que eu esperava, mais rapidamente sobretudo. Eu só tive tempo de me dizer: "Como tudo isso acontece rápido! Mas como, já é dia?" Ao que fez eco o velho discurso: "Mais um dia passou, não é?" Eu me voltara para ele, e alguma coisa da minha simpatia, do meu movimento de confiança e de acolhimento deve tê-lo tocado, pois quando eu lhe dizia espontaneamente: "Esta noite foi infinita", eu o ouvira me responder com um tipo de delicadeza: "O melhor não seria não sair daqui? – Mas eu já me movi, o fiz notar alegremente. – Então, vamos", acrescentou ele em seguida, sem que o lugar para onde nós devíamos ir fosse melhor estipulado. Eu subira os degraus, entrara em um pequeno lavabo. No mesmo andar, e um pouco mais tarde, abrindo a porta que eu pensava ser aquela da escada – mas esta devia ser contígua àquela–, eu fora como que atraído pela surpresa, atravessado e carregado por essa surpresa que se parecia com a alegria do dia, com o tremeluzir de uma luz tão cativante que ela me fazia penetrar, à medida que eu avançava nesse pequeno quarto, no coração do verão, e será que eu avançava? Era o espaço que se abria, um espaço sem limite, um dia sem entraves, livre, e essa liberdade, mesmo que ela não carecesse de frieza – pois eu fora imobilizado em um sentimento de vazio reluzente – ela era como a fantasia flutuante do verão. Eu certamente reconhecia esse pequeno cômodo no qual não duvidava de já ter passado muito tempo e que, nesse instante, me dava a impressão de uma guarita, aberta dos dois lados, mas vazia (não que ela estivesse esvaziada de objetos, eu percebia no momento uma mesa), e, ainda assim, vazia em um grau exaltante e, temo, difícil de sustentar. Acho que havia também um divã, pois tivera a impressão de que me deitava nele, e como o cansaço, o peso desse instante, me repelia contra a parede, eu continuava a ver o cômodo em toda a sua extensão, em sua presença vazia, desabitada e, no entanto, muito alegre. Posso imaginar que me mantive em silêncio por bastante tempo. Um pouco depois, viera me sentar à mesa. Que eu já tivesse me sentado lá, eu tinha a certeza, e talvez fosse há pouco, talvez agora: a perturbação que eu sentia vinha do fato de que, de certo modo, ali eu reencontrava a mim mesmo, e o pensamento de que eu estava pregado ali no mesmo lugar me tomou imediatamente com uma força perturbadora, ao mesmo tempo mais desesperadora e mais estéril do que quando ela já me havia atingido. Eu não pude deixar de lhe dizer: "É aqui, tenho a impressão, que eu vivo. – Você tem certeza? – Eu acho esse cômodo estranho. – Não, ele é bom." Certamente, ele o era e de uma graça extraordinária, tão atraente como se todo o movimento do espaço tivesse se concentrado nele para fazer um começo incandescente, o lugar de um encontro onde não havia ninguém e onde eu não era eu mesmo. Eu tivera mais uma vez que me deixar levar por essa impressão.

Um pouco mais tarde, eu me encontrei sobre a cama. Nada tinha mudado: eu ainda via a mesa, ela se estendia de uma janela até a outra, de oeste à leste, ao que me parecia. O que me chocava, o que eu tentava fazer surgir do meu devaneio, era porque, nesse pequeno quarto, a impressão de vida era tão forte, uma vida reluzente, não inatual, mas aquela do momento presente, e a minha, – eu o sabia com um saber claro, alegre – e, entretanto, essa claridade era extraordinariamente vazia, esta luz de verão produzia um grande sentimento de desamparo e de frio. Aí está o espaço vazio, me dizia, o vasto país: aqui eu trabalho. A ideia de que eu vivia aqui – de que aqui eu trabalhava – significava, é verdade, que nesse momento só estava ali como uma imagem, o reflexo de um instante solitário deslizando através da imobilidade do tempo. Pensamento frio, o qual eu não conseguia esgotar, que me repelia, me atirava contra a parede, do mesmo modo que o aqui se transformava em longe daqui, mas esse distante tornava-se logo o resplandecer do dia, a expansão e a alegria de todo o espaço incandescente, consumindo-se até a transparência de um único ponto. Que visão! Mas, uma visão, infelizmente. Eu me sentia, todavia, fortemente ligado a esse instante e como que sob a sua dependência, desta feita meu mestre, na impressão de que aqui se produzia um acontecimento soberano e de que viver consistia para mim em estar eternamente aqui e ao mesmo tempo em evoluir somente em torno daqui, em uma viagem incessante, privada de descobertas, obedecendo a mim mesmo e idêntica à soberania. Sim, era o mais alto grau da vida e mesmo que, por essa vida, eu fosse alheado em uma calma e em uma solidão mortais, eu podia dizer: é preciso, é preciso – a mim eu te atraio potentemente.

Quanto tempo isso durou, posso imaginar. Eu me lembro de que, tendo deixado o pequeno quarto – eu o deixava porque na realidade eu não podia mais suportar este instante, o que queria dizer, não o ignorava, que este instante não me suportava mais – , como eu me afastava (eu descia a escada), viera a mim, me aflorara o sentimento de que eu havia saído a tempo, mas eu não me iludia com a licença que eu me dava, mesmo que ela se assemelhasse a essas palavras: "Você precisa ver se você está lá embaixo", palavras tão leves quanto eu mesmo, e esta leveza exprimia meus passos sem objetivo, o movimento que me empurrava de um quarto para o outro, enquanto as portas batiam e o vento deslizava alegremente por trás do espaço, no nível da calma e do silêncio.

Embaixo, entretanto, – ao pé da escada – eu tive que parar. Aqui, eu havia parado outrora, e a convicção de que agora me era necessário encarar alguma coisa, uma tarefa talvez, parecia ligada a essa parada. Eu distinguia o dia mais escuro, mesmo que nesse momento estivesse quase claro, também o silêncio que não era muito maior do que aquele no lugar de onde eu vinha, mas um pouco diferente, mais pobre, mais desolado, como se lhe tivesse faltado não sei o quê para ser um verdadeiro silêncio, do mesmo modo que parecia que só a presença de alguém poderia transformá-lo em uma solidão verdadeira. Eu pressentira isso pouco a pouco: aqui, com relação a este lugar, eu estava encarregado de uma responsabilidade da qual eu não podia me desvencilhar, que me obrigava a permanecer recuado, como que para apagar passos ou para recomeçar o que não havia sido feito; sim, eu devia corresponder a um papel que eu não conhecia, mas que eu não devia desconhecer, que me era mais íntimo do que eu mesmo, e do qual eu aceitava o peso dando-lhe momentaneamente este nome: responsabilidade para com a solidão, libertação para as imagens cativas.

Devo confessar: eu teria desejado passar a vez. Por que essa tarefa? Por que ela me incumbia? Por que eu tinha entrado aqui? Quem me impedia de sair? Quem me retinha? Ninguém, muito menos eu, acreditava na verdade de uma tarefa, ninguém que tivesse sido mais alheio a um dever que fosse. E pode-se chamar dever o que não é devido a ninguém? Responsabilidade, o que se dissipa na ausência de uma resposta? Uma tarefa, mas inapreensível, uma exigência, mas vazia, funesta e devastadora, e, entretanto, uma tarefa, uma responsabilidade, um dever. Não pude deixar de me voltar para o meu companheiro, aquele que não me acompanhava, e lhe dizer: "Eu sei o que vai acontecer, eu sei exatamente. Eu vou lhe descrever onde estou, eu creio que posso confiar em você? – Sim, eu creio, mas sob a condição de que, eu também, possa confiar em você. – Você quer dizer que eu devo lhe descrever as coisas tal como eu as vejo? – Tal como eu gostaria de vê-las, como eu as veria", e ele acrescentou: "Sim, tudo depende disso." Eu refleti, isso me abria horizontes. Eu teria desejado lhe fazer entender como aquilo que ele me pedia com tanta simplicidade ia além de tudo, excedia meus meios, me ultrapassava, mas por temor de que ele se rendesse aos meus argumentos e porque eu sentia, e com uma tal força das evidências, que de fato, "tudo dependia disso", eu tomei o partido de lhe responder: "Sim, entendido, é o que eu devo fazer, mesmo se eu não posso. Escute, nesse momento eu estou ao pé da escada, quase rente aos degraus, do outro lado e muito perto de mim há uma poltrona, mas eu não olho para ela, pois eu estou voltado para a sala que se estende um pouco mais longe. Você vê como são as coisas? – Mais ou menos. Está escuro, não é? – Não está tão escuro, é o dia que é escuro. Você sabe, está extraordinariamente calmo." Que já fosse tarde demais, ele mesmo deve ter pressentido, pois ele disse calmamente: "Fique onde você está, não se mexa." Eu não teria podido me mexer, mas o que ele me pedia era sem dúvida outra coisa: me ater a esse instante da descrição, mantê-lo vazio custe o que custar, preservá-lo, impedi-lo de tender – em direção ao que não podia deixar de acontecer. Acho que eu fizera um leve movimento ou tentara me deslocar, mas me chocara contra a minha imobilidade e, de pronto, tivera a sensação plena de que, na poltrona, bem perto de mim – é a proximidade que era insensata, pois a minha mão, quase sem movimento, teria podido roçá-la – , alguém estava sentado, que eu percebia agora de uma maneira profunda, intensa, mesmo que a forma estivesse absolutamente imóvel, levemente inclinada, mas eu não a via diretamente, pois ela estava um pouco atrás de mim. Isso durara um instante maravilhosamente tranquilo e profundo, depois do que eu lhe disse rapidamente: "Faz um tempo que alguém está sentado ali, na poltrona." Imediatamente, eu fora sacudido, atravessado, não porque eu sentisse a proximidade insensata dessa presença, dessa vizinhança intensa, viva, porém imóvel: isso eu suportava, me parece que eu sempre havia suportado; mas as próprias palavras, das quais eu tinha esperado um socorro, ou pelo menos uma luz outra, um recuo de mim mesmo e da realidade, ao contrário me abriram para esse tremor de evidência que constituía o fundo dessa presença, tornava-a incontrolável, inexplicavelmente, absolutamente humana e, no entanto, absoluta. E quando ele me perguntou: "Alguém? Aqui?", na espera em que eu estava de suas palavras, a vibração que corria por detrás delas, as envolvia com um pavor que ele parecia sentir, pavor que adiava esse instante para um tempo outro, mais antigo, assustadoramente antigo, tudo isso avançara silenciosamente, expressara esta imagem, parecera tomar posse dela, depois derivara nesta questão: "Quem é? – Eu não sei. – Você já o viu? – Eu acho que não", mas isto me fora bruscamente arrancado: "Sim, já o vi."

Me pareceu evidente que ele próprio me havia atraído até ali, que pelo menos ele me havia forçado a chegar até essa palavra, a iluminar o lado visível de um instante contra o qual eu tinha resistido - o que estou dizendo? - com o qual eu havia vivido lado a lado silenciosamente e virilmente, sem que ele pudesse se aproximar. Agora, tudo estava dito, ao menos eu tivera, naquele segundo, a violenta, a esplêndida certeza disso, a qual se dissipara quase no mesmo momento que ele me perguntou: "Quando você o viu?" Eu tivera que me afastar, pois eu via agora à minha esquerda a brancura de uma porta que afundava no chão: aquela da despensa provavelmente. Acho que eu desejava alcançar a mesa que estava bem mais longe, para além do centro do cômodo, mas como eu contornava uma outra poltrona, percebi de repente uma cama ou um divã, mas impressionantemente largo e vasto, que ocupava toda uma região da sala. O fato de que eu ainda não tinha prestado atenção nela me chocou muito, pensara alegremente: a gente nunca vê tudo em um cômodo. Eu continuava muito surpreso pela impressão de imensa tranquilidade que emanava dessa visão, me parecia que eu nunca havia visto uma superfície tão calma, uma tal extensão repousante, uniforme e silenciosa. Imagino que eu olhara essa cama por muito tempo. Não posso dizer que a ideia de me deitar nela não me ocorreu; pelo contrário, eu experimentara o desejo mais vivo, desejo assumia também esta forma: é que nesse lugar, eu teria do cômodo uma perspectiva completamente diferente, uma possibilidade de descrição que me animava, me regozijava infinitamente, como se houvesse ali uma farsa amigável a ser encenada para o meu velho companheiro. Entretanto, não me deitei nela e não acho que eu tivesse realmente pensado em fazê-lo. Isso não me parecia de modo algum possível; e por quê? Eu não saberia dizer exatamente: o pensamento de que eu estava ali, mas por acaso, devido a uma infelicidade do tempo e também porque eu estava alhures pregado no mesmo lugar – e talvez na cozinha ou lá em cima, no pequeno quarto, na guarita, onde meu devaneio evocava a imagem do sentinela, daquele que vive no dia e suporta o seu peso –, este pensamento vinha se perder neste outro de que eu tinha que enfrentar aqui alguma coisa, uma tarefa, uma responsabilidade, mas, nesse instante, me tomara com uma intensidade prodigiosa a sensação da minha imobilidade, da certeza que me fixava de novo neste lugar. Eu não tive que fazer nenhum movimento. Ali onde eu estava, sem me virar, eu percebia os degraus, havia seis ou sete antes que fosse alcançada uma espécie de abóboda, bem baixa e potente, sob a qual voltejava a escada. Para o meu companheiro, agora, a percepção do que eu via trazia uma resposta. A figura estava lá embaixo, e eu a via imóvel, quase de costas, ao que me parecera, e eu tive o sentimento de que, no momento que eu a olhava fixamente, ela se preparava para subir os últimos degraus e desaparecer. Esse movimento que não se realizava dava a esta presença uma verdade nova, e toda a distância que nos separava, medida em alguns passos, a tornava surpreendentemente próxima, mais próxima do que há pouco quando, eu me dava conta, aquilo que fazia com que sua proximidade parecesse insensata era a aflição de seu afastamento. Mas, o mais estranho é que, no espaço reduzido a esse lugar – e a forma estava, eu a vi, quase apoiada na parede –, ainda que ela não pudesse me ver e provavelmente não soubesse nada sobre mim, mesmo assim ela permanecia paralisada e suspensa sob meu olhar, como se o fato de que eu a olhava fixamente a tivesse, com efeito, fixado nesse ponto. Havia ali algo insólito, absolutamente infeliz e isso me abalara de tal forma que o fundo de estranheza sobre o qual se afirmava essa cena se transformou. Provavelmente, sob o efeito da minha perturbação, eu tivera que me deslocar: eu via agora a escada em uma perspectiva mais alongada, subindo de uma maneira abrupta em direção à figura para a qual eu não parava de olhar fixamente, que se revelava ainda mais, de modo que a impressão que eu tinha era aquela de alguém maior do que eu imaginava, sim, foi esse sentimento que me tomara então, de alguém um pouco maior do que deveria ser, e eu não sei porque essa singularidade era como que um apelo desconcertante à minha visão, uma insistência que alarmava meu olhar e o impedia de apreender algo. Me parece que estive pronto para me aproximar mais, talvez para reanimar esse instante, para lhe permitir se reconquistar; mas, o que acontecera e que eu teria podido prever, na verdade me atingira como o inesperado – eu creio que nunca o tinha esquecido a esse ponto – e, quando ele me perguntou: "Você o vê neste momento?", para minha surpresa e também por uma espécie de dor que sentia nascer em mim, face a essa intervenção que procurava me sobrepujar e participar de um instante reservado, eu não respondi, não sendo capaz, sem dúvida. Pouco depois, de muito longe, desse distante que era feito da minha resistência e da minha denegação, eu o ouvi murmurar: "Você sabe, não há ninguém." Eu não sei se eu acolhi essa fala nesse momento, mas nesse momento, para minha extrema emoção, eu vira a figura se deslocar visivelmente, eu a vi subir lentamente um degrau, se aproximar da curva e entrar na zona de sombra.

Dentre todas as impressões que me atingiram, creio que a mais forte foi esta: é que nunca a evidência de realidade tinha sido tão premente como nesse deslizar para o desaparecimento; nesse movimento alguma coisa tinha sido liberada que era uma alusão a um acontecimento, à sua intimidade, como se, para essa figura, desaparecer fosse a sua mais humana verdade e, também, a mais próxima de mim. E a outra impressão que se impunha era a contrapartida de uma tal certeza: o vazio desolador, mas também reluzente, e que representava para mim esse desaparecimento, acontecimento que eu não estava nem mesmo tentado a reportar diretamente à palavra do meu companheiro. Eu não diria que eu não via nenhuma ligação entre esses dois sinais, mas eu pressentia uma solidariedade mais profunda, mais imponente, aquela de duas esferas que não se conheciam, de dois momentos do tempo talvez completamente estranhos um ao outro e se encontrando no seio de sua estranheza comum[16]. Qual tinha antecedido o outro? Essa palavra, ele a havia pronunciado agora, mas agora talvez já tivesse se produzido outrora, se repetia, acontecia de novo – de novo? mas isso não podia acontecer de novo, e tudo se tornava mais uma vez vazio e inanimado. Nesse sentimento se exprimira então meu próprio movimento desesperado, e que a lucidez só podia tornar infinito. Sim, isso já tinha acontecido, e a questão de saber quando? era vã, a certeza da lembrança, indiferente, pois me parecia que eu não pertencia à ordem das coisas que se produzem e das quais nos lembramos alegre ou tristemente, mas ao elemento da fome e do vazio em que aquilo que não acontece, por causa disso, recomeça e recomeça sem começo nem repouso.

Não o neguei, eu teria feito de tudo, entregado tudo para seguir adiante, e entretanto, a certeza de que eu não podia apesar do meu desejo e apesar da aparência, se recobria com essa ideia: é que eu devia me demorar ali, ali me manter, ali estava a minha tarefa, o começo de uma decisão que eu devia sustentar permanecendo sempre de pé, traindo-a o mínimo possível, sem nunca me desincumbir de mim mesmo, mas sempre diante de uma exigência que me dava a sensação de eu mesmo ter desaparecido também e, longe de me crer mais livre dela, de estar ligado por este desaparecimento, ligado sempre mais intimamente à ela, de ser chamado, fadado a sustentá-la, a torná-la mais real, mais verdadeira e, ao mesmo tempo, a levá-la mais longe, sempre mais longe, lá onde a verdade não mais alcança, onde a possibilidade cessa. Eu via o lado terrível, enganador, de um tal pensamento, eu lutava contra ele e ele não resistia, cuja leveza me deixava livre, tornava-se a transparência que eu não podia rasgar sem atentar contra um instante livre. Em certos momentos, me parecia que tudo o que ainda me restava de solo firme, era essa transparência e, se eu avançava, era me apoiando nela, em minha própria imagem assim refletida, enquanto ao infinito esse reflexo se perpetuava, indiferente às ruinas do tempo.

Reflexo que me tinha sem dúvida atraído pela sua fragilidade, a garantia de que me apoiando sobre ele eu não deixaria de cair rapidamente, mas a queda era infinita, e a cada momento da queda o reflexo se reformava sob os meus passos, indestrutível. Me acontecia também e, precisamente nesse momento, de sentir que essa tarefa, palavra que eu teria preferido substituir por outra ainda mais insignificante, mais vazia e, por isso, mais apropriada à sua potência imperiosa, que essa exigência era o laço que me unia a mim mesmo, àquele que havia vivido no pequeno quarto, perto do dia e suportando o seu peso. Talvez eu lhe fosse necessário, e sem dúvida uma tal necessidade me pesava tanto quanto nos é possível sermos pesados para nós mesmos, mas eu pressentia também que ele depositava em mim uma certa esperança, que essa tarefa e esse fardo tinham relação com essa espera. O que ele esperava? Eu não sabia. Talvez a estranha distância, estabelecida entre nós, e por onde, eu bem via, se introduzia o tormento infinito que era meu espaço e meu ar e meus dias, esse distante interior e, no entanto, medido pela realidade de alguns instantes, sim, esse fato de que eu estava um pouco aquém, atrás, nessa região estranhamente perigosa, mas estranhamente atraente, do reflexo, essa imensa separação me dava algum tipo de descanso? Mas por que esse suspense, essa pausa? Eu não podia ver com clareza nisso, e essa obscuridade tinha também o peso da minha tarefa e da minha responsabilidade, pois eu também, à minha maneira, buscava o dia, mesmo se fosse preciso me contentar com um fulgor errante, prisioneiro, a cintilação do instante, que por vezes eu quase preferia mais do que a luz do mundo. Sim, eu me dizia, minha parte é a melhor – de minha parte, estou aqui, eu fico aqui.

Ao que ele não deixava de responder: "Mas você tem todo o tempo." Eu percebera então que eu havia alcançado a mesa, cuja superfície redonda eu via girar ao redor de um vaso vazio, e embora tenha tido antes a impressão de cair ali, eu estava sentado tranquilamente, o que não me impedira de pensar: que pena eu não ter caído na cama, da qual eu guardava a reconfortante imagem. Eu me sentia pouco cansado, mas desorientado, prodigiosamente desobrado[17], esse desobramento era também a minha tarefa, ele me ocupava: talvez ele representasse um tempo morto, um momento de abandono e de desfalecimento da sentinela, uma fraqueza que me obrigava a ser só eu mesmo, mas a agitação vazia onde eu evoluía devia ter um outro sentido, evocava a fome, evocava a necessidade de errar, de ir mais longe, perguntando: "Por que eu entrei aqui? Estou procurando alguma coisa?", quando na verdade eu talvez não procurasse nada e que mais longe, ainda fosse aqui e aqui, o tempo todo. Isso eu sabia. Saber fazia parte desta solidão, fazia essa solidão, operava no desobramento, fechava as saídas. Por desobramento, eu lhe perguntara: "Você sabe o que aconteceu agora há pouco? – Sim, eu sei muito bem, mas você deseja que falemos sobre isso? É uma coisa boa? Nós devemos ser razoáveis. – Talvez não seja uma boa coisa, mas eu também não falo realmente. Você se lembra, você me fez perceber. – Se eu me lembro? Profundamente, amigavelmente; isso te impressionou. – Eu não o levei a mal. Eu também acho que nós não falamos realmente: não se pode chamar isso de uma fala." O que o levou a me dizer: "Você está pensando neste momento?", mas ele não me deixou o tempo de esclarecê-lo, pois sem transição ele passou para esta certeza: "Oh! nós nos entendemos perfeitamente." Como eu refletia sobre uma tal segurança, ele me perguntou de cara com uma estranha voracidade: "Você está escrevendo? Você está escrevendo nesse momento?"[18] Questão que me jogou um balde de água fria, como se tivesse havido ali uma falta de bom gosto de sua parte, um farejar de cão em direção ao seu próprio odor. "Eu não o faço à noite, nesta estação. Já faz frio. – E no verão? – Sim, no verão, isso me ocorre." Ele continuava firmemente com sua investigação: "E você lê? – Não muito, não tanto quanto deveria. – Por que você não lê?" Eu fiquei abalado, devo reconhecer, com a seriedade e com o interesse apaixonado das suas questões: por que eu não lia? Eu me perguntava, e dessa pergunta brotava essa resposta que eu lhe oferecera muito alegremente: "É que eu prefiro conversar com você", o que ele também acolheu alegremente, repetindo: "Oh! nós nos entendemos perfeitamente." Mas talvez não tanto quanto ele o teria desejado, pois sua réplica o levou à minha que ele parecera devolver: "Sim, nós conversamos", e o silêncio que resultou disso saiu dessa palavra desarticulada, revelou-lhe o defeito, o interstício, o que me transtornou penosamente. Digo em mim mesmo: "Vejamos agora o quanto você vale", e o que eu valia, eu pensei prová-lo para mim mesmo declarando-lhe precipitadamente: "Você sabe, eu confio em você, exceto em um ponto, pois havia realmente alguém aqui, há pouco. – Realmente? – Sim, realmente, realmente." Essa realidade, eu percebi quanto risco eu corria por afirmá-la assim diante dele, mas não sei o que impelia a mantê-la custe o que custasse, me parecia que eu devia a homenagem a um acontecimento que eu não devia deixar se apagar, para o qual, de outra maneira, eu não poderia nunca regressar, que precisava também, para se realizar, desta garantia indefinidamente mantida. Eu desejava fazê-lo entender que, sobre esse ponto, eu não cederia, eu não renegaria a certeza. De fato, ele não parecera estranho à minha convicção, somente desconcertado, e nesse momento eu peguei no ar a ideia de que talvez eu tivesse esquecido certos detalhes, lacuna pela qual escapava a realidade, que eu tinha, por exemplo, negligenciado a descrição da poltrona que, no entanto, levantando os olhos, eu via no fundo do cômodo, bem longe de mim, é verdade, e ainda mais longe dele: uma robusta poltrona de campo que me fazia algumas vezes pensar na cadeira de Van Gogh. O fato de que alguém estava sentado ali, nessa poltrona, tinha uma verdade humilde, a verdade desse lugar tão reduzido, e eu só podia refletir inesgotavelmente sobre essa verdade da qual me restava tão pouca coisa, pois ela não significava nem mesmo o repouso, uma atitude de repouso, mas sim a indiferença ao repouso. Talvez ele discernisse o que ele considerara uma dúvida, que era pelo contrário o tormento de uma certeza reduzida a ela apenas; ele me perguntou lentamente: "Quem era? – Eu não sei", mas ele não esquecia que eu tinha dito muito mais, e ele me fizera senti-lo em sua nova questão: "Ele viu você?" Eu refleti, e senti a angústia, a tristeza que me lembrava a presença dessa figura, fixada em um único ponto pelo fato de que eu a encarava: ela era então apenas esse ponto, um ponto vazio, silencioso, um instante vazio, tornado tragicamente estrangeiro ao meu olhar no momento exato em que este tornava-se o erro de quem olha fixamente, e meu próprio olhar estava vazio, não penetrava nessa zona, penetrava-a sem atingi-la, não encontrava nada além do vazio, o círculo fechado de sua própria visão. Sobre o que, ele insistiu: "Como ele era? –Acho que eu não desejo descrevê-lo para você, pelo menos, não por enquanto. Me parece que não devo fazê-lo. – Você quer dizer que você poderia? – Eu penso que não devo me perguntar isso. – Ah! diz ele estranhamente, eu entendo, eu entendo, você o respeita", e como eu não negava, ele mudou bruscamente de horizonte, e esse novo horizonte se revelou por essas palavras: "Você não tem medo disso? Não é assustador?"

A palavra assustador me pegou, me perdeu. Eu a vi de repente com uma força que, de fato, não me deixou intacto: o que tinha estado lá era assustador, era aquilo com o que eu não podia conviver e, nesse deslizar, tive a impressão de que eu mesmo não podia mais conviver com ninguém e muito menos comigo. Fora um tal sentimento de ruptura que me tornara estranho a este instante, provocara uma queda, uma vertigem na qual, longe de repelir o assustador, me encontrara perto dele, unido a ele por uma simpatia, por um desejo de reconhecê-lo? Movimento que me fizera percorrer abismos e abismos, e que alguém estivesse ali, eu poderia acreditar, já que o que eu experimentava se parecia muito com o arrepio de sua aproximação. Me iluminara a tal ponto que ele teve que acreditar em sua presença, e ele me perguntou rapidamente: "Você o vê neste momento?" Mas, por esta questão, eu compreendi que a luz que eu acabara de percorrer desejava iluminar uma coisa completamente outra, esta resposta mesma que eu lhe dava neste instante em toda a sua "luz": "Sim, eu já o vi."

Palavralouca[19], e desde que ela me escapara[20], ela me pareceu ser o que podia me acontecer de mais sombrio, o movimento covarde que me tinha feito colocar, no lugar do assustador, o familiar e, pelo desejo de dominar o desconhecido, o já conhecido. E, contudo, eu podia recusar uma tal luz? Eu não tinha sido, por um instante, íntimo dessa ausência, tão próximo dela que a ver teria rompido a intimidade? Mas essa palavra... Nós dois a escutamos, é certo, e ele não a deixou se afastar: "Você quer dizer que você o viu em outro lugar, outro que aqui?" Sob a tensão que me impunha sua pergunta, eu me deixei levar a uma observação a seu respeito que eu poderia ter sido tentado a fazer-me mais cedo, se eu não tivesse sido tão pouco tentado a me aproximar dele através das observações: é que eu me sentia obrigado a ser tanto mais franco quanto ele existia de uma maneira mais discreta – esta palavra errante a qual eu me reunia em certos momentos do tempo e em certos pontos do espaço, eu não podia, sob pena de reduzi-la ao capricho de um eco, esquecer de tratá-la com uma seriedade infinita, à altura de sua cumplicidade e de sua paciência infinitas. Mas, enquanto eu construía para mim uma muralha com minhas "observações", ele não se afastava de forma alguma de sua direção, como eu teria esperado, ele até mesmo a afirmara ainda mais vigorosamente, acrescentando: "Você quer dizer que você o conhece?" Isso me fez compreender que o melhor seria responder: "Eu acreditei que o reconhecia, mas quando você me faz essa pergunta, estou persuadido de que não o conheço de nenhuma maneira que convenha a essa palavra." Eu acrescentei: "Você bem sabe o que eu quero dizer." Ele admitiu lealmente: "Eu sei'. Mas, escutando-o, me veio à mente que ele talvez não soubesse da mesma maneira que eu, mesmo que ele tirasse disso uma resposta surpreendente: "E agora há pouco, era o mesmo de sempre?" Eu não demorei a entender; ele queria me tomar um pouco mais do que eu lhe havia dado, e talvez me deixasse a certeza, mas sob a condição de que ela fosse insignificante, sim, rigorosamente privada de sentido e de verdade. Eu fora levado por um caminho em que só parava para lhe perguntar: "Você quer dizer que eu não sou sempre o mesmo?" O que terminou por me mostrar onde eu ia.

Acho que me esgotei de amargura, o coração me faltara. Eu havia sustentado tantas lutas, tinha ido tão longe, e tão longe, onde era? Ali, perto dessa mesa, cuja superfície eu via girar também, com a leveza de um movimento vazio, e aquele que se encontrava ali talvez estivesse escrevendo, e eu mesmo me apoiava sobre ele, e sobre mim, outro alguém, e sobre este, um outro: na outra ponta da cadeia, ainda era esta sala e esta mesa. Eu estava sem chão contra um tal infinito, sem forças contra o vazio que a questão abria e fechava sem descanso, de modo que eu não podia nem mesmo cair. Isso me levantava, na verdade, me levantava por esgotamento, e acho que quando eu me vira de pé, esse movimento, essa necessidade desesperada de esgotar o espaço, fizera com que eu lhe atirasse, em resposta, com uma subitaneidade na qual se condensou a decisão que eu tomara há pouco: "Eu continuarei indo por esse lado, nunca por outro."

"Por esse lado" designava, sem dúvida, para mim, o lado onde ele se encontrava, o interminável, lá onde os instantes me levavam a um tal ponto de incerteza e de esterilidade que se apagava o que lhes havia precedido, que se apagavam eles próprios. Momentos infinitos, que eu não podia controlar, e o mais terrível é que, como uma pressão constante, eu sentia o dever de me tornar mestre deles, de orientá-los, de lhes transmitir essa pressão que procurava lhes fazer deslizar para um fim com o qual eles não podiam consentir. A esta pressão, esta narração imperiosa, eu não podia de modo algum resistir, ela estava em mim como uma ordem, uma ordem que eu dava a mim mesmo, que me abalava, me arrastava, me obrigava a errar. Eu não podia então afastar o pensamento de que essa busca não era somente a minha, meu erro, mas que ela estava também presente ao meu redor, na intimidade do espaço, no segredo dessa palavra que chamava o vazio e não o encontrava, ou que desejava se recompor e não podia.

Desde o momento em que eu ia e vinha – para longe, é certo, mas todavia aqui – , eu não podia negligenciar o que acontecia aqui, ou então devia, eu também, viver segundo a verdade da negligência, na qual, mesmo aderindo à visão transparente do dia, eu não achava menos importante o vazio dos reflexos que, a todo instante, me circundavam, e mais ainda: as coisas se passavam de tal maneira que, mesmo ao vê-las acontecer infinitamente ao largo e mais longe de mim do que eu jamais teria podido alcançar, eu me sentia intimamente responsável por elas. Creio que expressarei um lado da verdade, na linguagem que ele havia escolhido, dizendo que nós nos entendíamos. Este entendimento me era talvez infinitamente estranho, mas mesmo quando ele me escapava, quando eu estava ainda no fora dele, eu não o esquecia, eu continuava a me sentir diretamente responsável, na inquietude, na dúvida e também no pressentimento, pressentimento vazio, infinitamente pouco feliz, mas tenaz, mas exigente, pois, sem contato com esse instante que eu devia sustentar e não fixar, mas deixar livre, indo ao mesmo tempo ao seu encontro, eu devia, na ignorância de um pressentimento vazio, dar provas de um acordo e de uma aliança criativa e, todavia, não me preocupar com isso, por medo de que o tempo da preocupação viesse deslocar o acordo e atormentar infelizmente o vazio.

Não posso me expressar de outra maneira. Me parece que, no meu desespero, em que me era preciso lutar contra o interminável e, entretanto, elevá-lo ao dia, me proibir de ser ansioso, em busca de um instante que não queria ser procurado e que, no entanto, o desejava, nesse espaço cuja semelhança eu tinha de sustentar, eu aplicava todas as minhas forças em me demorar ligado a mim mesmo. Talvez fosse um erro, talvez o que eu chamava de fidelidade e de seriedade, a vontade de me demorar de pé, não fosse senão uma aspiração estrita a demorar, uma prece dirigida à noite para que ela tarde ainda um pouco. Sim, isso é possível, mas não se pode deliberadamente renunciar a se conter, só se pode lutar para manter o rigor de uma forma e o contato com o dia. Ir para cima, para baixo, mas mesmo nas trevas e tão longe quanto possível, lutar pela transparência, é preciso.

Eu não esquecia, o mundo está fundado sobre si mesmo e só a terra é o assento dos deuses. Daí ainda o sentimento tão pesado da minha responsabilidade, a seriedade com a qual eu devia me aproximar de mim mesmo, acompanhar-me nessa provação que me obrigava a viver aquém de mim mesmo, na intimidade do erro, nesse entendimento com o que eu não podia compreender completamente e que eu devia sustentar firmemente, sem me subtrair e, tanto quanto eu pudesse, sem me perder.

Que nós nos entendíamos, eu tinha muitas provas, mas esta sobretudo me fez refletir: logo que eu deixava de estar só, a solidão tornava-se intensa, infinita. Essa verdade não tinha nada de estranho, ela tornava apenas prodigiosamente verdadeiro o lugar no qual eu me demorava e que eu descobria em cada detalhe ser semelhante a ele mesmo, à descrição que se fazia dele nesse mesmo lugar ou por vezes alhures – dele, de tudo o que se passava ali e ali se afirmava. Essa semelhança era prodigiosa, ela não era categórica, não tinha a autoridade da evidência, era muito mais um prodígio, parecia gratuita, não justificada, incontestável, mas não segura, de uma realidade mais interna e entretanto absolutamente aparente, toda concentrada no esplendor visível, e ir e vir ali era um arrebatamento do qual eu podia tanto menos me furtar quanto eu tinha a felicidade de ver as coisas na alegria da sua solidão que não se preocupava com a minha presença, que jogava com a minha ausência e, é verdade, a palavra entendimento tinha também a exultação de um jogo sobre o qual nós nos entendíamos. A solidão era, creio eu, melhor expressa por esta alegria: um leve riso do espaço, um fundo de extraordinária jovialidade que suprimia toda reserva, toda alternativa e que ressoava como o vazio do eco, a renúncia ao mistério, a última insignificância da leveza. Eu não teria percebido talvez, se bruscamente ele não me tivesse perguntado: "Por que você ri?" Questão que me forçou a refletir, pois eu não ria de modo algum, eu estava muito mais, no centro do devaneio que tinha se seguido à minha resolução, em um estado pouco feliz. Pergunta surpreendente que me havia sido feita, me parecia, em um momento decisivo que não correspondia àquele, que evocava uma outra questão, um outro dia e, além do mais, eu era surpreendido toda vez que ele se mostrava capaz de vir até mim por um caminho que eu não havia traçado. Eu teria podido lhe perguntar qual era a intenção da sua questão, mas eu mesmo encontrara esta resposta: "É que eu não estou só." O que ele traduzira à sua maneira: "É que você não está aqui?" Eu tomei a coisa alegremente: "Você quer saber onde eu estou? Eu acabo de abrir as cortinas das grandes janelas, e eu olho." Eu reencontrara ali, maravilhosamente preservado, o pequeno jardim – nem mesmo um jardim, alguns passos de terra confinados entre muros–, que se estendia bem diante de mim, um pouco além das vidraças, mais além, mas ao meu alcance, de maneira que olhando para fora, eu tinha também o sentimento de tocar o fundo de uma lembrança, sua última chance, de tanto que essa pequena região me prolongava, me dava um pouco mais do que eu deveria ter recebido e que por isso eu recebia duas vezes[21]. Eu me lembrava do prazer que ele sempre me havia proporcionado e, mesmo agora, eu me sentia tomado por essa possibilidade inesperada, essa reserva de espaço e de luz em direção à qual ainda me era permitido me voltar. Não era o esplendor do ilimitado, tal como, lá onde eu vivia e trabalhava, no pequeno quarto, a claridade me dava a contemplar como o momento único e a intensidade soberana do fora. Aqui, nada, a não ser um pequeno fragmento, algo tão feliz quanto um arbusto verdadeiro plantado no coração de um sonho. Era o que eu via, mas eu tive nesse instante a impressão de que o que eu via faltava-lhe cruelmente. Ficara assim impressionado pela lealdade que me permitia mantê-lo à distância, de jamais acreditar que ele pudesse jogar sua partida sozinho. O que me trouxera rapidamente à minha resposta sobre a qual, eu vi então, ele ainda se debruçava, sem considerar minha contemplação, e eu recebera novamente a sua: "É verdade, você não está sozinho, mas nós estamos sozinhos."

Esse "nós" me impressionara, me parecera ter uma ênfase nova. Me parecera que antes de falar ele se retirava da minha vizinhança, ele se exilava, e este exílio tornava-se o fundo do entendimento, donde em seguida, à maneira de um sopro que se exala, se exprimia a vida, gasta, queimada, e mesmo assim estranhamente vivaz, da palavra. O "nós" me parecera uma alusão a este exílio, à necessidade fascinante de se afastar sob o pretexto de se tornar próximo, e me veio à mente que se me era preciso despender tantas forças nessas conversas, é porque eu devia primeiro afastá-lo, me afastar dele, e quanto maior fosse o afastamento, mais a palavra seria profunda e verdadeira, como tudo o que vem de longe. Não era o tranquilo adiamento, a suspensão que eu me concedia tão frequentemente "refletindo": era uma luta silenciosa, potente, mas também quase irreal, um movimento de sonho, em que era preciso me privar de vida, abster-me de mim mesmo, para tornar vãs todas as suas aproximações e para que ele pudesse dar voz ao distante. Mas era assim? O que eu acabava de chamar de exílio não evocava a separação, mas o retorno, a presença no mundo brilhante da negligência, e talvez meu esforço consistisse em abrir, por toda parte onde eu me encontrava, um intervalo que fosse a sua morada[22], em levantar a tenda do exílio onde eu pudesse me comunicar com ele – porque ele não estava lá. Mas era assim? Eu me surpreendi por imaginar que se ele se retirava por um pedido meu, ele nunca se retirava completamente e, nesse campo aparentemente livre, ele deixava, como o dia na noite, um vestígio, um simulacro de presença que falsificava o espaço e fazia dele o lugar da errância.[23] Talvez eu devesse lutar ainda mais para que ele se afastasse mais, mais sinceramente, de uma maneira que não fosse uma enganação, uma impostura, o jogo do entendimento e a alegria da solidão. Mas, para isso, não seria necessário que ele estivesse um pouco mais presente? Ele mesmo não me havia dito? Não tinha ele, em um momento singularmente dramático, evocado o desejo de me atar para poder me desatar? Sim, ele tinha se mostrado a mim neste pensamento, e eu sofria ainda o seu contato, o seu prestígio.

"Quando você diz nós, eu não tenho certeza do que você diz. Isso não tem a ver nem comigo nem com você? – Conosco!" Sim, isso abria um extraordinário intervalo, o que me permitira dizer-lhe: "Eu pensei muito nesses últimos tempos. Eu tenho a impressão de que no passado você permanecia[24] mais dissimulado. Você talvez fosse o extraordinário, mas eu vivia com o extraordinário sem ser incomodado, sem vê-lo e sem saber. – Você sente falta dessa época? – Não, eu não sinto falta dela. – O extraordinário." Da maneira como ele me repetia, eu pensei que ele não tinha realmente ouvido essa palavra. Eu tinha notado, ele amava os fatos, ele tinha uma curiosidade estranha, quase uma paixão pelos acontecimentos e pelas coisas mais simples que ele atraía "do seu lado", com uma voracidade espantosa, penosa, pois frequentemente eu tinha a impressão de que ele não sabia do que se tratava, que as palavras que designavam essas coisas continuavam opacas para ele, ao menos enquanto ele não as tivesse remoído por um longo tempo no interior da sua esfera. Eu não devia, entretanto, ter falado inteiramente por mim, pois ele continuou a me atacar com essa palavra: "É tão extraordinário assim?" Eu aguentei: "Sim, o era extraordinariamente." Ele permaneceu silencioso antes de me dizer: "Você não está empregando essa palavra para ser agradável comigo? – Para lhe dar uma ideia do que eu acredito. – Talvez ela não me seja agradável. Somos assim tão extraordinários um para o outro? –Talvez eu me abrigue atrás dessa palavra. Ela deve me lembrar certas coisas. Eu também acho estranho conversar com você algumas vezes. – Sim, nós conversamos."

Eu me surpreendera, assim como em uma outra ocasião: o quanto essa palavra parecia se abrir, revelar uma fissura, de onde subia um silêncio doloroso, uma extensão neutra, que era tentador percorrer sem fim, no tempo livre[25], acrescentando passos aos passos, sem jamais ter a esperança de encontrar ali a fadiga, o esgotamento: isso se mantinha entre, e agora que, talvez sob a influência dessa imagem, eu retornava, depois de uma pausa, à sala, eu via melhor – eu acreditava vê-lo – como ela se confundia com a sua própria semelhança, o que não me surpreendia, mas me impedia de apreendê-la em toda a sua extensão, me retirava também o desejo, e o que me chocava ainda mais, é como essa presença – escorregadia e entretanto preservada no seio desse deslizar – era de uma verdade ambígua, estrangeira, indiferente sobretudo à toda verdade, a uma certeza a partir da qual eu teria podido percorrê-la, fechá-la em seu limites. Do que acontecia aqui, eu poderia muito bem tentar me crer responsável, essa responsabilidade não fazia nada além de marcar o vazio do acontecimento, a falta de seriedade que expressava o "Por que você ri?", riso que sem dúvida eu me lembraria de ter ouvido, se ele não tivesse sido a dispersão mesma dessa reminiscência, riso leve, sem cor, ao redor do qual não era possível fixar uma presença mesmo que invisível. Creio que nunca sentira a esse ponto o quanto eu também me mantinha entre. Eu sempre suspeitei que, quando eu [*je*] dizia eu [*moi*], era para obrigá-lo a dizer por sua vez Eu [*Je*], a sair desse fundo, dessa neutralidade sórdida, estéril, onde, para entrar de uma vez, me teria sido necessário me tornar ele para mim [*moi*]. Região da qual talvez me tivesse aproximado tempos atrás, sem perceber, de tão unido que eu estava a ela pelo movimento da juventude e da vivacidade do coração e, que eu tenha me julgado suficientemente próximo para lhe dizer você[26] e suficientemente distante para ouvi-lo dizer eu [*moi*], que, sob o véu dessas primeiras pessoas, ao abrigo dessa igualdade que eu devia, a toda hora, lhe arrancar por meio de uma insistência veemente, eu tenha acreditado, ao menos momentaneamente, estar preservado do perigo de ouvir falar nele o anônimo, o sem-nome, eu devo ter tido esse pensamento, mas eu pressentia agora que ele me havia conduzido onde eu queria evitar ir, pois talvez eu tivesse conseguido – com algumas astúcias – mantê-lo a salvo de mim, mas anônimo era agora esse contato comigo, e o que resultava disso não era nada mais do que a despreocupação de uma tagarelice sem verdade, o tremeluzir sem fim de reflexos alegres e de instantes cintilantes[27]. Nada extraordinário, como ele tinha dito, nada grave nem perturbador, mesmo que fosse impossível respirar ali e demorar-se, como se não se pudesse respirar, esperar, a não ser graças a um pouco de seriedade. É por isso, sem dúvida, que eu devia cada vez mais frequentemente lhe perguntar: "Posso refletir sobre isso?" ao que ele não deixava de responder: "Sim, claro, mas por quanto tempo?"

Quando tudo isso tinha começado? Isso durava, não começava. Isso não durava, era somente sem fim. Por que, qualquer que fosse o ponto de onde eu partisse, eu chegava necessariamente no mesmo lugar, ali onde eu estava? E ali onde eu estava, eu não podia duvidar que fosse, quando nós conversávamos, onde ele se mantinha reservado. Essa reserva era o nosso espaço comum, um "Ajude você mesmo", onde se afirmava uma confiança ilimitada que eu acreditava por vezes recíproca, mas que de minha parte, temo eu, escondia ainda um desejo, a preocupação em preservar o momento em que nós falaremos de uma vez por todas.

Neste espaço, é talvez porque eu tentasse ainda reter a minha parte – e é por isso que eu não estava no limite, de minha parte, eu não estava – que eu vivia em uma constante dissimulação, sem saber de onde ela se originava. O mais simples era acreditar que de fato eu lhe dissimulava alguma coisa, era fácil, ele não se impunha, ele não me constrangia a nada. Mas, de fato, eu bem sabia, isso não podia se chamar dissimular, e ao contrário, quanto mais eu me engajava sem me conter neste espaço, mais eu sufocava com a aproximação da dissimulação. Ele não se preocupava de maneira alguma com o que eu podia pensar ou fazer. Outrora, eu tinha podido viver no mundo, ele não me incomodava e eu não o incomodava. Mas pouco a pouco e sob a pressão dessa dissimulação, para me subtrair desse elemento sufocante que eu acreditava poder dissipar assim, eu tinha me retirado de tudo a fim de não mais parecer lhe esconder nada, de modo que, agora, eu não vivia mais no mundo, mas na dissimulação. Eu tentava, sob o abrigo dessa palavra, avançar mais. Eu tentava compreender por que, nesse espaço, subsistiam nós e tensões, regiões fortes onde tudo era demanda, outras onde tudo se aplainava, um entrelaçamento de espera e de esquecimento que convidava a uma agitação ininterrupta. Eu não podia me desfazer da ideia de que, algumas de suas palavras, se eu tivesse lutado melhor contra elas, se, no lugar de ouvi-las, de me interessar por elas, de lhes responder, eu as tivesse fortemente apreendido deixando-as traçar, seguir seu próprio caminho, fosse ele a profundidade de um lento *Maelström*, eu teria cessado de errar assim pela superfície, em um mundo de vestígios e de meias-esperanças. Todavia, era só uma ideia. Em outros momentos, talvez quando eu misturava o sangue frio à reflexão, era em minhas próprias palavras que eu estava disposto a confiar. Não quero dizer que elas entendiam o que eu não entendia, nem mesmo que elas tivessem uma capacidade, uma lealdade suficientes; pelo contrário, elas eram pesadas, pouco maleáveis e ao mesmo tempo imoderadas, pedantes, tagarelas, mas lhes acontecia, e justamente pela aproximação da dissimulação, de parecerem refletir o essencial, responder-lhe, e o que elas tinham dito era talvez insignificante, não me ajudava em nada, mais me atrapalhava me deixando acreditar que tinha sido conversado no vazio, mas isso somente porque eu me mantinha obstinadamente à distância; o temor, o apego, a falta de forças, o esquecimento, eis o que me mantinha recuado, quando as palavras, não obedecendo mais há um bom tempo a esses sentimentos gerais, ecoavam o que era sem dúvida apenas um eco, mas assim se posicionavam junto à dissimulação, ocupavam seu lugar, tomavam seu lugar.

Eu tentava lhe oferecer essa palavra. Eu pressentia que eu não deveria ter feito isso. Me vinha à mente algumas vezes que o que ele esperava de mim era uma conversação tranquila, sem intervalo, um vaivém loquaz no centro do qual ele teria hibernado à maneira de uma leve suspeita. Mas eu não pude me impedir de lhe dizer: "Aqui onde estamos, tudo se dissimula, não é?" Mal foi pronunciada, essa palavra afundara no vazio, ressoara de uma maneira vazia, despertara o fora infinitamente distendido, a dor infinita da afirmação ocupando todo o espaço, lá onde o que era dito repassava sempre pelo mesmo ponto, era o mesmo e, sempre, em qualquer momento que fosse, dizia o mesmo e ficava eternamente em falta. Dessa palavra, eu não podia dizer que eu fora assim liberado. Ao contrário, ela retornava a mim constantemente, como se ela tivesse sido sua própria resposta, e toda vez eu terminava com ela, mas toda vez eu a exprimia de novo, pois ela exigia isto: ser dita e redita.

Eu tivera de permanecer no mesmo lugar por um longo tempo. A todo momento eu me dizia: agora, não me será mais possível refletir (quando eu refletia, eu não refletia propriamente falando, era como uma prece dirigida ao tempo, para que ele concordasse em realizar sua obra). Eu estava de pé, há alguns passos de uma cama muito vasta, exageradamente larga: eu não tinha nem mesmo certeza de que já não fosse o chão, o que me impedia de me deitar, como eu teria desejado. Não via distintamente os objetos, eu apreendia a sala como um todo, eu a tocava, como ela me tocava, pela relação leve que fazia passar entre nós a dispersão de um riso leve, mas infinito. Esse riso corria pela borda do espaço, não o atravessava, mas parecia que ele era o espaço, e essa alegria, ainda que ela me fosse estrangeira, passava, entretanto, lá onde eu acreditava estar, me dispersava, dispersava a decisão das coisas sérias que, no entanto, me era preciso realizar. Eu tive que me dirigir para a cozinha. O pensamento de que, já há muito tempo, eu me dirigia para esse lugar, esse pensamento que tinha ele próprio um lado sufocante e um lado divertido, mas um trocava constantemente de lugar com o outro, fez com que, assim que eu toquei uma porta, me lembrando que a despensa não era longe dali, onde eu corria o risco de cair, eu me desviasse, e logo em seguida o que me dominou foi o desejo de beber, eu tinha sede, esta sede me fez voltar atrás. “Me dê um copo d’água”, disse eu em voz baixa. Essas palavras, eu mal as ouvi. Entretanto, ele respondeu distintamente: “Eu não posso te dar. Você sabe, eu não posso fazer nada.”

Eu escutei isso. Essas palavras tinham algo de extraordinariamente atrativo, elas eram distintas, justas: ao meu alcance e, no entanto, parecia que elas me ignoravam, e eu também as ignorava. Havia ali um fenômeno novo com o qual, eu me dizia que, era necessário me preocupar no futuro, mas, neste momento, isso era tão leve, tão irresponsável e ao mesmo tempo de uma tal amplitude que eu não podia me preocupar em controlá-lo. Talvez eu não ouvisse nada, talvez eu chamasse de palavra o que era sem palavra, mas aqui o que era sem palavra já era palavra, o que não era ouvido era dito. Eu deveria ter ido mais longe, mas eu percebi que eu estava imobilizado pela tristeza, isso era tão vazio; isso falava em nome de um distante tão esgotado, tão tenaz, estava ligado a uma tal dor, uma dor tão apagada. Estava aqui?

Eu não esperava resposta, mas aquela que chegou não fora nada além do que a revelação do perigo no qual eu me encontrava. Como se a palavra aqui me houvesse atraído para longe ou como se eu mesmo, por causa da minha inconstância, a houvesse levemente empurrado diante de mim, eu repassava por sobre essas palavras, ou melhor, através delas, como um núcleo são, ainda visível, eu encontrava as minhas, essa frase que me tinha sido preciso dizer, eu a encontrara, mas tivera então a percepção do laço ínfimo, assustadoramente sutil, que me ligava a ela, do seu caráter estrangeiro, impessoal, da parte ínfima graças à qual eu podia dizê-la minha e consequentemente, dizê-la: quando eu falava, já não tinha a impressão de assistir de muito longe esta palavra? Não tinha eu o sentimento de que ela me havia desde muito tempo precedido, e não é por um movimento, um recuo imprevisto feito ao seu encontro que eu tive a força de não a perder? Sim, eu tive essa força, aquela para impedir que ela fosse dita, no meu lugar, por alguém ou por ninguém, mas se eu sentia que depois desse recuo eu podia ainda pronunciá-la, eu não sentia menos que, mesmo assim e de todas as maneiras, ela já tinha se pronunciado sozinha.

Que tivera sido necessário me demorar nesse lugar, foi o que logo me parecera. Talvez essa revelação não me ensinasse nada mais do que eu já sabia. Talvez, mostrando-me o único ponto pelo qual eu me segurava a alguma coisa verdadeira, ela somente fechasse sobre mim a ansiedade do vazio, como se, sendo essas palavras as únicas nas quais eu ainda me demorava, eu as tivesse sentido se desfazer como a última estadia de onde eu podia parar o vaivém errante. Eu compreendia bem agora, me parecia compreendê-lo, por que eu devia me manter ali. Mas, aqui, onde eu estava? Por que perto dele? Porque, por trás de tudo o que eu dizia e de tudo que ele respondia, havia esta palavra: "Aqui onde nós estamos, tudo se dissimula, não é?", palavra que eu entendia, que eu não entendia, ela era sem entendimento. Tudo era extraordinariamente calmo, mas ele não cessava de estar à altura dessa calma, e o silêncio, por mais profundo que ele fosse, era, entretanto, menos silencioso do que ele, que constantemente parecia expulso, apagado; eu só podia me dizer: agora, fez-se silêncio. Impressão na qual eu não me encontrava.

Me reencontrei um pouco mais longe. Eu devia estar mais perto do meio da sala, pois ela me aparecia sob um novo aspecto: ela era bem baixa, mais larga do que longa, mesmo assim até grande. O que me impedia de descrevê-la, de mantê-la firmemente em uma descrição, eu não compreendia. Não era uma questão de lembrança, e será que eu não estava realmente ali, será que eu não estava realmente, como ele me havia sugerido? Eu não me recusava a acreditar, mas à minha crença faltava também a realidade, de modo que eu não acreditava realmente. Que isso tivesse algo a ver com as minhas relações com ele, com a solidão desse "nós" na qual era preciso me manter, sempre afastando-a para que, nesse afastamento, ele pudesse se expressar e eu mesmo, ouvi-lo, onde me era preciso ficar, mas não me retirar: me oferecer perigosamente a esse elemento sufocante que, quando se revelava, me impedia de nele me dissimular, me forçava a vagar ou me dispersava mantendo-me aberto à potência da dissimulação, eu pensava, esse pensamento, se eu não o compreendia, pelo menos eu me apoiava nele, era de uma certa maneira este lugar, e era dali, entretanto, que eu via a sala onde eu estava. Olhando pelas grandes janelas envidraçadas, – tudo estava nesse momento extraordinariamente calmo – e enquanto eu via circular, ao redor da cortina de folhas verdes, um estranho dia contemplativo, tão luminoso que eu teria podido imaginá-lo, mas com uma luz que não era completamente a luz, assemelhava-se a ela, exprimia o prazer de ter violado as profundezas para se perder no leve deslizar da superfície, não pude deixar de me lembrar: para além das janelas havia alguém; logo que me lembrei disso, ele se virou contra o vidro e, sem fazer caso de mim, fixou rapidamente, com um olhar intenso e rápido, toda a extensão, toda a profundidade do cômodo. Esta visão se apagara quase imediatamente, mas a impressão não se apagara, essa impressão terrível de um retorno ao mesmo ponto estéril, ao mesmo instante infatigável, como se todos os caminhos me trouxessem de volta a ele, como se todas as palavras em um dado momento passassem por esta presença cuja intensidade, a força viva, evocavam somente a impureza desse momento, o desejo em mim de encontrar ainda alguma coisa para ver, de aí parar e repousar.

Esse sentimento fora tão forte, me privara a tal ponto do uso de mim mesmo que, quando eu ouvi murmurar: "Alguém nos observa pelo vidro. – Pelo vidro?", me senti como que liberto, alguma coisa feliz me atravessara, e não apenas porque eu tinha cedido ao inevitável, mas neste instante o que havia de opaco na palavra vidro tornou-se para mim transparente, e o que eu apreendera nessa transparência não era nada mais do que esta luz: o momento em que ele não compreenderia mais as minhas palavras se aproximava. Pressentimento que eu não pude seguir até o fim, as forças me faltaram, eu faltara a mim mesmo.

Quanto tempo isso durou, eu posso imaginar, pois o pensamento que tivera ao me acalmar era sem dúvida aquele que eu tive caindo: que, precisamente, enfim, eu caía. Mas, percebi que eu tinha apenas me sentado perto de uma mesa e, ao mesmo tempo, ouvi perguntar – isso atravessava o espaço como uma excitação ávida: "Você está escrevendo, você está escrevendo neste momento?" Ao ouvir isso, eu me arrepiei também, eu compreendia que o que me tinha despertado, trazido até ali, era esse murmúrio voraz que eu não tinha parado de escutar, pois a uma tal continuidade ávida, à esta insistência ininterrupta, parecia difícil escapar ou fixar limites. Era levemente repugnante, mas não sem um toque de alegria que me convidava a associar-me a ela. Eu experimentava, todavia, um constrangimento, um mal-estar que me dera a ideia de que essas palavras me embaraçavam porque elas se seguiam tão levemente que eu não podia saber se se tratava de uma questão ou somente de uma ordem, de um encorajamento. Como eu tinha a impressão de que essas palavras não se dirigiam precisamente a mim, eu sentia em relação a elas uma certa liberdade, aquela de poder, eventualmente, também responder com leveza. É essa liberdade, a impressão de que não se tratava de mim, que, sem que eu soubesse, deve ter me impelira a intervir; eu perguntei fracamente: "Se eu escrevo?" Isso me escapou mais como um suspiro do que como uma palavra, mas por mais fraco que fosse esse abalo, ele foi suficiente para romper o equilíbrio e, ali mesmo, como que atraído por esse vazio, seu murmúrio ininterrupto que até aqui havia errado ao acaso se voltou impetuosamente contra mim, me confrontou, enquanto ele me perguntava com uma autoridade que contrastava ridiculamente com a fraqueza dos meus recursos: "Você está escrevendo, você está escrevendo nesse momento?" Ao que eu não pude deixar de lhe responder: "Mas, você bem sabe, eu não posso mais escrever e eu quase não sou mais eu mesmo." Palavras das quais eu me arrependi por causa da sua seriedade, e tão logo lhes seguiram, à maneira furtiva de um sorriso leve, mesmo que de um pouco mais longe, as suas próprias palavras: "Você está escrevendo, você está escrevendo nesse momento?"

Da certeza de estar em um momento crucial que exigia todas as minhas forças, toda a minha atenção, eu não me deixara desviar pela lembrança de que já ou quase a cada instante eu tivera a certeza de me aproximar de um momento crucial e que eu via em seguida que ele me tinha somente revirado, me levado de volta para trás. Eu percebia muito bem de onde vinha essa nova segurança, essa resolução de ir mais longe, sim, desse lado, nunca de outro, que eu tomei naquele instante. Eu o via: nós tínhamos ficado cara a cara; ao menos, eu tive esse sentimento que até então eu nunca havia tido. Que nada tivesse resultado de feliz, nem mesmo resultado em nada, não era suficiente para me parar. Pois esse sentimento – não aquele de estar colado ao muro, mas o desejo, diante dessa exigência impressionante que me havia olhado, fixado ali onde eu não me demorava, buscando me arrastar para o vazio de um tempo sem ar e sem raiz – é o desejo, face a uma tal exigência, de retornar a algo verdadeiro que, para lhe responder, tinha falado em mim. Mesmo que ele não tenha dado importância para essa resposta, ela não tinha entrado menos em seu espaço, é sobre ela que eu me estabelecia agora, eu a havia ganhado, eu devia mantê-la até mesmo através do arrependimento do qual eu não podia me separar completamente.

Isso chegara a um tal ponto que, pensando no que ele me tinha dito com frequência: "E então, mais um dia passou, não é?", eu acolhi essa palavra com satisfação, com reconhecimento, como se ela tivesse sido desde sempre destinada a me mostrar esse novo dia. Sim, o antigo dia tinha passado, e a claridade que iluminava este instante era semelhante àquela que teria conseguido me anunciar: "Veja onde você está, é isso que você é." Eu ainda estava perto da mesa. Não estava menos próximo do que havia de decidido na minha fala, junto à qual eu me demorava, sem, todavia, poder distingui-la da sua, do que me era de fato necessário, mesmo que fosse porque eu lhe havia respondido, considerar como sua questão. Isso não tinha abalado a questão, mas tornava ainda mais significativo o fato do qual eu tomava pouco a pouco consciência: que ela havia levado com ela minha resposta e que, agora, eu mal a reconhecia como minha, misturada a esse murmúrio que se demorava, na distância, como uma promessa e como uma sedução. Eu considerava a coisa: no início, com o ímpeto que me dava a confiança neste instante, mas pouco a pouco com o pressentimento, a apreensão de lhe ter entregue inutilmente o centro de mim mesmo, o coração da cidadela – longe de tê-la conquistado às suas custas – , e quando ele me disse: "Mas não é isso, escrever?", eu não experimentei de maneira alguma o prazer, o interesse de uma palavra nova, mas um movimento de desgosto por encontrar, apertadas uma contra a outra, misturadas em uma intimidade fria, no vazio de sua própria indiferença, nossas duas frases, e foi como se me tivesse sido preciso lutar longe de mim, mas, também, longe dele, lá onde nós não fôssemos nem um nem outro.

É dessa distância, de muito longe, que eu o ouvi repetir lentamente: "Eu acho que é isso, escrever", sem dúvida para me fazer compreender que se ele recobrava a vantagem, não era de uma maneira sorrateira, mas fazendo jus à verdade, acolhendo-a mais profundamente do que eu, em uma profundidade diante da qual eu estagnava. Nessa profundidade, eu também fora tentado a descer, mas eu não pude fazer nada além do que me reafirmar: "Mesmo aqui onde estou? No ponto onde estou?", o que tinha sobretudo a intenção de lhe perguntar onde eu estava. Eu esperava ouvi-lo me responder, em eco: "Mas onde está você?", e talvez essa palavra me tivesse aberto um caminho até mim mesmo, mas como ele não dizia mais nada, eu não pude controlar o silêncio, não pude resistir a esse murmúrio que era o seu fundo. Eu lhe perguntei: "Nós estamos ligados por escritos, não é?" Ao que ele respondeu logo: "Sim, é isso", acrescentando, o que me mostrava que ele não esquecia nada, que nada se perdia: "Mas, você sabe, não pode haver nome entre nós."

Tomei pouco cuidado com essa última fala, talvez porque eu já não estivesse mais, em mim mesmo, neste instante em que eu desejava lhe dar um nome, ou talvez porque, contra minha vontade, a partir desse momento, eu lhe dava um. Mas, desse pensamento eu fora afastado sobretudo por este outro: nós estávamos ligados, ele o tinha reconhecido, ele o tinha reconhecido por um Sim do qual eu apreendia o caráter imenso, a força imutável, imóvel, que confirmava, da mesma forma, o conjunto de nossas palavras passadas, mas no qual sobretudo ressoava a afirmação de todo o espaço no qual estávamos comprometidos, este espaço do qual não havia nada a retirar, nada para repelir, que, mesmo no vazio, afirmava, afirmava mais uma vez, de tal maneira que ele parecia me advertir que doravante, quaisquer que fossem as minhas recusas, meus "Eu não posso mais", tudo seria retomado entretanto por esse Sim monumental, tudo convergiria lentamente para ele, solenemente. "Sim, é isso." Calma extensa, junto da qual eu não fora, entretanto, capaz de me demorar; pelo contrário, o que me viera à mente é que eu devia tirar partido dela e, já que nós estávamos ligados, estávamos desde agora e por agora. Agora[28], como ele me havia prometido, ele ia "fazer alguma coisa por mim". Eu lhe perguntei: "Você não quer me ajudar nesse momento?" Me pareceu que ele hesitava, hesitação infinita que eu preenchi com a firmeza, com a exigência da minha espera, com minha impaciência também que se fechou assim que ele me respondera, de muito longe, com voz baixa: "Você sabe, eu não posso te ajudar."

Eu me levantei imediatamente e, como se a sede me tivesse retornado, eu fui até a cozinha. Lá, eu procurei um copo, mas, por uma razão que eu não percebia, essa busca não deu em nada ou uma causa me proibira de prossegui-la. Voltando para a sala onde eu fora surpreendido pela obscuridade, eu o ouvi perguntar: "O que você acabou de fazer? Você está doente? – Eu estou cansado, mas já estou me sentindo melhor. – Sim, você vai recuperar as forças." Como eu estava incomodado pelo pouco de luz do dia, eu lhe disse: "Eu ainda não lhe falei disto: há bem perto daqui uma grande cama, eu vou me deitar. – Uma grande cama?" Neste instante, me perguntei se realmente, agora há pouco, eu havia bebido esse copo de água. Eu estava quase certo de que isso não tinha acontecido, alguma coisa me havia impedido. Eu refleti ainda um pouco. Finalmente, eu lhe disse: "Eu esqueci alguma coisa, tenho que voltar para a cozinha. – Como quiser, disse ele. Você tem todo tempo." Entretanto, eu não voltei. No momento me faltavam as forças que eu tinha acreditado encontrar na bebida. Eu me sentei na beira da cama, sem dúvida para continuar a refletir, mas logo me faltou também a força para pensar que tudo isso era importante. Eu me perguntei simplesmente se alguma outra pessoa não tinha estado lá no meu lugar, o que me parecia explicar por que eu guardava desta iniciativa uma memória tão fria. Eu pensava também em sua última frase, sobre a qual eu tinha sido, agora, convidado a me repousar. Eu pensava nisso com amizade, mesmo que fosse um repouso sem sono, um repouso vazio. Mas eu também não desejava nada além do que esse vazio e essa imobilidade.

Já com certa frequência, em momentos de grande angústia, eu tinha sonhado com uma ruptura de todos os laços, penso lhe ter dito isso, me parece que era para desfazê-los que eu queria atar esses laços, me ligar a ele de uma tal maneira que o entendimento, tornado real, pudesse se destruir realmente. Talvez eu tivesse até mesmo sonhado mais; talvez eu só me aproximasse para lutar contra ele, em um combate que o separava dele mesmo, ainda que fosse separando-me de mim mesmo para sempre. Sonho que não expressava senão a minha lassidão, a esterilidade da minha lassidão, o ponto de esquecimento onde eu tentava em vão me enganar sobre o que eu sabia muito bem, e o que eu sabia, é que, dele, eu não podia levar nada a mal. Nos momentos mais infelizes, creio que eu nunca tenha dado a luz a um só movimento de pesar, de rancor, a um só sentimento de falta, o que, em contrapartida, sem dúvida me privou de esperanças. Não importa. Eu nunca deixei de lhe dar razão, eu, o único no qual estava a razão, e ele nunca me fez sentir culpado quanto a mim mesmo. Se é isso que me perde, me impedindo que eu me perca, se é isso que me ata, afastando incessantemente o fim, eu aceito esse laço e eu sustentaria essa provação pelo infinito dos tempos.

Por que essa confiança? É confiança? Eu não me confio mais a ele do que a mim mesmo, somente um pouco mais a ele porque ele está menos certo do que eu. Um pouco mais a ele, porque eu encontro nele um pouco menos do que em mim. Confiança? Mas, pelo menos, nada que possa evocar a desconfiança, nada que deva me inclinar a me arrepender desse encontro, se ele aconteceu. Confiança? Mas então confiança no abismo, confiança de que o abismo não me faltará, não me trairá.

Nunca acreditei que ele pudesse me revelar nada de importante; dele, eu não espero nenhuma revelação. Isso também nos torna justos um para o outro. E, no entanto, não esperava eu alguma coisa, eu não desejava lhe perguntar, como eu fiz ainda nesse instante: "Eu posso confiar em você, não é?" e eu o ouvi me responder logo em seguida: "Sim, mas sob a condição de que eu possa confiar em você. – Você quer dizer que eu devo falar com você sem parar, sem interrupção? – Falar, descrever as coisas." O que foi suficiente para despertar o espírito da incerteza. "Por que descrever? Eu lhe disse. Não há nada para descrever, não há quase mais nada." Por que essa fome voraz pelos fatos que talvez ele não compreendesse, mas que ele queria apreender, entretanto, essa fome cega dentro dele que logo eu sentia em mim como o mal-estar de repugnância? Estava ele realmente procurando alguma coisa? Mas ele não procurava nada, ele não podia procurar nada em particular; acreditar nisso me teria levado no mesmo instante à loucura, e eu não pensava nem mesmo que ele tivesse comigo relações particulares: não comigo, não comigo. E, no entanto, essa voracidade sem objetivo, paciente, esperando, sem nunca se desencorajar, uma parcela ínfima de uma realidade insignificante, dela eu experimentava, sob a forma do meu próprio desgosto, a sua aproximação, a busca cambaleante que era preciso, senão satisfazer, ao menos interromper. O que eu podia lhe dar? Um gesto, um passo a mais, um suspiro, um último suspiro? Ou então suas próprias palavras que eu teria desejado conservar definitivamente afastadas, mas que ele retomava implacavelmente, como se nelas houvesse se demorado um resto de vida que ele queria reduzir ainda mais para dele me desapropriar, para que nada me restasse que me fosse próprio? Eu lhe disse com uma vivacidade que dilacerava a mim mesmo: "Você quer saber onde eu estou? Mas nada mudou, nós estamos sempre no mesmo lugar, nós estaremos para sempre; sim, eu acho estranho conversar com você, estranho conseguir fazer isso, estranho permanecer aqui; por que isso me custa tantas forças? Por que, ao que me custa tanto, devo eu me dedicar sem descanso, sem desejá-lo, sem esperar nada? Eu vou continuar a tagarelar[29] com você? Isso me esgota, isso nem mesmo me esgota." Tantas palavras que exprimiam apenas o incremento perigoso das minhas forças, logo que tive consciência disso e, ainda mais, ouvindo-o me perguntar: "Você quer ver o novo?", como se, do que podia ser novo, ele tivesse estado curiosamente, infinitamente ávido. Esse movimento fizera desabar a minha agitação, me obrigara a um retorno silencioso em direção à verdade deste instante: "Não necessariamente algo novo; talvez nada que seja novo para ninguém." Eu o imaginava pronto para especular sobre esse tema, mas rapidamente ele cortou o assunto: "Não, nada de novo." Palavra da qual precisei me impregnar. Foi junto a essa palavra que eu lhe disse um pouco mais tarde: "Nesse momento, eu estou sentado na beira de uma cama, eu vou sem dúvida me levantar, logo será dia. – Está escuro, não é? – Não está muito escuro, é a luz que é escura. – Você não deseja se deitar agora? – Sim, eu acho que eu vou me deitar, é uma cama grande, desfeita e em desordem. Você quer que eu te descreva as coisas tal como eu as vejo? – Sim, é isso, tal como nós podemos vê-las, tal como nós as veremos." Eu não me deitei, entretanto. Eu tinha como que esquecido o que era necessário para fazê-lo e, no entanto, deitado, eu teria estado sem dúvida mais perto dessa visão comum para o seio da qual ele me atraía, a despeito das minhas forças ou para me desviar delas, para arruiná-las não lhes dando importância. Deitado, o que teria acontecido? Eu podia pelo menos imaginar: nada era mais tentador do que essa grande extensão já descoberta, essa imensidão onde não se faria distinção a respeito da minha pessoa, onde meu repouso não seria apenas como um companheiro adormecido junto a mim desperto. Por que não tentar? Eu sonho com isso por alguns instantes. Durante esse sonho, minha mão foi como que convidada pela tranquilidade do espaço, lá nada se move, nada de estável nem de movente, mas uma imobilidade lisa em direção a qual eu me volto deitando-me de lado, o que não perturba nem restringe a extensão. Eu estou apenas, é verdade, na beira da atitude genuína que eu reconheço um pouco para além de mim, sob a forma de uma leve turbulência da qual eu experimento, com uma certa surpresa, a resistência firme, quase sólida. Há ali como que uma ruga única do espaço, de algum modo eu a vejo, e que ela esteja justamente ali, como uma irregularidade discordante, deveria me advertir, mas já sem preocupação, eu me viro levemente, alegremente, confiando no espaço, em sua indiferença e na sua desatenção. Assim se completa esse último movimento com uma facilidade que expressa minha própria alegria, mas mal ele se afirma, toda a potência do vazio se fecha ao meu redor, me enclausura, me retém e me empurra para a profundidade de uma queda sem fim, de modo que a brecha por onde eu caio tem as dimensões exatas do meu corpo, é no meu corpo que eu não tenho a possibilidade de cair e contra o qual eu me choco neste instante como contra uma presença fria, estrangeira, que me joga de volta para onde eu estou. É isso, o começo, eu me dizia, as coisas começaram assim. Sim, assim é o sonho, e o que ele gostaria de me fazer descobrir, eu suspeito: é que se neste instante me é proibido me deitar, é porque eu já estou deitado nesse ponto onde, no entanto, eu não estou mais, mas alguém está. O que quer de mim um tal instante? Ele me retira todas as forças, me deixa aqui, nem de pé, nem deitado, sem direito e sem repouso, desobrado e, entretanto, ocupado sem descanso com esse desobramento, não ignorando, mas sabendo demais, não imóvel, mas à beira de uma agitação eterna. O que ele me pede para fazer? A queda é sem fim, ela não me deixa então nada a fazer, eu não posso interromper a queda, eu não tenho os meios para isso, eu nem mesmo caio, eu estou apenas sentado na beira de uma cama, enquanto se afunda no distante o leve escárnio de um murmúrio: "Você está escrevendo, você está escrevendo nesse momento?"

De um tal sonho, não posso dizer que eu me arranquei. É verdade que nessa noite – eu a chamo noite, e é, contudo, a brilhante luz do verão – eu estou ainda ligado a um certo esforço, a uma vida que tem a aparência da vida. Chego a me ouvir pensar: é talvez apenas o começo. Ocorre-me também de acreditar que, mesmo que nada aconteça, eu me aproximo do lugar onde eu esperava combater. Era aqui, lá, de onde eu o ouvia falar, e é o combate que me falava. Aqui acontece o combate decisivo, tudo está pronto para a decisão, as próprias palavras estão prontas, elas até já foram pronunciadas, a decisão não está somente pronta, ela se deu, tudo terminou então? Sim, tudo terminou; e o que foi decidido? Exatamente isso, que não haveria fim, de maneira que eu continuo a ouvir o combate, eu me aproximo do lugar da decisão, e eu me digo: talvez seja apenas o começo, sempre apenas o começo.

Eu não sonho com o futuro, eu não me dou um futuro, e nem mesmo um presente. O presente curva-se sem cessar, atravessado por esta alegria vazia que é somente a ausência ilimitada e vazia de todo presente, ele não se vive no passado, nada nele passa, nada termina, e se ele se torna tão pesado de carregar, é por causa desse fardo de leveza, dessa carga risonha que eu preciso sustentar no centro de um dia contemplativo que me dissimula para mim mesmo. É em um tal dia que eu devo decidir se realmente ele me convida a escrever. Ele não me obriga, ele nem mesmo me aconselha. Contudo, ele colocou no meu espírito esse pensamento que, se nós estamos ligados, o estamos pelos escritos. Isso significa que da realidade desse laço, eu sou o mestre; para tornar esse laço real, me é preciso então escrever, e não de uma vez por todas, mas todo o tempo, ou talvez ainda só uma vez, isso não foi determinado, mas uma vez para a qual eu tenho todo o tempo, uma vez que esgota toda a realidade do tempo. Pensamento tentador, vazio sem dúvida como um sonho, opressor e repugnante como tudo o que é vazio, mas no meio do qual eu posso me demorar tanto mais levemente posto que ele não pede nem realização, nem mesmo o sonho dessa realização.

Se ele me tentasse apenas com esse pensamento, eu resistiria facilmente, ele se esgotaria, dissolvido no seio do espaço que o traz a mim. Não, ele não me convida a escrever, ele não me pede, mas ele procura me persuadir de que eu não faço outra coisa. E como escapar a uma tal impressão? Contra ela, eu estou sem defesa, ela tem algo de necessário que ultrapassa a tranquilidade conciliadora dos sonhos, ela não precisa de prova, ela não pode ser vencida por nada, ela se choca, como contra ela mesma, contra a verdade de aparência que me mostra sentado na beira da cama ou não sentado, mas talvez deitado, ou nem mesmo deitado, incapaz de fazer outra coisa senão errar. Não posso refutá-la, pois ela não me deixa nenhum lugar para me mover ao seu redor, ela ocupa todo o espaço, ela se liga à afirmação de todo o espaço, ela afirma absolutamente, e eu não posso sonhar em quebrar esse círculo, eu não sonho com isso porque pertenço a esse círculo, e pode ser que, com efeito, eu não escreva, pois eu não posso, e eu não sou mais quase eu mesmo, mas é isto, escrever: no ponto onde eu estou, nada além disso pode se expressar, e esse vazio, essa imobilidade, é apenas isso, e não posso, não desejo outra coisa.

O que torna essa situação terrível, é que, apesar de tudo, ela exige infinitamente, não de mim talvez, ou melhor dizendo, essa exigência exige isto: que não se dê importância a mim. Ela não tem consideração pelos meus recursos, esses são talvez muito fracos, eles são talvez ainda relativamente infinitos, de todas as maneiras evidentemente insuficientes. Entretanto, alguma coisa me é pedida, não é um dever, nem uma ordem, isso não me é pedido, isso deve se realizar pelo fato de que eu cheguei aqui, e ter chegado aqui significa: ir mais longe, mais longe desse lado, jamais de um outro.

Eu devo dizer, pois eu estou aqui para dizê-lo: é uma prova assustadora. Ela não tem limites, ela não conhece dia nem noite, ela não se preocupa nem com os acontecimentos nem com os desejos; o que é possível, ela afasta; o que não se pode, disso somente ela se satisfaz; a quem não tem nada, ela pede; aquele que responde ao seu pedido não sabe disso e, por isso, não responde. É possível que outrora eu tenha inconscientemente obedecido ao seu chamado, mas quem não obedece? Aquele que não é chamado? Mas obedecer em nada prova no que concerne o chamado, o chamado sempre acontece, ele não precisa ser respondido, ele nunca acontece realmente, é por isso que não é possível lhe responder. Mas aquele que não responde, mais do que qualquer outro, está preso na sua resposta.

Quando eu me entreguei a esse risco? Talvez dormindo, talvez ao longo de uma noite em que, por um movimento impensado, por uma palavra única na qual eu me pusera inteiro, a decisão estremecida do tempo me fez passar para a indecisão da ausência de tempo, lá onde o término ainda é o interminável. Mas, se é uma imprudência, por que eu não a teria cometido? Eu podia viver sem cometê-la? Eu me arrependi dela? Será que, livre de não me entregar a esse risco, eu não me entrego a ele a cada instante? E agora, isso recomeça? contudo, isso não recomeça, é um momento absolutamente outro, sem exemplo, sem vínculo com o passado, sem preocupação com o futuro, e, todavia, isso também recomeça, é o mesmo, é o vazio da repetição, a dor infinita que passa sempre pelo mesmo ponto e, sempre, em qualquer momento que seja, isso é dito e, eternamente, eu o expresso.

Ele não me apressa, não é um adversário, ele não se opõe a mim, é por isso que eu não posso me defender combatendo, o combate não foi nem mesmo adiado, ele próprio é o adiamento incessante do combate. E, de uma certa maneira, eu estou feliz, porque, lá onde estou, a reserva me obriga a me reservar a mim mesmo, e a sua cumplicidade infinita se presta a isso a ponto de eu não me permitir somente me desviar de mim, mas que eu seja totalmente esse desvio infinito. Quando ele buscava me persuadir de que eu não fazia nada além disso, eu não me opus nunca a esse movimento de outra maneira que não fosse por concessões que deixava que me fossem arrancadas, que eu lhe oferecia pensando que, dessa forma, o instante que me parecia nos ter colocado face a face retornaria, é esse instante que eu tinha em vista, é ele, eu tenho certeza, que, depois de me ter inspirado um movimento de franqueza e de firmeza, me levava lá onde não havia mais nada de firme. Isso começara quando, me levando de volta à essa palavra que mal era uma, que em todo caso deixava o campo livre para todas as outras: "Se eu escrevo?", me pareceu que ele me convidava a completá-la, a sustentá-la, o que, em um certo momento, me fez acrescentar: "Sim, outrora; talvez, outrora." Fala miserável, miseravelmente culposa, na qual "talvez" tentava apaziguar outrora, enquanto outrora já contém a incerteza de um talvez, e isso mostrava certamente o quanto meu Sim era ainda fraco, mas o quanto também outrora era para mim uma fraca defesa contra esse Sim que eu tinha dito. Eu percebi isso antes mesmo que ele repetisse: "Outrora", e quando ele o repetira, eu percebi ainda mais pelo tom neutro que era o seu, que não demandava esclarecimento, que não acrescentava nada à palavra, que dizia somente o que dizia a palavra, que, nessa nudez, só parecia ainda mais suspeita, enganosa, inconsistente, sem franqueza, nem mesmo duvidosa, mas não tendo outra forma a não ser sua própria dúvida, inteiramente atravessada e constituída pela nuvem dessa dúvida na qual não se deixava ver senão o meu desejo de preservar o momento presente. Um pouco depois, ele perguntou: "E o que você está escrevendo?", ao que, vendo sua insistência e para tentar retomar o que eu lhe havia dado, eu respondi: "Talvez não fosse eu, mas outro alguém, alguém que está somente perto de mim." Ponto de vista que ele adotou imediatamente: "E então, o que ele está escrevendo?"

Eu escuto isso. A quem se dirige? É sobre quem? Quem fala? Quem escuta? Quem poderia responder a um tal distante? Isso vem de tão longe e isso nem mesmo vem, por que me ignora? Por que essa ignorância está ao meu alcance? Por que ela se faz ouvir? Uma palavra? E, entretanto, não uma palavra, sequer um murmúrio, sequer um tremor, menos que o silêncio, menos que o abismo do vazio: a plenitude do vazio, alguma coisa que não podemos calar, ocupando todo o espaço, o ininterrompido e o incessante, um frêmito e já um murmúrio, não um murmúrio, mas uma palavra, e não uma palavra qualquer, mas distinta, justa: ao meu alcance. Eu apelara a todo o meu ser para lhe responder: "Ele não escrevia, e não é preciso se preocupar com ele." Mas como se ele tivesse ouvido somente o início da minha resposta ou como se a minha própria fala tivesse apagado a interdição de falar, ele perguntou: "E agora, ele está escrevendo?", ao que se seguiu imediatamente pelo leve escárnio das suas palavras: "Vocês estão escrevendo, vocês estão escrevendo *nesse momento?*"

O que vai acontecer então? Tive eu verdadeiramente esse desejo de me esconder, de me descarregar sobre outro alguém? Melhor esconder em mim o desconhecido, não o perturbar, apagar seus passos para que o que ele realizou se realize sem deixar resto, de modo que isso não se realize para mim que me demoro na beira, fora do acontecimento, o qual passa sem dúvida com o brilho, o ruído e a dignidade do relâmpago, sem que eu possa fazer mais do que perpetuar a sua aproximação, suspender a indecisão, mantê-la, me manter nela sem ceder. Tinha sido outrora, lá onde eu vivia e trabalhava, no pequeno quarto em forma de guarita, naquele lugar onde já, como desaparecido, longe de me sentir eximido de mim mesmo, eu tinha pelo contrário o dever de proteger esse desaparecimento, de perseverar nele para empurrá-lo mais longe, cada vez mais longe? Não tinha sido lá, no extremo desamparo que não é nem mesmo aquele de alguém, que me tinha sido oferecido o direito de falar de mim na terceira pessoa? Eu não devia guardar segredo sobre "ele", mesmo junto ao meu companheiro, mesmo sem saber se eu teria a força, se o segredo não significava a falta de força, o recuo, o vazio do instante? Não tinha eu a atenção voltada constantemente para ele? Eu não quero dizer que eu pensava nele: ele não teria podido suportar um pensamento, ele não tinha nada em si que pudesse se deixar pensar, mas certamente eu teria desejado me convencer de que a minha tarefa era a de protegê-lo contra o sem-nome, de reter este último junto a mim e de lhe entregar somente eu mesmo. Pensamento que me agradava, porque ele me outorgava um papel e me dava uma certa importância, mas eu tinha, entretanto, razão suficiente para repudiá-lo, pois como defendê-lo, logo eu que não o conhecia, e de quem ele teria precisado se proteger, senão de mim mesmo? Além disso, eu sabia que pensar nele, pretender protegê-lo, era apenas um meio desonesto de descobri-lo, e eu sabia mais: desmascarado, ele não podia ser outra coisa – a não ser eu.

Neste instante, era isto que eu pressentia: há muito tempo, meu companheiro tentava alcançá-lo, observá-lo em mim. Eu não o traía intencionalmente, mas eu tinha me tornado fraco demais, eu quase não era ninguém, e me ver, já é vê-lo, me falar, não é mais falar de mim. O que vai acontecer então? Por que querer impedi-lo?

Eu acho que tenho de escrever. Eu acho que todas as palavras que nós trocamos estão comprimidas ao meu redor e que à pressão destas eu não resistirei por mais tempo, que, sem dúvida há muito tempo, um tempo infinito, eu não resisto realmente a elas. Me parece que se eu escrevo, sou eu que escreverei: eu ligarei meu companheiro a mim de tal modo que ele se aproximará apenas de mim e o que deve permanecer desconhecido permanecerá preservado. Assim se fechará esse espaço aberto pela sua alusão. Há nessa fissura um perigo que eu não compreendo plenamente, um perigo que não é somente mortal, que coloca a morte em xeque, que é talvez a morte, mas posta em xeque. E, ao mesmo tempo, não era ele estranhamente atraente? sua palavra não tinha se tornado mais firme, mais verdadeira, indiferente e verdadeira? Por essa fissura não passava um assobio que evocava o vento do distante, o frescor do ar natural, e, sem dúvida, eu não o tinha recebido senão esgotado, mais como uma lembrança do que como a força do vento, mas se a fissura fosse aumentada, teria sido o próprio ar livre que me teria tomado e carregado, talvez fosse ali que, se eu lançasse âncora, no lugar de ouvi-la raspar o fundo vazio de mim mesmo, eu encontraria a profundidade do mar aberto, e não o infinito que não me serve de nada, mas o momento único em que eu me ligaria ao fim com força suficiente para que ele se tornasse verdadeiro, para que ele não fosse excluído da verdade e para que a verdade se iluminasse nele.

Impressão poderosa, premente, que me forçava a retornar àquela época tão afastada na qual eu ainda ouvia o barulho do vento balançando a casa durante as tempestades de outono, a me perguntar se, caso eu viesse realmente a escrever, eu não teria necessidade de ser ajudado em minha tarefa por esse trabalho e por esse esforço do vento, e eu me perguntava por que, há tanto tempo, eu estava privado dessa ajuda, me demorando em uma tal calmaria que, sem dúvida, eu não teria tido a força de suportar mesmo que fosse só um leve assobio agudo através do respiradouro, mas eu não estava surpreso, entretanto, e se o vento, com os turbilhões da aproximação do inverno, parecia repelido para longe por uma força infinitamente maior que a sua, eu me dizia que eu conhecia essa força e que era a potência da lembrança do verão.

De toda as maneiras eu não podia determinar um momento preciso para a resposta que eu lhe daria, caso eu conseguisse, quem sabe, lhe dizer: "Sim, *nesse momento,* precisamente *nesse momento.*" Que nessa frase essas últimas palavras fossem as únicas que contavam, é o que eu descobrira com um tipo de reconhecimento, a ponto de que toda essa frase, para mim, tão angustiante, reencontrara um rosto de juventude e ele próprio uma presença mais verídica. Refletindo sob essa nova perspectiva, era um murmúrio quase inocente, alguma coisa pouco mais incômoda do que o barulho do sangue ou os batimentos de um coração agitado, mas que, pela casa, circulava alegremente, sem repouso. Se eu não a ouvia mais, eu imaginava que ela tinha ido para um outro lugar, chamada alhures por sua própria alegria, pela leveza que fazia dela uma questão. Por vezes – e voltava então uma certa inquietação – eu me perguntava se essa aparência de capricho, essa vagabundagem sem descanso e sem objetivo não dissimulava uma procura, uma caça obscura, uma perseguição tenaz, e esse sentimento, no qual entretanto eu não botava fé, tornava-se um alarme descontrolado quando me parecia que ela se aproximava de tal lugar onde eu teria podido situar, por exemplo, uma escada, ou ainda que ela tomasse seu impulso e se lançasse ao assalto do pequeno quarto, para onde eu tinha a impressão de ter voltado, ao menos uma vez, com o meu companheiro. Terrível imprudência. Mas, devo dizer, assim como eu tinha nele, em sua lealdade, uma confiança que me garantia que ele não jogaria a sua partida sozinho, mesmo que, no entanto, ele fosse capaz de vir até mim por caminhos não preparados, assim também, à algumas de suas palavras que eu não distinguia, uma vez ditas, das minhas, eu conferia uma desconfiança que cedia a um alegre arrebatamento quando eu reconhecia nelas a frivolidade, a natureza obsessiva e vã, mas que pesava na maior parte do tempo com um peso enorme sobre mim mesmo, peso que constituía sua própria gravidade, sua inércia e, unida à sua irresponsabilidade, a perseverança que as tornava estéreis, irreais e eternas. Elas sustentavam nessa casa uma certa vida da qual eu não me esquivava de bom grado – daí também o seu perigo –, que me retinha ali onde eu não deveria me deter, às vezes me perguntava se, nesses outros cômodos onde, sem dúvida por causa delas, eu permanecia em alguns momentos, eu não vivia uma vida mais alerta, mais despreocupada e de corpo inteiro com a terra. Ouvindo-as falar dessa maneira alegre e incessante, teria sido necessário apenas um esforço contra mim mesmo, um esquecimento momentâneo da verdade, para me entregar à crença de que eu falava com seres muito mais reais do que eu mesmo era agora, mais vivos ao menos, sim, seres, aqui, dos quais eu estava separado apenas porque eu não estava aqui, ou, se estava aqui, é porque estava envolvido pela solidão desse "nós estamos sozinhos" que se opunha a mim, toda vez que eu me distanciava de mim.

Então, nesses instantes, é a necessidade de pacificar essas palavras, de suspender por um momento seu voo agitado pela casa, de trazê-las a elas mesmas também as subtraindo da febre terrestre, que me obrigava a me perguntar se eu não devia escrever – agora. Tinha impressão de que essa inquietação que parecia poder levá-las ao encontro de uma boca viva, capaz de lhes dar a felicidade do sopro, é somente escrevendo que eu poderia apaziguá-la e, assim, nela, apaziguar essa imagem que, seguindo seu chamado, atravessava os dias e as noites. Tarefa da qual eu mal entrevia o que ela exigia de mim, pois me era sem dúvida fácil desejar acalmar o instante, liberá-lo do sofrimento que o fazia aparecer, mas, se eu podia esperar chegar a isso trazendo as palavras de volta ao seu lugar natal, me seria preciso talvez que eu mesmo descesse em um outro tempo, passasse lá onde não se trataria mais nem de aparência nem de imagem, mas de um instante soberano em direção ao qual me seria preciso descer firmemente e que eu não poderia apreender senão desejando-o com toda a força e o furor da paixão.

Eu compreendia melhor assim porque era isso, escrever: eu compreendia, quero dizer que essa palavra tornava-se completamente outra, ainda mais exigente do que eu havia acreditado. Decerto, não era ao meu poder que se apelava, muito menos a mim mesmo, mas a "esse momento" em que eu nada poderia – e assim me parecia que escrever devia consistir em me aproximar desse momento, não me daria poder sobre ele, mas, por um ato que eu ignorava, me doaria esse momento junto ao qual, desde um tempo infinito, eu permanecia sem alcançá-lo – longe daqui e, entretanto, aqui. Eu bem percebia a qual risco eu iria me expor: em vez de fazer repassar pelas palavras a fronteira que elas haviam cruzado, aquele, ao contrário, de perturbá-las sempre e ainda mais, de atormentá-las tornando-as loucas de um desejo vazio e sem freio, até que, em um certo momento, passando através de mim em sua perseguição desenfreada, elas me arrastariam de novo para um espaço perigosamente aberto sobre a ilusão de um mundo ao qual nós não teríamos entretanto acesso, pois o pensamento de que esse acesso nos seria dado, se o assalto fosse conduzido com veemência e destreza suficientes, ainda não vinha me tentar, essa tentação fazia somente parte do risco, o risco era o pivô ao redor do qual o que era ameaça se transformava rapidamente em esperança e, eu mesmo, girava ao redor de mim mesmo, entregue a todos os chamados desse lugar onde eu só podia errar.

Dizer que eu ouço essas palavras não seria me explicar a estranheza perigosa das minhas relações com elas. Será que eu as ouço? Eu não as ouço, propriamente falando, elas também, que participam da profundidade da dissimulação, permanecem sem escuta. Mas elas não precisam dessa escuta para se pronunciarem, elas não falam, elas não são internas, elas são, pelo contrário, sem intimidade, estando completamente fora, e o que elas designam me engaja nesse fora de toda palavra, aparentemente mais secreto e mais interior do que a palavra do foro interior, mas, aqui, o fora é vazio, o segredo é sem profundidade, o que é repetido é o vazio da repetição, isso não fala e, entretanto, isso sempre foi dito. Eu não podia compará-las a um eco, ou melhor, nesse lugar, o eco repetia de antemão: era profético na ausência de tempo.

Que elas fossem a esse ponto privadas de intimidade, é isso[30], me parece, que, ao longo do seu vaivém errante, me associava a um sentimento de infelicidade infinito, ao frio da maior angústia que eu jamais tive de suportar, a qual logo repercutia em uma alegria sem fim que lhe fazia me perguntar: "Por que você está rindo?", ao que eu só podia responder dizendo: "É que eu não estou sozinho", palavra que, por sua vez, alçava perigosamente voo pela da casa. Talvez a ideia de que eu deva salvá-las dessa falta de intimidade pertença também ao projeto de escrever, ideia que eu pude ter antes, à qual, sem dúvida inutilmente, eu sacrifiquei meu direito de chamar um outro e de lhe dizer você. Mas, é só uma ideia antiga, eu não posso esperar lhes dar aquilo do qual estou desprovido, eu nem mesmo desejo isso, elas me agradam frequentemente e extraordinariamente assim (e aí está um outro aspecto do perigo): elas me seduzem com esse desobramento atarefado, esse tormento que é um riso, essa presença na qual eu nunca sou eu mesmo para elas nem elas você para mim, presença sem dúvida assustadora, pois nelas não posso conviver com nada, assustadora mas atraente, um enigma que não precisa de nenhuma elucidação, a palavra do enigma é esse enigma, capaz não de me devorar, mas de me associar à sua avidez devoradora.

Se eu me interrogo seriamente, devo reconhecer que, quando não todas essas palavras, ao menos as mais brilhantes e as mais sedutoras, aquelas que me elevam quase que fora de mim mesmo (e sob uma certa luz cada uma delas é sempre a mais brilhante), só poderiam se esquivar ou se opor a "esse momento" em que eu deveria escrever. E eu reconheço isso com tanto mais apreensão quanto elas me dão por vezes o sentimento contrário: por vezes quer dizer durante certos períodos que, para distingui-los de outros em que tudo parece mais fácil, eu chamo noturnos, e elas mesmas me parecem profundamente noturnas, são nesses instantes que elas se comprimem ao meu redor, semelhantes a sonhos que seriam sonhados ao meu lado, e eu mesmo sou apenas uma imagem do seu sonho, eu sinto a potência da sua conjuração e o quanto elas também experimentam a força do meu sonho, experimentando o desejo infinito de participar dele, de entrar na esfera desse sonho, desejo tão vivo que ele é, ele próprio, a noite, que ele cria a noite onde nós estamos juntos, reunidos, mas por nossa ignorância comum, pela comunidade da nossa ignorância que faz com que mesmo quando eu as ouço, não as ouço, e quando eu falo com elas, nada é dito, embora tudo seja dito nelas para sempre. E sem dúvida o que elas podem me pedir não tem nenhuma relação com a ideia de escrever, são elas que, muito mais, em mim, desejam se inscrever como que para me permitir ler sobre mim mesmo como sobre meu túmulo a palavra do fim, e é verdade que, durante esses momentos noturnos, eu tenho a sensação de poder assim me ler, ler perigosamente, para muito além de mim, até o ponto onde eu não estou mais lá, mas alguém está.

Horas belas, palavras profundas às quais eu gostaria de pertencer, mas que, também elas, gostariam de me pertencer, palavras vazias e sem laço. Eu não posso interrogá-las e elas não podem me responder. Elas somente se demoram junto a mim, como eu me demoro junto a elas. Aí está o nosso diálogo. Elas se mantêm imóveis, elas estão como que eretas nesses quartos; de noite, elas são a dissimulação da noite; de dia, elas têm a transparência do dia. Onde quer que eu vá, lá estão elas.

O que elas querem? Nós não somos íntimos, nós não nos conhecemos. Palavras da profundidade vazia, quem chamou vocês? Por que vocês se manifestaram a mim? Por que me ocupo com vocês? Eu não devo me ocupar com vocês, vocês não devem se ocupar comigo, eu devo ir mais longe, eu não as unirei à esperança nem à vida de um sopro.

Que elas pesem sobre mim, eu não sei, mas eu sinto. Eu vejo um sinal disso nessa imobilidade que, mesmo quando elas parecem errar, mesmo quando eu as deixo, eu as mantenho comprimidas ao meu redor, em um círculo do qual, mesmo contra minha vontade, sou o centro. E esse círculo ora é maior, ora é menor, mas para mim a distância não muda, e nunca o círculo se interrompe, nunca a espera se rompe, eu poderia me dizer prisioneiro dessa espera se esta fosse mais real, mas como ela permanece silenciosa e incerta, eu sou apenas prisioneiro da incerteza da espera.

Sou eu o seu objetivo, o que elas procuram? Eu não acreditaria nisso. Mas, por vezes, elas me olham fixamente com uma potência tão contida, um silêncio tão reservado que esse silêncio me designa a mim mesmo; me é necessário então permanecer firme, me é preciso lutar junto à minha recusa em acreditar, e quanto mais eu luto, em geral com sucesso, mais eu percebo que a força que esse sucesso me dá, é apenas a elas que eu a devo, à sua vizinhança, à firmeza de sua desatenção.

Eu não sou o seu objetivo, então por que elas se demoram? Por que elas estão voltadas para mim se elas não são dirigidas a mim? Por que, fora meu companheiro e como se em uma certa medida elas tivessem uma vida livre, devo olhar para elas sem associá-las a ele, olhar que está talvez ligado à palavra escrever, mas que está então ligado a ela como o que melhor pode dela me desviar? Posso me perguntar, eu poderia tentar saber a partir de qual momento elas atraíram meu olhar, elas me viraram para o lado delas ao ponto que todas as coisas me são visíveis através da sua presença transparente e que elas me retêm na fixidez de sua aparição. Quando isso aconteceu? Questão vã, isso sempre aconteceu; mas, algo que diz muito sobre minha cegueira, eu não notava, eu não via nelas um obstáculo, eu não as via, ao passo que, agora, eu as olho: elas parecem ter saído de túmulos.

Eu não as invoquei, eu não tenho poder sobre elas, e elas não têm relações comigo. Nós nos demoramos lado a lado, é verdade, mas eu não as conheço; eu vivo perto delas, e talvez eu deva viver por causa delas, talvez por causa delas eu me mantenha em mim mesmo, mas desta proximidade eu estou também como que separado, é nesta separação que estamos próximos, ali elas se demoram, ali elas passam, e elas não respondem a ninguém.

Elas não me são inoportunas, tampouco elas não me atraem; se elas me atraíssem, nessa segurança eu também iria buscar a força para as repelir. Mas eu não desejo isso, o desejo não pode penetrar nesse círculo, só o esquecimento nele penetra. Me parece que aqui o esquecimento faz a sua obra, um esquecimento de um tipo particular, onde eu não esqueço, por trás do qual eu me abrigo, pelo contrário, como por trás de um eu [*je*] emprestado e que me permite dizer sempre eu [*moi*] com uma aparência de autoridade. Eu não esqueço nada, é nisso que eu pertenço ao esquecimento.

Elas estão sempre juntas. Isso quer dizer sem dúvida que eu só posso vê-las juntas, juntas mesmo que sem ligação, imóveis ao meu redor apesar de errantes. Eu vejo todas, nunca uma em particular, nunca uma só na familiaridade de um olhar não dividido e, se eu quero, mesmo assim, olhar fixamente uma parte, é então uma terrível presença impessoal que eu olho, a afirmação assustadora do que eu não entendo, não penetro, do que não está aqui e que, no entanto, se dissimula na ignorância e no vazio de meu próprio olhar. Mas isso somente quando eu busco isolar uma delas, manter em uma só o que as faz todas separadas, o que as mantêm todas juntas afastadas.

Eu não devo nem as espantar, nem as domesticar. Permanecer imóvel para que elas permaneçam imóveis. Comportar-me de forma leal em sua presença, e de forma leal quer dizer sem lhes atribuir uma lei, sem me oferecer a essa presença como a uma lei – e talvez não as levar em conta. Mas o fato de que uma vez eu tenha aberto os olhos sobre elas, me impede agora de fechá-los novamente. Um instante, isso me foi visível e agora é esse instante em que tudo me é visível, que eu olho e que eu retenho, contra a minha vontade, sem poder expulsá-lo. Em troca, e porque, de uma maneira que não compreendo, eu as fascino, me é preciso me demorar sob seu fascínio. Isso não se nota, não perturba as aparências, não é nada além de uma espera incerta. Junto a elas, eu sou como um homem que por tempo demais se manteve sobre as águas e que vê vir ao seu encontro o que lhe parece ser o corpo de um afogado[31]: um só? talvez dois, talvez dez, ele não os distingue, nada os distingue, e sem dúvida eles não lhe fazem mal, eles se mantêm somente imóveis ao seu redor; se ele se pergunta: o que eles querem? ele sabe bem que essa questão é sem sentido, sem realidade, não mais real do que esse encontro; entretanto, com o passar do tempo e como ele se cansa cada vez mais, ele não pode deixar de achar essa imobilidade pesada, ela se pressiona contra ele, se apega a ele, e ele se pergunta: o que quer essa imobilidade?

Todas as coisas têm um fim, mas não o desamparo, ele não conhece o sono, ele não conhece a morte, de minuto em minuto eu o experimento; o dia não o ilumina, a noite é sua profundidade, sua memória viva. O círculo que elas formam ao meu redor, é no fora que ele me enclausura e, entretanto, sempre ainda em mim mesmo. Ele é infinito e, por causa disso, eu sufoco; só se pode sufocar no infinito, mas eu sufoco lentamente, infinitamente. Esse círculo, do qual eu acreditava ser somente o centro, eu já o preencho por inteiro, é por isso que tudo está imóvel e, elas mesmas apertadas contra essa imobilidade, creio vê-las, mas na verdade eu as toco, elas me mantêm colado a mim mesmo, como eu as mantenho desesperadamente para além de mim.

O sentimento que me resta: eu não cederei, eu não posso fazer de outra maneira.

Estranha impressão de dia nesse sentimento, não aquele de uma esperança qualquer, mas o da direção justa, da confiança que não se altera, da afirmação que persiste: eu irei por esse lado, jamais por um outro.

Sentimento que logo se transtorna, pois me atravessa o pensamento de que, se eu quisesse, eu receberia delas um acréscimo de forças. Mas é a essa força que eu não posso consentir; por quê? eu não sei mais exatamente; entretanto, que isso dependa de mim, de mim a cada instante, eu ainda sei, até no esquecimento e mesmo quando, olhando-as, eu pressinto que me seria suficiente dizer a uma delas, mas a uma só: Venha, para que ela grite seu nome e, imediatamente, eu saia dessa reserva em que, mesmo se ele não se sustente, eu me mantenho no seu lugar, lá onde, na confiança que é devida ao abismo, eu espero o instante que me dirá: "Agora, está tudo bem, você não deve mais falar."

Depois, esse outro pensamento: em vez de se demorar nessa reserva, você já não a terá abandonado? Você só a tocou? Talvez você nunca tenha estado fora, ou só outrora, mas não agora, não de novo, isso não pode acontecer de novo, tudo é vazio e inanimado.

O que, sinto eu, ensombrava, apagava as horas, é que a imobilidade ainda era apenas a agitação, a febre que me vinha dessa presença, a força que me comunicava sua vizinhança, o desejo que me dava essa força para lhes emprestar um objetivo, para liberá-las por meio de uma intenção: queriam elas verdadeiramente tornar-se vivas? queriam elas se tornarem livres, não com uma liberdade de ocasião, mas livres em relação à sua origem e apagando-a, esquecendo-a, com um esquecimento mais profundo que a morte? Pensamento terrível, pensamento no qual o esquecimento opera.

Escapar delas? Comigo elas escapam, eu as arrasto sem mesmo perceber, ou melhor, eu creio vê-las errar novamente através da casa, mas sou eu que continuo a realizar os gestos da vida. Por vezes, e isso deveria me assustar, mas isso não me assusta, me parece que eu as olho com mais familiaridade. À noite, sobretudo, pensando livremente sobre a minha vida passada, tenho a impressão de que elas participam dela, de que dela elas se alimentam, de que elas poderiam vivê-la, se eu pensasse nisso mais vividamente. Então, elas me enclausuram estreitamente e, na imobilidade indecisa, posso somente me tornar seu sonho, o sonho dessa noite na qual elas se demoram perto de mim, como eu me demoro junto a elas, na intimidade dessa noite que passa sem cessar pelo dia, que é o dia para mim, onde elas estão de pé, em riste ao redor, formando o círculo vazio, infinito, que é ainda eu, mesmo se eu já não esteja mais lá. Nesses instantes, como ver nelas um obstáculo? Como pensar que elas se interpõem entre a origem e eu? Eu me confio a elas, eu as olho nesta confiança que não se dirige nem a uma nem a outra, que não lhes empresta um olhar, que não lhes descobre um rosto, que deixa a elas o que elas são, imagens sem olhos, imobilidade fechada que se dissimula silenciosamente e onde a dissimulação se revela. Nós estamos tão próximos que tenho a impressão de formar com elas um círculo, fazer o círculo ao redor de alguém que nós não vemos e que não nos vê, pois, não mais do que os seus, meus olhos não estão abertos. Isso explica nossa nova familiaridade, o ar diferente que eu respiro, a espera que não é a delas, mas a minha, da qual eu não sou prisioneiro, mas o guardião. Nós nos mantemos ao redor dele. Que ele esteja só ou que ele seja muitos, não sabemos. Que ele durma, entregue ao sono, ou que ele desça em nossa direção, sem o saber e sem nos ver, nós não sabemos. Nossa tarefa é manter o círculo, mas por quê? Nós ignoramos.

Desses instantes, eu retorno preocupado. Essa preocupação impede de uma certa maneira o meu retorno, ela me impede também de trazer comigo a parte de mim que pertence ao círculo ou, se ela retorna, ela me é estrangeira, não inimiga, mas distante, como se eu não tivesse, comigo mesmo, quase mais nada em comum. Eu percebo com esse sinal que, mesmo não estando nem mais tão afastado nem mais tão separado dele, eu me virava com mais dificuldade na direção do meu companheiro, talvez porque alguma coisa de mim, quando eu me virava para ele, dele se desviava, mas era também o contrário: me era preciso buscar em vão uma conversa que tinha prosseguido, tinha sido empurrada para longe. Antigamente, em uma época em que minha despreocupação permitia que me apoiasse sobre as coisas, tinha me ocorrido o pensamento de combatê-lo com o que havia de mais forte: eu elevaria muros silenciosos ao seu redor; eu nunca o interrogaria e, se ele passasse através dos interstícios do tempo, eu não lhe responderia. O que eu tinha em vista? Dominá-lo? Tratá-lo de igual para igual? Talvez eu tivesse um desejo mais obscuro, ligado mais profundamente a ele mesmo, e é esse desejo que eu encontro hoje, mas sob a forma de uma apreensão sufocante, do sentimento ansioso que traz consigo a palavra esquecimento. Creio que em certos momentos eu temo esquecê-lo, perdê-lo no esquecimento e fazer do esquecimento o único abismo onde ele poderia se perder.

Ameaça, imobilidade contra a qual se apoia minha cabeça cheia de angústia e de dor, e o que faz disso uma vertigem, é que ele não me parece estar mais afastado, pelo contrário sensivelmente presente demais, como se o mal-estar do esquecimento já o atraísse para a superfície. Eu me volto com mais dificuldade para o seu lado, mas com o sentimento extenuante de que ele nunca esteve tão próximo e que se, para pensar nele, eu não fosse obrigado a atravessar antes o pensamento de que eu o esqueço, eu o manteria em uma proximidade que romperia toda reserva. Em qualquer circunstância, pensar nele tinha sido um subterfúgio para lhe determinar um lugar e para me afastar, um instante, desse lugar, mas, agora, chamá-lo para cá onde estou, hesito sem parar em fazê-lo por medo de atraí-lo para uma palavra já obscurecida pelo esquecimento. Me é necessário, por causa disso, evitá-lo, me manter em guarda, colocá-lo, ele próprio, em guarda, informá-lo sobre o perigo que as nossas relações lhe fazem correr, perigo ainda mais obsessivo porque eu não tenho dele uma visão clara, que só ele poderia me ajudar a compreender melhor, a compreender por que ele está exposto a ele. O que eu pressinto, é que esse perigo o torna mais próximo, mais sensível, o atrai, o atrai a mim, de onde vem o perigo – e como eu poderia colocá-lo em perigo? Pensamento que pertence à ameaça, tão misteriosa, tão ameaçadora quanto ele, que eu nunca tinha tido, pelo menos relativamente a ele, que eu não estou certo de ainda ter, pensamento rarefeito no qual eu me demoro dificilmente, mesmo que tudo me pareça iluminado por uma luz nova, cegante. Quando digo que ele está próximo, ele está apenas mais presente, com uma presença imediata demais, que o torna próximo de mim, sem me tornar próximo dele, que não afasta mais do que me retém ali onde estou. Seria de fato o sinal de inquietação, de fraqueza, se, no lugar de se manter afastado, ele se colocasse a errar muito perto das aparências, como nunca fora tentado a fazer por respeito pela minha razão e pela tranquilidade de sua certeza. Alguma coisa, decerto, lhe falta, mas sou incapaz de saber o quê, incapaz de remediá-la, só sou capaz de reconhecer, de vigiar essa aproximação e de lutar para que ela não se expresse por sinais. Eu não posso dizer que eu a espreito, a não ser que seja na minha lembrança, como se houvesse sobretudo perigo de o ver surgir ali. Eu não o espreito, mas o sentimento de que eu o atraio mais do que ele me atrai, de que, por meu intermédio, se exerce uma potência que logo o leva às fronteiras desse mundo, está lá como a raiz da palavra esquecimento, a fonte do transtorno que eu não posso mais controlar, pois é um sentimento perturbador, ele dissimula nele uma tentação difícil de vencer, onde eu corro o risco a todo tempo de me mostrar forte contra mim mesmo. É tentador atrair para si o desconhecido, desejar atá-lo por uma decisão soberana; é tentador, quando se tem poder sobre o distante, ficar no interior da casa, chamá-lo e continuar, nessa aproximação, a gozar da calma e da familiaridade da casa. Mas talvez eu já o tivesse chamado, talvez fosse tarde demais: era esse pressentimento que fazia do meu tempo um tempo morto no qual ele me parecia lutar em vão contra alguma coisa que já tinha acontecido, mesmo que, apesar de tudo, me restasse esta certeza: eu não cederei.

Dessa mudança, talvez eu não tivesse sofrido um tal ataque, se de repente, revelação que se fixara no dia, a partir da qual não havia mais dia para mim, eu não tivesse descoberto que eu não o ouvia só falar, que eu ouvia agora o quanto lhe era difícil, impossível falar. Impressão perturbadora. Por um momento, eu não pude duvidar: isso não falava, isso não fazia barulho, e, no entanto, isso teria desejado falar, isso aspirava desesperadamente a falar, isso, depois de esforços infinitos, chegava ao limiar da palavra para ali desabar, ali perecer, ali apodrecer em um suspiro do qual eu percebia só a última vibração. Como suportá-lo? Eu lhe perguntei rapidamente: "Você acabou de me dizer alguma coisa?" e ele me respondeu não menos prontamente: "Mas você mesmo, você não acabou de falar comigo?", o que me fez entrever mais do que eu teria desejado. Eu procurei ao menos não lhe mostrar, eu não podia sem desvios colocá-lo na presença do meu pensamento, de modo que eu confessei somente o mais fácil: "Eu pensei todo esse tempo que havia palavras demais entre nós. – Entre nós?" Ele pareceu descer nessa interrogação, mas eu vi muito bem que esse intervalo em forma de fosso não tinha mais para mim sua profundidade. De súbito, ele diz febrilmente: "Sim, é preciso falar sem cessar, sem parar. – Você quer? – É preciso! agora, agora!", isso com um tom tão penetrante, tão animal, que eu me desequilibrei e que por minha vez eu quase gritei: "Não fale assim, não agora." Imediatamente depois, houve perto de mim um rápido barulho de queda, queda seca, sem profundidade. "O que aconteceu?", digo eu em voz baixa. Sua curiosidade foi logo despertada: "Sim, o que aconteceu?" – Era como um barulho de queda, como se alguém tivesse caído aos meus pés, justo quando eu tinha acabado de falar com você. – Você acabou de falar? – Eu acabo de lhe dizer..." Mas eu não me demorei nessa palavra, eu demorei-me ainda menos porque o mesmo incidente que o havia trazido tomou seu lugar: não exatamente o mesmo, entretanto, era mais próximo, isso parecia poder passar o limiar, o silêncio se levantava sob o esforço do qual eu pressentia a pulsação gigantesca, um grito, a loucura de um grito no seio do qual tudo se quebraria, mais do que um grito, uma palavra, mas logo isso já tinha vindo abaixo, o grito não tinha sido liberado e, eu também, eu não tinha sido liberado.

Esse incidente, por sorte, se produzira pouco tempo antes da noite. Só a noite podia contê-lo, reprimir sua laceração. O pensamento de que, enquanto eu lhe dirigisse a palavra, ele encontraria na minha palavra, por mais pobre que ela fosse, um apaziguamento que lhe permitiria então me responder do fundo de sua reserva, este pensamento, eu o examinara longamente. É verdade que a anomalia não parecia se produzir senão quando ele procurava vir até mim contra minha vontade ou sem esperar que eu lhe tivesse aberto o caminho. Disso, eu não estava nem mesmo certo, pois ainda havia muitos poucos casos e pelo menos um, o último, parecia uma exceção. Eu não podia, entretanto, me descolar da minha observação, ela me parecia impressionante, como sempre me havia impressionado esse seu poder de iniciativa, que ele usava muito raramente e quase sempre de uma maneira terna, mas do qual, apesar disso, eu guardara uma lembrança extraordinária: todas as vezes, estive espantado, abalado – assustado? levemente assustado, como se de repente eu tivesse compreendido que no lugar de ficar preso à corrente de palavras, corrente tão longa que ela lhe permitia percorrer todos os espaços com a aparência da liberdade, ele não cessava de quebrar a corrente, e mais ainda, que não havia corrente e que só o acaso o deixava emergir precisamente ali onde eu estava e em nenhum outro lugar. Quando eu lhe falava, eu sentia o peso da corrente, era cansativo, mas tranquilizador, a corrente era só uma ficção, mas o peso era real. Quando ele surgia por caminhos não preparados, tudo parecia poder ocorrer, tudo o que havia sido adquirido por dias de esforço e de luta parecia se perder para lhe dar lugar: eu não tinha o sentimento de uma verdadeira liberdade, era um não sei quê de diferente, uma possibilidade que não era uma, uma simplicidade que ia ao limite da impostura, mas de onde nada se elevava; era um começo, nem mesmo um começo, talvez bem pouca coisa; evocando-o pela lembrança, o que eu chamava iniciativa se assemelhava a uma palavra excessiva, que teria saltado por cima da série, mas, depois de ter afastado todo o resto, tomava ali um lugar e fortalecia a impostura. Talvez, depois de tudo, nada fosse tão decepcionante. Faltava somente compreender por que, no interior dessa decepção, eu não estava decepcionado, por que, nesse momento em que me era preciso pensar nisso como em uma possibilidade perdida, eu achava tão penoso ter que renunciar, tão angustiante me comprometer, de uma vez por todas, a não mais o deixar vir de improviso e, por isso, para sempre lhe abrir o caminho, antecipar suas iniciativas, ir à sua frente, falando-lhe sem cessar, sem parar, sem deixar vazio e sem nunca romper a corrente, a fim de que ele não se perdesse fora dele mesmo. Dever do qual eu não queria me esquivar, mas por que essa tarefa? Por que, na calma da noite, ela acaba por me parecer prodigiosamente difícil, mas tão prodigiosa, a ponto de me dar, no momento em que eu ia desabar, uma superabundância de forças, uma impetuosidade de movimento que não se preocupava com nada? Eu compreendi, uma vez que me tenha dado conta de que ela me havia trazido, contra a minha vontade e por um caminho insuspeito, até a palavra escrever. No círculo da noite, essa palavra elevara-se subitamente como uma intuição resplandecente, como se ela se apresentasse pela primeira vez, com toda a juventude de um sonho indestrutível, toda a seriedade de uma tarefa que talvez eu não teria a força para suportar, mas que me carregaria, sob a condição de que por um instante eu lhe fornecesse um ponto de apoio. Eu não procurava reorganizar todas as razões que, há tanto tempo, empurravam essa palavra adiante: tudo, neste instante, convergia para ela, tudo pegava fogo para lhe fazer brilhar e, em sua luz, já nascia e se punha a exaltação soberana do último dia.

Logo que o sentimento de que isso era necessário me colocou de pé, é a pobreza do dia que, no entanto, me impressionara, que me fizera sentir de novo o quanto meu companheiro devia estar perto das aparências, de tão magras que eram. Sim, foi isso que eu vira antes, a extraordinária magreza do dia, sua tenuidade, seu brilho superficial. Era, claro, um belo dia, mas terrivelmente gasto. Eu me mantinha, agora, à mesa. Estava só, com uma solidão diferente. Eu me dizia: "Devo esquecer tudo o que se passou antes dessa noite. Eu tenho uma tarefa a realizar, também tenho a força para realizá-la, elas estão exatamente adaptadas uma à outra, como o corte à lâmina da faca que o fez. Sem dúvida minha força foi repartida, espalhada ao longo de toda a minha vida, visto que a tarefa está concentrada em um só momento no qual ela espera, mas ela espera com paciência; eu não posso perdê-la; comigo ou sem mim, ela se realizará." Eu sentia plenamente que o que eu chamava de minha tarefa era surpreendentemente simples, que ela já estava, na verdade, totalmente realizada, terminada, ali diante de mim, e que eu só precisava me dar conta disso, torná-la aparente aos meus olhos. Mas, para isso, teria sido necessário que eu relaxasse um instante, o que eu não podia porque me paralisava a ideia de que minhas relações com o meu companheiro tivessem perdido toda a sua simplicidade. Até agora eu nunca o havia espiado. Ele nunca me havia dado a impressão de me espiar. Eu estava talvez constantemente ocupado com ele, mas, nesta ocupação, livre, só que livre demais. Eu não o vigiava, eu não o esperava, eu lhe falava e falar com ele exigia de mim um esforço muito grande, mas esse esforço se completava como que em minha ausência, lá onde, no entanto, eu estava tão firmemente reunido que eu não podia desejar nada que não me fosse dado imediatamente. Mas, presentemente, eu encontrava diante de mim esse pensamento de que nós estávamos separados pelo esquecimento, de que no seio do esquecimento ele podia ser colocado em perigo, de que meu dever consistia em impedi-lo de sair de sua profundidade, em repeli-lo com a minha mão da qual outrora a mais leve pressão era suficiente para mantê-lo afastado, ao passo que, agora, me era preciso certamente toda a minha atenção, toda a minha força, toda a minha vida, para preservar em um único ponto a integralidade do dia. Isso me deixava tenso. Eu precisava poder olhar tranquilamente as coisas. Seguramente, havia nelas ainda mais recursos do que eu podia suspeitar. Eu me dizia "Tenha, pois, paciência com você; fique um momento sozinho; abandone tudo, abandone até mesmo essa noite." Mas essas palavras só me agitavam, me davam o sentimento do vazio que era preciso preencher, das palavras verdadeiras que me faltavam para conseguir isso, do meu desejo de retornar precisamente para a noite onde eu me havia aproximado delas e, na espera dessa noite, eu não via do dia nada mais além da sua leveza sonhadora, essa luz que parecia ter perdido a clareza da sua evidência em que eu não distinguia nada, nem mesmo que o dia não me fazia falta. Coisa estranha, entretanto, no canto onde eu estava, junto dessa mesa onde, todavia, eu não escrevia – eu não podia chamar isso escrever – em nenhum momento eu abandonara o instinto, a certeza de que ali ao menos ele permaneceria ele mesmo, que, nesse lugar, como ele me tinha prometido, chegaria um instante em que "ele faria tudo por mim". Eu me lembrava constantemente dessa palavra, e é esta lembrança que eu lhe oferecera, perguntando: "Você não quer me ajudar agora?" Eu esperei pela sua resposta com uma fé, uma esperança que ele deve ter sentido e que eu senti por minha vez quando ele disse em voz baixa, sem dúvida depois de muito tempo: "Eu não posso te ajudar. Você sabe, eu não posso fazer nada."

Eu fora, por essa palavra, como que expulso do meu lugar; eu tivera que me encaminhar para outro lugar, um outro cômodo, a cozinha provavelmente onde eu encontrei por um instante a tranquila luz do verão que eu observei com uma forte comoção de prazer, mas eu não me ativera a isso, pois eu tinha a impressão de que o tempo urgia. Tendo voltado para a sala onde a obscuridade do dia me fizera hesitar, eu o ouvi me perguntar: "O que você acabou de fazer? Com uma leve ansiedade. – Ora, eu bebi um copo d'água. – Você está doente? – Eu estava cansado, mas já estou me sentindo melhor. – Sim, vai passar logo. Você não quer descansar?" Na verdade, eu desejava caminhar um pouco mais. Eu sentia uma certa vertigem, um medo estranhamente solitário: "Nós estamos completamente sozinhos. Sim, nós estamos sozinhos." Eu caminhei, dei alguns passos. Tendo me habituado à obscuridade, reconheci o espaço familiar da sala, a abertura tranquila das grandes janelas, um pouco mais perto da mesa e, quase ao lado, uma cama descoberta e em desordem. "Agora, eu creio que o melhor seria me deitar. – Sim, é isso." Quase imediatamente depois, ele me perguntou: "Você é alto, não é?" Mas eu não me dei conta de onde vinha essa palavra, nem porque ela me envolvia novamente com a impressão de naturalidade que tinha sempre marcado as nossas relações. Eu não me dei conta, porque me parecia ouvi-la na tranquila simplicidade do passado, mas quando eu lhe tinha respondido: "razoavelmente alto" e ele tinha acrescentado: "Você não poderia me descrever como você é?", eu experimentei um sentimento tão vivo – sem dúvida por me encontrar na verdade da sua reserva, no momento em que eu temia ser excluído dela – que eu só imaginei responder-lhe: "Sim, é fácil." Dizendo isso, eu pensava, com efeito, de que havia no outro lado da mesa, na parede, um espelho no qual, contudo, eu nem pensava me olhar, mas a lembrança desse espelho me ajudou a lhe dizer: "Acho que eu tenho um aspecto até jovem. – Jovem? Por quê?" Eu pensei por um instante: "Isso vem do fato de que eu sou magro." Observação que não pareceu alcançá-lo, tanto ele parecia ocupado em deixar vir até ele, profundamente, de uma maneira perturbadora, a palavra "jovem" que ele repetiu como se quisesse doravante nela se agarrar, a ponto de, compreendendo que, por ele mesmo, ele não a largaria mais, eu me apressei, para distraí-lo, em encontrar uma outra razão: "E também porque o rosto é muito claro", o que, de fato, o atraiu vivamente, levando-o a levantar esta dúvida que ele expressou pouco depois: "Mas, ele não tem também algo sombrio?" Eu me segurei: "Não, ele é talvez demasiado nu, formado de modo por demais sumário, mas o olhar é claro, de uma claridade que, com efeito, surpreende, uma claridade fria, logo depois brilhante, mas na maior parte do tempo muito calma. – Como você sabe disso? – Eu acho que me disseram." Mas ele prosseguiu: "Quem lhe disse? – Pessoas. – Ah, sim, pessoas, pessoas", palavra que pareceu despertar nele um eco sinistro, mas ele não se deteve nisso e retomou: "Extraordinariamente calma? – Talvez não sempre. – Talvez calma demais!" de uma maneira que me teria feito temer de novo por vê-lo nunca mais se desapegar dessa palavra, se ele não tivesse bruscamente terminado dizendo alegremente: "Bom, estou vendo, estou vendo", como se realmente, para ele, alguma coisa como um retrato tivesse se desprendido de mim.

Apesar desse tom alegre, eu não pude me impedir de pensar que ele podia não estar satisfeito com uma imagem tão incompleta. Eu teria adorado torná-la mais expressiva, aproximá-la da verdade que, por culpa minha, ele não havia penetrado de maneira justa. Eu teria desejado sobretudo retornar a um traço que me parecia essencial, mostrar-lhe que esse rosto era geralmente muito alegre, que essa alegria penetrava até os momentos mais sombrios, dos quais, mesmo então, se elevava o reflexo de uma claridade alegre, talvez distante, quase ausente, mas ainda mais sensível. Eu lhe disse: "Você sabe, há um sorriso sobre esta figura." Isso logo o agradou extraordinariamente; ele perguntou febrilmente: "Onde isso? Nos olhos? – Nos olhos também, eu acho. – Mesmo quando você dorme?" Eu refleti: sim, mesmo quando eu dormia. Enquanto eu tentava imaginar como ele representava para si esse sorriso, ele me disse de repente, com uma avidez enxerida, sem luz, que lhe era própria: "Isso agrada as pessoas, não é? – Sim, sem dúvida, isso as agradava." Eu quase lhe perguntei: "E a você?", mas eu não o fiz, eu não tive o tempo para me decidir a fazê-lo, pois ele acrescentou: "Estou vendo, estou vendo", e eu tive então o sentimento de que desta vez ele havia tomado realmente posse desse rosto, de que ao menos ele ia começar a levá-lo para essas regiões onde ele escapava da minha atração e para perto das quais eu procurava avançar, sem que, eu também, me submetesse à inclinação que me atraía para ele. Eu tivera de permanecer por muito tempo refletindo sobre aquilo que eu chamava sua esfera, o brusco alívio das nossas relações, alívio que não me parecia, entretanto, corresponder a nada de novo, como se eu me tivesse dado conta somente agora de que elas nunca haviam realmente mudado. Depois, me viera essa ideia de que se nossas relações eram as mesmas, isso não significava que ele tivesse permanecido sempre idêntico; me parecia que eu deveria ter lhe perguntado: "Você não está um pouco mudado?", ao que eu já o ouvia me responder: "Mas você também mudou!" e isso não me teria levado a lhe dizer: "Você quer dizer que você não é sempre o mesmo?", pensamento que parecia mais um frêmito do que uma palavra, mas mesmo que ela fosse terrível de se olhar, eu a encarava entretanto, eu me deixei descer nela até esse ponto do qual eu não me desviei, mesmo quando me foi preciso ouvir gritar o que não tinha nem forma nem limite, alguma coisa imunda, a lama das profundezas, a vitalidade desenfreada que não se preocupava nem em me reconhecer nem em se deixar reconhecer. Se eu pude chegar até aí, é sem dúvida porque isso era ainda somente o reflexo de um pensamento. Pelo menos, lá, eu não me recusara a ele, até o momento em que, estando sempre no coração da meditação poderosa que me envolvia, eu percebi que meus olhos estavam abertos para alguma coisa que eu não apreendera antes, um ponto, não um ponto, mas um desabrochar, um sorriso de todo o espaço, que expressava, ocupava todo o espaço, onde eu reconheci então o que eu tinha precisamente desejado lhe descrever, um sorriso livre, sem entraves, sem rosto, que a partir dessa ausência resplendia lentamente, o iluminava, dava-lhe uma aparência, um nome, um nome silencioso. Eu o olhei sem surpresa, sem perturbá-lo, sem ser perturbado, como se nessa calma houvesse penetrado pouco a pouco a revelação de que nesse momento a figura passava para a esfera, de que ela ali era acolhida sob a forma como ela havia sido descrita, de que o sorriso agora pertencia ao distante, de que eu o havia realmente dado a ele, de que nesse dom ele encontraria alimento e salvaguarda momentânea contra o esquecimento, o que tinha por corolário essa ideia de que, de uma certa maneira, esse sorriso, esse rosto, agora, me faltava.

Quanto tempo isso durou, eu não posso imaginar, não era um tempo imaginário, isso não pertencia tampouco ao tempo das coisas que aconteciam. Depois do primeiro contato, eu comecei a olhá-lo com mais precauções; eu devia temer, olhando-o fixamente de uma maneira intensa demais, perder ou destruir aquilo de que eu tinha tão poucas referências para apreender. Mas eu sentia, pelo contrário, o quanto essa visão pouco dependia do meu olhar, o quanto ela escapava dele sem permanecer-lhe estrangeira. Isso não se dirigia a mim, isso vinha talvez de mim, eu podia ainda me lembrar, mas como um detalhe pitoresco, sem importância: presentemente, era o tranquilo sorriso de ninguém, que não visava ninguém e perto do qual não se podia permanecer perto de si, não um sorriso impessoal e talvez nem mesmo um sorriso, a presença do impessoal, a aquiescência à sua presença, a certeza evasiva, imensa e completamente próxima de que não havia ninguém e de que ninguém sorria, o que todavia se expressava através de um sorriso infinito, fascinante, tão tranquilamente fascinante que, assim que a inquietação voltava diante desse ponto fixo, eu só podia olhá-lo calmamente, na calma que dele resplandecia e, também, amigavelmente, pois dele me chegava um íntimo raio de amizade. Nada havia de mais calmo, um círculo visível de calma - e todavia, o que me fizera rapidamente perceber outra coisa, não tão calma, uma calma não apaziguada, trêmula, como se ela não tivesse atingido o ponto de onde não há mais retorno, como se ela não estivesse ainda livre de todo rosto, ainda o desejasse, temesse ser dele separada: dando-me ora o sentimento de errar desesperadamente ao redor da figura, ora a esperança de dela se aproximar, a certeza de recompô-la, de a ter recomposto, impressão inesquecível de sua unidade com ela, mesmo que ela própria permanecesse invisível, unidade maravilhosa, sentida como uma felicidade, uma sorte que dispersava as sombras, que suplantava o dia, pelo qual nós estávamos prontos a sacrificar tudo, uma aparência cativante, a apreensão do único, a força do desejo que sempre e sempre encontra o que uma vez ele já teve – mas o que acontece? A aparência não cessa de estar presente por trás, ela se impõe mesmo, torna-se mais majestosa, eu a vislumbro como nunca a havia visto, é o reflexo movente de todo o espaço, e o sorriso afirma também a sua imensidão, afirma a majestade dessa aparência que é quase vasta demais, parece que ele se perde nela e que através dele ela se torna uma aparência que se perde, sem aparência. Fissura ainda ínfima: o sorriso não sorri senão de uma maneira mais misteriosa, como se a unidade perdida estivesse ainda mais perto da verdade desse sorriso, o qual, entretanto, lentamente, com uma paciência infinita, já se tornou de novo a dor de um sorriso vazio, a calma sorridente dessa dor. Ah! retorno sem fim, vicissitudes de uma lentidão desoladora. Em certos momentos, eu não posso duvidar: o que sorri é de fato o sorriso de um rosto, de um rosto que eu não vejo, mas que permanece a certeza indestrutível desse sorriso. Depois, de novo, não posso duvidar, ele é colocado inefavelmente sobre o vazio; nele o vazio se abre para uma alusão sorridente que atravessa o rasgo de um leve escárnio.

Há quanto tempo isso dura? O sentimento de que se trata de mim deve desempenhar seu papel nesse movimento absolutamente lento, oscilação imóvel, que eu anteciparia em vão, à qual eu devo pelo contrário me unir cada vez mais através da minha própria imobilidade, e, de novo, ela se aproxima do que eu creio ainda conhecer, ela se eleva, ela revela uma possibilidade de felicidade única, que não é talvez mais a minha, pouco importa, ela é a felicidade para ela mesma, alegria da qual eu não preciso participar, que ilumina em mim até o sentimento de não estar lá para participar dela, e, de novo, ela desfaz a unidade dessa felicidade, ela a solta, a descola dela mesma, como ela a descolou de mim, mas com tanta paciência que o sorriso do absoluto desamparo torna-se mais uma vez aquele da paz absoluta, e esta última o reflexo da profundidade vazia. Por vezes, eu me digo: "Não olhe para isso, deixe-o decidir entre você e ele, deixe a decisão te abandonar, não volte atrás." Mas o fato de que isso não dependa mais de mim cria uma relação da qual eu não quero me desfazer. Eu sem dúvida decidi, mas assistir a essa luta solitária da minha decisão, a essa tenacidade que, no elemento da fome e do vazio lhe faz ainda encontrar a saciedade e a plenitude, sentir o quanto ela teria necessidade de ser decidida de novo até o esgotamento e, entretanto, no seu descolamento, perceber o ponto de verdade que a torna sorridente, tudo isso também pertence a uma decisão, e eu não devo me libertar dela, nem me deixar distrair. Eu poderia ainda, todavia? Quem não se liberaria da profundidade de um reflexo? E, no entanto, parece que ela já tomou posse do dia, que ela se insinua nele, o fascina, o altera, torna-se o trabalho de um outro dia. Isso não o enfeia, é verdade: é também o sorriso do dia e este não pode ser mais bonito, dir-se-á que nesse sorriso começa a se dissolver seu envelope protetor e que nessa dissolução penetra uma luz mais próxima de mim, mais humana. Talvez tudo o que morre, mesmo o dia, se aproxime do homem, pergunte ao homem o segredo de morrer. Tudo isso não durará muito mais tempo. Já sinto de uma maneira distante que eu não tenho mais o direito de chamar meu companheiro, – ele ainda me ouviria? Onde ele está agora? Talvez muito perto daqui? Talvez ele esteja ao alcance da minha mão? Talvez seja ele que a minha mão lentamente repele, afasta mais uma vez? Não, não o afasta, não o repele, o atrai, pelo contrário, o conduz até você, abre-lhe um caminho, o chama, o chama suavemente pelo seu nome. Pelo seu nome? Mas eu não devo chamá-lo e, nesse momento, eu não poderia. Você não pode? Nesse momento? Pois então, é o único momento, é uma necessidade urgente, você não lhe disse tudo, falta o essencial, é preciso completar a descrição, "é preciso! agora, agora!" O que eu esqueci? Por que tudo não desaparece? Por que é um outro que entra na esfera? De quem se trata, então? Não fui eu que tomei a bebida? Foi ele? Foram todos? Isso não era possível, havia um mal-entendido, era preciso pôr um fim nisso. Toda a força do dia tivera de se tensionar, se elevar em direção a esse fim, e talvez ele respondesse na hora, mas quando o fim chegou, depois da fragmentação de alguns segundos, tudo já tinha desaparecido, desaparecido com o dia.

Notas

[1] No original, o tempo verbal é chamado apenas de "imperfeito" (*imparfait*), formado pelo sufixo "-ait" na terceira pessoa do singular. (N.T.)

[2] M. BLANCHOT, *Aquele que não me acompanhava*, p. 44-45

[3] M. BLANCHOT, *Une voix venue d'ailleurs,* Ulysse Fin de Siècle, Plombières-les-Dijon, 1992 [*Uma voz vinda de outro lugar,* Rio de Janeiro, Rocco, 2011]: "Quando eu residia em Èze, no pequeno quarto (ampliado por uma dupla perspectiva, uma aberta até a Córsega, a outra para além de Cap Ferrat) onde eu permanecia com mais frequência (...)", p. 13. Este opúsculo foi retomado em um livro de mesmo título, Gallimard, Folio-essais, 2002.

[4] Hugo Santiago, *Maurice Blanchot,* produção INA [Instituto Nacional do Audiovisual], primeira exibição pelo canal France 3, coleção "Un siècle d'écrivains", dir. Bernard Rapp, em 30 de setembro de 1998.

[5] G. BATAILLE, "Ce monde où nous mourons", *Critique,* n. 123-124, août-septembre 1957, retomado em *Œuvres Complètes,* t. XII, Gallimard, 1988, p. 457/466.

[6] Optou-se por utilizar no corpo do texto os títulos dos livros de Blanchot em português quando estes já tenham sido publicados em nossa língua, indicando nas notas entre colchetes, acompanhando as referências do autor, o lugar e data de publicação. Mantemos os títulos em francês para aqueles ainda inéditos em tradução portuguesa. (N.T.)

[7] M. BLANCHOT, *Thomas L'Obscur,* Gallimard, 1950, p. 7.

[8] M. BLANCHOT, *L'Espace Littéraire,* Gallimard, 1955, collection folio-essais, 1988, p. 27-30 [em português: *O Espaço Literário,* Rio de Janeiro, Rocco, 2011].

[9] M. BLANCHOT, *Le Livre à Venir,* Gallimard, 1959, collection folio-essasi, 1986, p. 285 [*O Livro Por Vir,* São Paulo, Marins Fontes, 2019].

[10] M. BLANCHOT, "Oh tout finir", revue *Critique,* n. 519-520, août-septembre 1990, p. 635-637, retomado em *La Condition Critique,* Gallimard, Cahiers de la NRF, 2010, p. 457-459.

[11] A. QUEIROZ, F. DE MORAES, N, VELASCO E CRUZ (org.), *Barthes/Blanchot: um encontro possível?* Rio de Janeiro, 7 Letras, 2007.

[12] A imagem do círculo, tão presente e enigmática ao longo de toda a narrativa de *Aquele que não me acompanhava,* é também uma das que, muito discretamente, retornam em momentos de interesse em outros textos de Blanchot sem resolver-se em uma aparência estável e facilmente compreensível, mesmo que sugira uma certa função em cada um desses episódios. Nas últimas linhas de *Au Moment Voulu,* de 1951, temos: "Eu posso me lembrar de tudo isso, e me lembrar disso, é sem dúvida apenas um passo a mais no mesmo espaço, ali onde ir mais longe, já é me ligar ao retorno. E, entretanto, mesmo que o círculo já me arraste, e mesmo que me fosse preciso escrever eternamente, eu escreveria para apagar o eterno: Agora, o fim" (p. 166) Esta função torna-se pouco a pouco mais nítida quando encontramos o círculo nas reflexões de Blanchot a partir das suas leituras de Kafka, como no capítulo "La voix narrative" (le "il", le neutre" publicado na reunião de artigos *De Kafka à Kafka*: "Mantenhamos [*o limite da fadiga*], entretanto. Escrevamos uma narrativa em que ele se posicione como uma realização da própria narrativa. Entre as duas frases [*As forças da vida não são suficientes senão até um certo ponto*], idênticas, qual é a diferença? Certamente muito grande. Posso, grosso modo, representá-la assim: a narrativa seria como um círculo neutralizando a vida, o que não quer dizer sem relação com ela, mas se reportando a ela por meio de uma relação neutra. No círculo, o sentido daquilo que é e daquilo que é dito ainda é dado, mas a partir de um recuo onde são de antemão neutralizados todo sentido e toda falta de senti-

do. (...) Com frequência, em uma narrativa ruim – admitindo-se que exista, o que não é completamente certo –, temos a impressão de que alguém fala por detrás e sopra aos personagens ou então aos acontecimentos o que eles têm a dizer: intrusão indiscreta e desajeitada; é, dizem, o autor que fala, um "eu" autoritário e complacente ainda ancorado na vida e irrompendo sem moderação. É verdade, isso é indiscreto – e assim apaga-se o círculo. Mas é verdade também que essa impressão de que alguém fala "por detrás" pertence à singularidade narrativa e à verdade do círculo: como se o círculo tivesse seu centro fora do círculo, atrás e infinitamente atrás, como se o *fora* fosse precisamente esse centro que só pode ser a ausência de todo centro". (p. 172; ver também, p. 197.) O círculo estabelece uma relação importante com a noção eminentemente blanchotiana de *fora.* Há ainda os desenvolvimentos sobre a circularidade da exigência da escrita, da sobrevida do autor e da exigência da morte para a realização da obra, sustentados, mais uma vez, por uma leitura de Kafka, no subcapítulo *Le cercle* de "La mort possible" [*L'Espace Littéraire,* p. 114-116.]. Finalmente, reencontramos a imagem do círculo na conversa que introduz *L'Entretien Infini*, atravessada por uma longa e rica reflexão dialógica sobre a fadiga e a fraqueza: "Ele se lembra em que circunstâncias o círculo foi traçado ao seu redor – um círculo: mais uma ausência de círculo, a ruptura desta vasta circunferência de onde vêm os dias e as noites. Deste círculo, ele sabe somente que não está preso nele, em todo caso, que ele não está ali preso com ele mesmo. Pelo contrário, o círculo que se traça – ele esquece de dizê-lo: o traço apenas começa – não lhe permite de nele compreender-se. É uma linha ininterrupta e que se inscreve interrompendo-se.

Que ele admita por um instante este traço traçado como que com giz e certamente por ele mesmo – por quem, de outro modo? Ou então por um homem como ele, ele não faz diferença. Que ele saiba que ele [o traço] em nada perturba a ordem das coisas. Que ele pressinta, entretanto, que ele [o traço] representa um acontecimento de um tipo particular – de que tipo, ele não sabe, um jogo, talvez. Que ele se demore imóvel, convocado pelo jogo para ser o parceiro de alguém que não joga... E por vezes, dirigindo-se ao círculo, lhe dizendo: Tente se fechar uma vez, só por um instante, que eu saiba onde você começa, onde você termina, círculo indiferente. Que o círculo – a ausência de círculo – seja traçado pela escrita ou pela fadiga, a fadiga não lhe permite decidir, mesmo se for apenas escrevendo que ele se descubra fadigado entrando no círculo da fadiga, na fadiga como em um círculo". (p. XVII-XVIII). (N.T.)

[13] "Alguma coisa de mim me foi tomada" traduz imperfeitamente o íntimo jogo de palavras proposto pelo autor em *quelque chose de moi avait été pris à moi-même* entre os dois "*moi*", marcando uma cisão, uma diferenciação ou um enfraquecimento do "eu" no interior do próprio "eu". (N.T.)

[14] O verbo *demeurer* é convencionalmente traduzido em português por "permanecer" ou "ficar", no entanto, para este texto, algumas escolhas se impuseram devido a importância dessa palavra no vocabulário de Maurice Blanchot. *Demeure* pode ser elencada ao lado de outros termos já muito marcantes para leitores e estudiosos da obra blanchotiana, como *désœuvrement* (desobramento), "o fora", "neutro", "desastre" etc. Nesse sentido, quando as qualidades significativas do termo mostravam um caminho de leitura e de interpretação para além do seu uso mais habitual optou-se por explicitar a sua presença na língua portuguesa com "demorar", "demorar-se", "a demora", trazendo à superfície da língua do texto de chegada, através da tradução, o que não era óbvio no texto de partida.

Foi Jacques Derrida quem primeiro notou a importância de *demeure* em Blanchot quando comentou *O instante da minha morte*. No interior de sua própria língua a palavra – ao lado de *l'instant* –, para Derrida, já envolvia por si só um trabalho de tradução, como ele o afirma em: "Como para o uso permanecerão [*demeureront*] intraduzíveis, as locuções nominais, verbais ou adverbiais '*la demeure, demeurer, à demeure, en demeure*'" [J. DERRIDA, *Demeure. Maurice*

Blanchot, Paris, Galilée, 1998, p. 38] e em: "[...] ele *se demorou* abrigado..." Se nos fosse dado tempo, poderíamos, e deveríamos, seguir a insistência propriamente *demorrente* da demora e do demorar em *L'Instant de ma mort.* Há um tempo próprio do que se demora nesse *Instant de ma mort.* E a palavra "demora/morada [*demeure*], demorar [*demeurer*] retorna com frequência no texto que demora, então, intraduzível..." [Idem, p. 100. Tradução ligeiramente diferente daquela de Flávia Trocoli e Carla Rodrigues em *Demorar. Maurice Blanchot,* Florianópolis, Ed. UFSC, 2015, p. 86.].

Na língua francesa e particularmente em Blanchot, *demeure* significa também "morada" e por essa razão manteve-se a visibilidade do termo original em português através do "morar" em demorar, ressaltando o fato de que toda a narrativa de *Aquele que não me acompanhava* desenvolve-se em um estranho, mas identificável, espaço doméstico. É nessa acepção que o encontramos, por exemplo, em uma passagem de Bergson que poderia ter sido escrita pelo próprio Blanchot: "*Mais d'autre part, que peut être un objet matériel non perçu, une image non imaginée, sinon une espèce d'état mental inconscient? Au delà des murs de votre chambre, que vous percevez en ce moment, il y a les chambres voisines, puis le reste de la maison, enfin la rue et la ville où vous demeurez.*" [Mas, por outro lado, o que pode ser um objeto material não percebido, uma imagem não imaginada, a não ser uma espécie de estado mental inconsciente? Para além das paredes do seu quarto, que você percebe neste momento, há os quartos vizinhos, depois o resto da casa, enfim a rua e a cidade onde você mora] (H. BERGSON, *Matière et Mémoire,* Paris, PUF, 1965 (1939), p. 85).

Demorar/De-morar carrega em si uma inextricável relação entre espaço e tempo que reforça em muitas passagens dos textos de Blanchot o que é proposto pelo desenvolvimento de certas ações em uma "crono-logia insensata" e certos agenciamentos verbais em que o "presente do indicativo é insituável", "... aqui, alguns traços semânticos dessa palavra rara, enigmática, e propriamente intraduzível. Palavra de cepa latina, e que pela transmissão do provençal, do espanhol (*demorar*) ou do italiano (*demorari*) reconduz ao latim *demorari, de* e *morari,* que significa *esperar* e *tardar*" – como vemos, mais uma vez, em Blanchot, "a espera é, caminho do dia, caminho da noite, a via conduzindo do acontecimento que ela espera à história na qual ela o espera, um e outro mantidos juntos pelo esquecimento: desvio por onde ele passa, e se demora [*demeure*]..." (*L'Attente L'Oubli,* p. 104) – "Há sempre uma ideia de espera", –continua Derrida –, "de contratempo, de atraso, de adiamento ou de sursis na demora/morada como na moratória. Já se rimou, na grande-literatura-francesa, a demora como espera ou como instância, com a palavra "meurt" [morre]. Corneille : "*Oui, sans plus de demeure. Pour l'intérêt des dieux je consens qu'elle meure*" [Sim, sem mais demora. Pelo interesse dos deuses eu consinto que ela morra]. Estar *en demeure* é estar em atraso, e colocar *en demeure,* na linguagem jurídica, é intimar alguém a cumprir uma obrigação em um prazo exigido. A extensão à habitação, à residência, à casa, tem a ver antes com o tempo acordado para a ocupação de um lugar e conduz até a "última morada [*demeure*]" onde reside o morto. Não acabaremos de visitar as avenidas mortuárias e moratória desse léxico. O velho francês tinha também esta palavra da qual já me servi, aproximadamente, eu acho, a *demeurance,* que se escrevia também, é ainda mais bonito e tão apropriado ao nosso texto, a *demourance* [demorrência]" [DERRIDA, *Op. cit.,* p. 102. Tradução ligeiramente diferente daquela de Flavia Trocoli e Carla Rodrigues, *Op. cit.,* p. 87.]

Deve-se complementar o que diz Derrida sobre a "última morada", no entanto, citando diretamente Blanchot: "O lugar onde se morre não é um lugar qualquer. Não se transporta tranquilamente esse cadáver de um lugar para outro ... *Demeurer* não é acessível àquele que morre." (*L'Espace Littéraire,* p. 345). *Demeurer* é também bastante presente nas traduções de Hölderlin realizadas pelo próprio Blanchot, e não por acaso, já que é a partir de sua tradução que ele desenvolve reflexões como esta: "a possibilidade de comunicar, tal como ela emana da lei, é grande demais para ser verdadeiramente comunicação, ela é 'mediatidade absoluta', diz Hölderlin; ela precisa ser mediatizada para que o lado a lado não seja tangenciamento do abismo, mas entendimento verdadeiro, comunidade real de valores (*zusammentaugen*). Para isso se empregará a palavra: a palavra cuja essência é de *demorar*, fosse como um traço, de ser fundamento do que demora." ["la parole 'sacrée' de Hölderlin", *La Part du Feu,* p. 126]. Por fim, cabe lembrar da importância para Blanchot da reunião de poemas de René Char, *Seuls demeurent...* [Ver, a esse respeito "René Char", também em *La Part du Feu* (p. 103-114), "Parole de fragment" e "René Char et la pensée du neutre", *L'Entretien Infini* (p. 381-384 e p.439-450) e "La Bête de Lascaux", *Une voix venue d'ailleurs* (p. 45-68)] e também a seção "La Demeure" em *Totalité et Infini* (1971) de Emmanuel Lévinas. Deste último, um único exemplo basta: "Existir significa desde então demorar. Demorar não é precisamente o simples fato da realidade anônima de um ser lançado na existência como uma pedra que se lança atrás de si. Ele é um recolhimento, uma vinda para si, um recuo em si como em uma terra de asilo, que responde a uma hospitalidade, a uma espera, a um acolhimento humano" (p. 166).

Demorar/*Demeure* apresentou-se como uma dificuldade de tradução bastante interessante para Vanghélis Bitsoris, o tradutor grego de alguns textos de Blanchot. No caso, trata-se de um breve fragmento intitulado "O nome de Berlim" ou "O nome Berlim". A trajetória incomum deste fragmento desempenha um papel importante nos caminhos e descaminhos da tradução de *demeure* porque a primeira publicação não se deu em francês, mas em italiano, depois em inglês e por fim em edição bilíngue francês-alemão. No entanto, até a data desta última publicação o original de Blanchot estava perdido. Foi Jean-Luc Nancy e Hélène Jelen que realizaram, a partir do italiano, uma nova versão francesa. Depois disso o original de Blanchot foi encontrado, o que nos permite uma comparação das mais interessantes. Bitsoris notou, justamente, a questão envolvendo *demeure* e sua vizinhança semântica. Vejamos, seguindo Bitsoris, uma mesma passagem nos dois textos em francês: A) VERSÃO DE J.-L NANCY E H. JELEN: "Pour tous, Berlin est le problème de la division. D'un certain point de vue, c'est un problème strictement politique (...). D'un autre point de vue, c'est un problème social et économique (...). D'un autre point de vue, c'est un problème métaphysique: Berlin n'est pas seulement Berlin, mais aussi le symbole de la division du monde et plus encore : sur un "point universel", le lieu où la réflexion sur l'unité simultanément nécessaire et impossible s'accomplit en chacun de ceux qui y *résident*, et qui, y résidant, font non seulement l'expérience d'un *lieu d'habitation* mais aussi celle de l'absence de lieu d'habitation". B) TEXTO ORGINAL DE BLANCHOT: "Berlin est pour tous le problème de la division. A un certain point de vue, c'est un problème strictement politique (...). À un autre point de vue, c'est un problème social et économique (...). À un autre point de vue, c'est un problème métaphysique : Berlin n'est pas seulement Berlin, mais le symbole de la division du monde, davantage : un "point d'univers", le lieu où la réflexion sur la nécessité et l'impossibilité de l'unité s'accomplit en chacun de ceux qui *demeurent* et qui, y demeurant, ne font pas seulement l'expérience d'un *séjour*, mais d'une absence de séjour".

A dificuldade se encontra, portanto, no fato de que *demeurent* e *séjour* (estadia) no original foram substituídos – sem que se soubesse – na versão de Nancy e Jelen por *résident* (residem) e *lieu d'habitation* (local de moradia). Segundo Bitsoris: "A distinção entre esses dois vocábulos sinônimos torna-se muito mais difícil e complexa se levamos em conta (...) a frase seguinte de Heidegger: 'Em que consiste pois o ser da habitação [*Wohnen*]? Escutemos de novo a mensagem da língua: o velho-saxão *wuon*, o gótico *wunian* significam *demeurer* [*bleiben*], passar um tempo de estadia (*séjourner*) [*sich aufhalten*], exatamente como a antiga palavra *bauen*'".

Continua Bitsoris: "Creio que nos é necessário um estudo minucioso e aprofundado que tornaria mais preciso *na* obra blanchotiana o sentido, o grau da distância ou da proximidade entre essas palavras – em particular entre *habitação, estadia, demeure* e entre *habitar, passar um tempo de estadia, demeurer* -, levando em consideração também o pensamento hegeliano, e antes de tudo o desacordo já mencionado entre Levinas e Heidegger.

O fato de que na passagem citada do texto original do *Nome de Berlim* Blanchot fale daqueles que "demeurent" e experienciam uma "estadia" em uma cidade, ilustrando a falta de unidade e os conflitos violentos provocados pela guerra fria, uma cidade, pois, que é o problema da "divisão", ou mesmo "um problema metafísico", em suma, um lugar onde se realiza a reflexão sobre a "necessidade e a impossibilidade da unidade", mostra que esta reflexão se diferencia claramente do pensamento heideggeriano que, neste ponto, valoriza a noção de *reunião*, um tipo de compromisso para a manutenção da unidade em geral.

Resumindo, creio que a sobretradução de J.-L. Nancy e de H. Jelen é preciosa para todos os tradutores do original: ela coloca grandes questões de interpretação, porque através da leitura tradutória do filósofo J.-L. Nancy, interlocutor privilegiado de Blanchot, aparecem diferenças e semelhanças que facilitam e complicam ao mesmo tempo a emergência das soluções aos problemas tradutórios." [V. BITSORIS, "Apories traductives (Du *Nom de Berlin* à *L'Instant de ma mort*)", *Maurice Blanchot. Récits critiques,* textes réunis par Christophe Bident et Pierre Vilar, Paris, Éditions Farrago/Éditions Léo Scheer, 2003, p. 240-241].

As considerações do tradutor grego sobre a relação conflitual entre o pensamento de Blanchot e aquele de Heidegger a partir da necessidade de encontrar uma solução para uma única palavra, *demeure,* nos trazem elementos a mais para sustentar a opção em manter a literalidade de "demorar" em português sempre que possível. Como disse certa vez Ernst Bloch, Heidegger "é o pensador mais estático que se possa imaginar". O mais sedentário, portanto. É ainda nesse sentido que Emmanuel Levinas dirá que "Em Blanchot (...) Do fundo da existência sedentária se eleva uma lembrança nômade. O nomadismo não é uma aproximação do estado sedentário. Ele é uma relação irredutível com a terra: uma estadia (*séjour*) sem *lugar*." [E, LÉVINAS, *Sur Maurice Blanchot,* Paris, Fata Morgana, 1975, p. 22].

Dessa maneira, o "demorar" como "de-morar", com as implicações sobrepostas de tempo e espaço, tem por intenção traduzir essa indistinção primeira e não imobilizar aquilo que pode ser compreendido como um estado de suspensão, uma iminência de movimento. (N.T.)

[15] No original, "*demi-jour*", que não poderia ser traduzido por "meio-dia" (*midi*, em francês) e que evoca, sob o aspecto luminoso evidente da sala, a forte relação de Blanchot com as ideias de "dia" e "noite" da escrita. Um dia pela metade. (N.T.)

[16] "Na estranheza, não há seres se sentindo estranhos/estrangeiros ou um angustiante estranho/estrangeiro revelando-se para eles, há como que um *"campo de força"* anônimo: do ser que se afirma se escondendo, que aparece desaparecendo, do ser que nunca é um ser nem uma pura ausência de ser, e nem mesmo o ser que não seria nem isso nem aquilo, quer dizer, neutro, mas a neutralidade do ser ou a neutralidade como ser.", ("L'étrange et l'étranger" (1958), *La Condition Critique. Articles 1945-1998,* p. 287). (N.T.)

[17] *Désœuvrement* como desobramento, uma palavra que não existe em nossa língua portuguesa, é a maneira de traduzir o que já é um termo técnico no universo de Maurice Blanchot. Mais uma vez, a intenção é trazer à superfície da língua de chegada o deslocamento de sentido, a novidade, empreendido pelo autor no interior de um termo da língua de partida. Atualmente, o corpo de pesquisas e a maior familiaridade com certas especificidades do vocabulário de Blanchot nos parecem suficientes para não mais recorrer à "ociosidade" como tradução para *désœuvrement.* Muitos pesquisadores já utilizam "desobramento" em suas publicações. Mesmo sendo "ociosidade" a opção mais comum e que parte do uso comum da palavra francesa, ela não responde às exigências literárias e filosóficas dos textos de Blanchot, como em: "Ninguém que escreve a obra pode viver, demorar-se [*demeurer*] junto dela. Esta é a decisão mesma que o dispensa, o subtrai, que faz dele o sobrevivente, o desobrado, o inocupado, o inerte do qual a arte não de-

pende" [*L'Espace Littéraire*, p.17]; "... porque ele é o que não permite nunca que se chegue à obra, o aquém em que, do ser, nada se faz, no qual nada se realiza, a profundidade do desobramento do ser" [Idem, p. 49]; "*O Inominável* [de Beckett], um ser sem ser que não pode nem viver nem morrer, nem cessar nem começar, o lugar vazio onde fala o desobramento de uma palavra vazia e que recobre tão bem quanto mal um Eu [Je] poroso e agonizante" [*Le livre à venir*, p. 290]; "A 'loucura' é a ausência de obra, e o artista, o homem por excelência destinado à obra, mas também aquele que essa preocupação se engaja no teste daquilo que sempre de antemão arruína a obra e a atrai sempre para a profundidade vazia do desobramento, ali onde do ser nada é feito." [*L'Entretien Infini*, p. 297]; "... que escrever, é fazer obra de palavra, mas que esta obra é desobramento" [Idem, p. 524]. *Désœuvrement* como desobramento é o sentido que permite compreender, ou pelo menos torna possível a leitura, de um momento importante da reflexão de Blanchot pós 68 sobre a comunidade (e o comum, e o comunismo) que se realiza paradoxalmente ao se desobrar como corpo uno e estável, como "comunidade e desobramento" [*La Communauté Inavouable*, p. 23-25]. É o trabalho conceitual de Blanchot tangenciando constantemente a sua produção literária que, nesta tradução, pressiona a palavra *désœuvrement* a ganhar a aparência que lhe demos na língua portuguesa através da explicitação literal do que compõe a própria palavra no original. Para dirimir possíveis dúvidas: sabemos que "inoperosidade" é uma tradução possível, no entanto, colocaríamos o texto de Blanchot em um espaço conceitual muito marcado pela filosofia de Giorgio Agamben (*inoperosità* é traduzada na França, justamente, por *désœuvrement*). Optamos por evitar essa aproximação já que o próprio Agamben, estranhamente, não menciona Blanchot quando elabora e aplica seu conceito de inoperosidade. Encontramos ao menos duas passagens em que desobramento é mencionado ao lado de inopersidade, porém, não como sinônimos: a primeira originalmente em 1995, em Homo sacer I, apesar da tradução do francês para o italiano sugerir quase inevitavelmente a sinonímia, a sequência do excerto confere mais autonomia à "inoperatividade", assim, "o tema do *desœuvrement*, da inoperância [*inoperosità*] como figura da plenitude do homem ao fim da história, que aparece pela primeira vez na crítica de Kojeve sobre Queneau, foi retomado por Blanchot e por Jean-Luc Nancy, que o colocou como centro de seu livro sobre a *Comunidade inoperante*. Tudo depende aqui do que se entende por "inoperância". Esta não pode ser nem a simples ausência de obra nem (como em Bataille) uma forma soberana e sem emprego da negatividade. O único modo coerente de compreender a inoperância seria o de pensá-la como um modo de existência genérica da potência, que não se esgota (como a ação individual ou aquela coletiva, compreendida como a soma das ações individuais) em um transitus de potentia ad actum" [G. AGAMBEN, *Homo sacer. O poder soberano e a vida nua*, Belo Horizonte, Editora UFMG, 2007, p. 69.]; e a segunda menção se deu em um artigo publicado em 2008: "mas que inoperatividade – trata-se de uma tradução portuguesa - e *desœuvrement* definem a essência – ou mais ainda, a praxe específica – do homem é, como devem ter percebido, a hipótese que tenciono propor-vos agora." [G. AGAMBEN, "Arte, Inoperatividade, Política", P*olítica – Politics. Conferências Internacionais Serralves*, Fundação Serralves, 2008, p. 47]. O estranhamento com relação a ausência nominal de Blanchot na obra de Agamben é ainda mais pronunciado quando lembramos que existe uma longa lista de conceitos cujo interesse é compartilhado pelos dois autores, como "potência do não", "comunidade", "tempo messiânico/tempo do agora", "anonimato", "origem-começo-comando-*arkhê*", o "Aberto" etc; e que encontramos, ou reencontramos, nas últimas linhas do último volume do projeto *Homo sacer* esta passagem conclusiva: "... la vita propriamente umana è quella che, rendendo *inoperose le opere e funzioni* specifiche del vivente, le fa, per così dire, girare a vuoto e, in questo modo, le apre in possibilità" (itálico nosso) [*Idem*, *L'Uso* *dei Corpi*, Vicenza, Neri Pozza, 2014, p. 351.]. Essa ideia já estava presente no artigo português acima citado, como por exemplo, em: "a contemplação do poder não é simplesmente ócio e apraxia, mas algo parecido com uma inoperatividade interna à própria operação, que consiste em tornar inoperativo qualquer poder particular de agir e de fazer" [*Idem*, "Arte, Inoperatividade...", p. 48]. Como se pode ver, Agamben desdobra o termo "inoperatividade" em direção a "ociosidade" para enfatizar uma das suas características indicando, no entanto, seus limites, incluindo os semânticos, posto que o *otium* contemplativo cristão é tido como insuficiente. Também por esta razão consideramos pouco adequado hoje retomar simplesmente a tradução de *desœuvrement* como "ociosidade". Finalmente, sobre este ponto bem como sobre as possiblidades de tradução – filosófica - de *inoperosità* para a língua francesa, ver: É. BALIBAR, "*Inoperosità*": usage et mésusage d'une négation", *Politique de l'exil. Giorgio Agamben et l'usage de la métaphysique*, (dir.: A. Ganjipour), Paris, Lignes, 2019. Outro equívoco que pretendemos evitar vem da tradução brasileira da obra de Jean-Luc Nancy, *A Comunidade Inoperada* [La Communauté Désœuvrée]. Nancy, mesmo bastante próximo de Blanchot, não o acompanha completamente: "Se a literatura não conclui, não é no sentido mítico de uma 'poesia infinita', segundo os votos do romantismo. Não é também no sentido em que o '*désœuvrement*' de Blanchot seria alcançado e apresentado pelas obras, mas também não no sentido em que esse '*désœuvrement*' seria um puro fora da obra." [J-L. NANCY, *La Communauté Désœuvrée*, Paris, Christian Bourgeois Éditeur, 2004, p. 162]. Nancy se refere à ideia que podemos encontrar, por exemplo, em Une voix venue d'ailleurs: "a obra é então a intimidade em luta entre momentos irreconciliáveis e inseparáveis, comunicação dilacerada entre a medida da obra que se faz poder e a desmedida da obra que deseja a impossibilidade, entre a forma em que ela se apreende e o ilimitado no qual ela se recusa, entre a obra como começo e origem a partir do que nunca há obra, onde reina o desobramento eterno" [p. 65-66]. Em um artigo de crítica a Agamben, que inclui deste último o conceito de inoperosidade, Nancy se refere a sua diferença com relação a Blanchot: "Um problema se apresenta aqui a propósito do uso introduzido há algum tempo por Blanchot do termo '*désœuvrement*'. Este uso visa a um desobramento da obra na obra e através dela – tornando-se ela própria desobrada (ele même se désœuvrant). A tal propósito Blanchot me reprovou (não sem razão) por ter falado de uma 'comunidade inoperante (désœuvrée)' sem ter considerado qual obra comum poderia tornar-se inoperante (se désœuvrer)." [J.-L. NANCY, "Restituzione", *Pólemos, n.1 (2020): Il gesto che resta.* Agamben contemporâneo, p. 135]. Sobre este último ponto, ver: L. HILL, Blanchot, Nancy. A serious controversy, London/New York, Rowman & Littlefield, 2018. A intenção é manter na excepcionalidade de uma tradução por neologismo a especificidade do conceito do qual o próprio autor tinha plena consciência, como quando ele nos diz: "Remeto aqui a L'Espace Littéraire em que a categoria do desobramento, a ausência de obra, começa a surgir." [*L'Entretien Infini*, nota 1, p. 297], ou, mais sutilmente, em: "Escrever para que o negativo e o neutro, em sua diferença sempre recoberta, na mais perigosa das proximidades, lembrem um ao outro a sua especificidade, um trabalhando, o outro desobrando [*désœuvrant*]" [*L'Écriture du Désatre*, p. 65]. A questão do desobramento encontra-se fundamentalmente em L'Espace Littéraire e em L'Entretien Infini, mas percorre em graus diversos várias outras obras de Blanchot, como é o caso de Aquele que não me acompanhava, e é do interesse dessa explicação perceber como essa palavra percorre tanto os textos convencionalmente tomados por teóricos ou críticos, e os textos literários. Nos parece que a insistência, a repetição do termo em uma única página, tal como acontece com "demorar" e "agora", por exemplo, borra pontualmente, mas de maneira determinante, as fronteiras entre os gêneros. Para além disso, a repetição modula, desdobra, acentua progressivamente acepções possíveis da mesma palavra – que nunca é a mesma ao se repetir –, ainda mais tratando-se de "desobramento", e é por essa razão que encontraremos neste livro momentos em que haverá um estranhamento um pouco maior quando ela se fizer presente. (N.T.)

[18] É em outro lugar e em outra ocasião, refletindo sobre a experiência de escrita de Kafka e sobre seu drama a partir dos *Diários,* que Blanchot nos apresenta toda a complexidade envolvida em um tal momento: "Alguém se põe a escrever, determinado pelo desespero. Mas o desespero nada pode *determinar*, "ele sempre e de uma vez já ultrapassou o seu objetivo" (Kafka, *Diário*, 1910). E, do mesmo modo, escrever não poderia ter sua origem senão no "verdadeiro" desespero, aquele que não convida à nada e desvia de tudo, e primeiro retira sua pluma de quem escreve. Isso significa que os dois movimentos não têm nada em comum, apenas o modo interrogativo a partir do qual podemos somente apreendê-los. Ninguém pode dizer a si mesmo: "Eu estou desesperado", mas: você está desesperado?" e ninguém pode afirmar: "eu escrevo", mas somente "você escreve? sim? você escreveria?", ("Kafka et l'exigence de l'œuvre", *L'Espace Littéraire,* p. 63; *De Kafka à Kafka,* p. 94). (N.T.)

[19] No original: *Parolefolle.* Apesar das dúvidas não completamente satisfeitas a respeito dessa palavra, que incluem até mesmo o recurso à primeira edição de 1953 para verificar a grafia e a diagramação, optou-se por crer na inventividade literária de Blanchot nesse ponto específico do texto. Comparações com outras sequências de palavras, sobretudo aquelas que iniciam parágrafos, mostrou que em nenhum caso há uma proximidade tão grande entre elas a ponto de se confundirem como neste caso. As traduções em espanhol e em inglês mostram que os tradutores leram ou optaram por mantê-las separadas: Hugo Savino, na edição espanhola, nos dá "locas palabras" [p. 40], recurso ao plural possível para verter *parole*, mas que o obrigou a empregá-lo ao longo de todo o parágrafo, algo que procuramos evitar. A escritora Lydia Davis, para a edição norte-americana,

optou por "a mad thing to say" [p. 39], desenvolvendo e enfatizando um pouco mais o sentido de fala em *parole*. Cada uma dessas soluções contribui para a compreensão desta passagem em *Aquele que não me acompanhava* e não interessaria ao leitor que elas fossem simplesmente comparadas, inclusive com a que é aqui apresentada.

Na presente edição optou-se por abrir mais uma possibilidade de leitura e tradução bastante razoável para este início de parágrafo tão incomum e, dessa maneira, contribuir com mais um nível de interpretação e criação assumindo o termo como um substantivo – "sob a condição de que dispuséssemos de uma língua em que a loucura seria dada por um nome" (*Le pas au-delà,* p. 65) –, no sentido de uma palavra de uma natureza completamente outra, como uma "palavra constante, espaçada sem espaço, afirmando abaixo de toda afirmação, impossível de negar, fraca demais para ser calada, dócil demais para ser contida, não dizendo qualquer coisa, somente falando, falando sem vida, sem voz, à voz mais baixa que toda voz: viva entre os mortos, morta entre os vivos, pedindo para morrer, para ressuscitar para morrer, apelando sem apelo. (...) Palavra sem sequência que ele segue, lugar-algum-errante, por-toda-parte-residente..." (*L'Attente L'Oubli,* p. 116-117). Não seria, portanto, como um elemento adjetivado expressando uma qualidade de exceção. Pareceu, além disso, que *parolefolle* poderia, de certo modo, guardar em si o poder de síntese que existe no latim *stultiloquium* (ver: GAFFIOT de poche, *Dictionnaire latin-français,* Paris, Hachette, 2001, p. 712.] (que se transformou, no inglês arcaico, em *stultiloquy*) já que *loquor,* como é justamente o caso em francês de *parole*, diferentemente de *mot*, não se refere a uma palavra em específico, mas a uma maneira de falar, a uma característica da conversação em geral, que convém perfeitamente ao contexto apresentado no parágrafo imediatamente anterior e ao que vem depois do termo em questão. Erika Rodrigues, por exemplo, retoma o termo, que só se encontra em *Aquele que não me acompanhava*, para relacioná-lo com o "neutro", conceito central do pensamento de Blanchot: "O neutro, como a única palavra que chega da região limite, fala sobre uma perda da palavra. A *palavralouca* que rasga a língua e faz falar o não-falante...” (E. RODRIGUES, “La question du neutre dans la pensée de Maurice Blanchot”, *Ici et Ailleurs*, 2014 https://ici-et-ailleurs.org/rencontres/universite-d-ete-les-usages/article/la-question-du-neutre-dans-la). Por fim, buscando um indício qualquer de presença de *palavralouca* em outros textos de Blanchot, temos a passagem seguinte, que propõe não apenas um parentesco terminológico, mas mais um desdobramento de seu sentido: “A *linguagem louca* seria, em toda palavra/fala [*parole*], não apenas a possibilidade que a faria falar sob o risco de torná-la não-falante (risco sem o qual ela não falaria), mas o limite que detém toda língua e que, nunca fixado de antemão, nem teoricamente determinável ... só poderia se inscrever a partir do seu atravessamento – o atravessamento do inatravessável – e, a partir disso, interdito.” (*Le pas au-delà*, p. 66). (N.T)

20 Esse tipo de construção é mais do que recorrente em Blanchot e ele tem absoluta consciência disso e do que ela significa para ele e sua obra, como mostra a seguinte nota: “A língua francesa, tão pouco propícia à indeterminação, sofre sob esse ponto de vista uma mudança que os puristas reprovariam em vão. Cada vez mais, verbos que pedem complementos têm preferencialmente necessidade de não se completarem, como se seu único complemento devesse ser essa falta mesma. Por exemplo, eu escrevi acima sobre a estranheza que eu experiencio na medida em que ela me escapa, eu deveria ter escrito: na medida em que ela escapa.”, (“L’étrange et l’étranger” (1958), *La Condition Critique*, nota 1, p. 286). (N.T.)

21 Toda a passagem que, antes do ponto indicado por esta nota, se inicia em “Eu acabo de abrir as cortinas...” até onde mais adiante ela termina em “plantado no coração de um sonho”, cria um laço profundo com um dos fragmentos mais intrigantes de toda a obra de Blanchot, aquele chamado “Uma cena primitiva?” e que consta, repetido três vezes, em *L’Écriture du Désastre* (respectivamente nas páginas 117, 176-179 e 191-196). Este importante fragmento – no sentido da escrita fragmentária de Blanchot – foi, como tal, muito provavelmente preparado desde meados dos aos 60. Nesta

cronologia é necessário incluir uma versão contida em uma carta de Blanchot para Roger Laporte datada de 1966. Um trecho dessa carta sobre a "cena', diz: "Naturalmente, um tal movimento não prova nada, não descobre nada: seria um exagero; mas ao menos, esta alegria de uma extraordinária pureza e cuja lembrança está no centro de todo esquecimento, me revelou de certo modo um nível de 'mim-mesmo', uma exigência sobre a qual, em seguida, me foi dado refletir tentando responder a ela". (Citado em A. BIANCHI et L. KHARLAMOV, "Présentation", P. LACOUE-LABARTHE, *Agonie terminée, agonie interminable. Sur Maurice Blanchot* suivi *de L'Émoi,* Paris, Galilée, 2011, p. 49). Depois disso o fragmento foi primeiramente publicado na extinta revista *Première Livraison* – sem o ponto de interrogação – em 1976 (aqui uma frase inclui as palavras do "título": "O inesperado dessa cena primitiva..."). O que o trecho de *Aquele que não me acompanhava,* de 1953, parece nos sugerir é uma presença mais antiga do tema apresentado nas redações do que serão os fragmentos da "cena". Acrescentemos, no entanto, o fato de que em *l'Arrêt de Mort,* de 1948, Blanchot parece já esboçar os primeiros traços do que nesta época ele muito justamente chamou de "o fenômeno da janela (ou do vidro)", fundamental enquanto tal para *Aquele que não me acompanhava.* Vejamos como isso aparece no livro de 1948: "O estranhamento consistia no fato de que o fenômeno da janela, do qual falei, se aplicava a tudo, mas principalmente aos seres e aos objetos de um certo interesse. Por exemplo, se eu lia um livro que me interessava, eu o lia com um prazer vivo, mas meu próprio prazer estava sob um vidro, eu podia vê-lo, apreciá-lo, mas não usá-lo. Do mesmo modo, se eu encontrava uma pessoa que me agradava, tudo o que me acontecia com ela de agradável estava sob vidro e, por causa disso, inutilizável, mas, também, distante e em um eterno passado" (p. 79-80) (Ver: J. MAJOREL, "*l'Arrêt de Mort* une scène primitive", *Cahiers Maurice Blanchot,* n. 1 (2011) p. 80-86). Retomemos, portanto, cada um dos fragmentos, em sua evidente metamorfose, tal como se encontram em *L'Écriture du Désastre*:

FRAGMENTO 1: "[Uma cena primitiva?] Vocês que vivem mais tarde, próximos do coração que não mais bate, suponham, suponham-no: A criança – teria ela sete anos, oito talvez? – de pé, afastando as cortinas e, através do vidro, olhando. O que ela vê, o jardim, as árvores de inverno, o muro de uma casa: enquanto ela vê, sem dúvida à maneira de uma criança, se espaço de jogo, ela se entedia e lentamente olha para cima em direção ao céu ordinário, com as nuvens, a luz cinza, o dia opaco e sem distante. O que acontece em seguida: o céu o mesmo céu, repentinamente aberto, absolutamente negro e absolutamente vazio, revelando (como pela janela quebrada) uma tal ausência que tudo nela deste então e para sempre se perdeu, ao ponto em que nela se afirma e nela se dissipa o saber vertiginoso de que nada é o que existe, e antes de tudo nada existe para além. O inesperado dessa cena (seu traço interminável), é o sentimento de felicidade que subitamente submerge a criança, a alegria avassaladora sobre a qual ele não poderá testemunhar senão pelas suas lágrimas. Crê-se em uma mágoa de criança, tenta-se consolá-la. Ela não diz mais nada. Ela viverá doravante no segredo. Ela não chorará mais" (p. 117).

FRAGMENTO 2: "(Uma cena primitiva?) *Indiscrição, indizível, infinito, mudança radical, não há entre aquilo que se chama por estas palavras, senão uma relação, ao menos uma exigência de estranheza que as tornaria cada uma por vez – ou juntas – aplicáveis àquilo que se nomeou uma* cena? – *Erroneamente, já que, escapando ao figurável, como à ficção; simplesmente para não falar delas assim como de um evento tendo tido lugar num momento do tempo. – Uma cena: uma sombra, um fraco clarão, um "quase" com os traços do "demasiado", do excessivo em tudo. – O segredo ao qual se fez alusão, é que não há segredo, exceto para aqueles que se recusam à confissão. – Indizível, entretanto, enquanto narrado, proferido: não o "proferir" mallarmeano (ainda que não se possa evitar passar por ele – lembro-me disso ainda*: "eu profiro a palavra, para mergulhá-la de novo em sua inanidade"; *é o "para", esta finalidade de nada demasiado estabelecida, que não permite se concentrar nisso), antes o dito que, sem remeter a um não-di-*

to (como se tornou costume pretendê-lo) ou a uma riqueza de palavras inesgotável, reserva o Dizer que parece denunciá-lo, autorizá-lo, provocá-lo a um desdito – Dizer: poder de dizer? Isso o altera imediatamente. O desfalecimento lhe conviria melhor. – Se a conveniência não estivesse aqui fora de aposta: o dom do pouco, do pobre, na ausência da perda jamais recebida. – Mas quem conta? – O relato. – O ante-relato, "a circunstância fulgurante" pela qual a criança fulminada vê – ela tem o espetáculo disso – o assassinato feliz de si mesma que lhe doa o silêncio da palavra. – As lágrimas são de uma criança ainda. – Lágrimas de toda uma vida, de todas as vidas, a dissolução absoluta que, alegria ou tristeza, o rosto pueril reergue para nelas brilhar até a emoção sem signos. – Imediatamente interpretado de modo banal. – A banalidade não está errada, comentário de consolação onde a solidão se recusa sem refúgio. – Eu volto a isso: as circunstâncias são do mundo: a árvore, o muro, jardim de inverno, o espaço do jogo com que o tédio; é, então, o tempo e seu discurso, o narrável sem episódio ou puramente episódico; até mesmo o céu, na dimensão cósmica que ele supõe desde que se o nomeia – os astros, o universo –, é o aclaramento do dia parcimonioso, mesmo que fosse o "fiat lux", distanciamento que não distancia. – Todavia, o mesmo céu ... – Precisamente – é necessário que seja o mesmo. – Nada mudou. – Salvo o abalo de nada – Que rompe, pela quebra de uma vidraça (por trás da qual se se assegura com uma transparência protegida), o espaço finito-infinito do cosmos – a ordem ordinária – para substituir a isso a vertigem sábia do fora desertado, como negro e vazio, respondendo à subitaneidade da abertura e se dando absolutos, anunciam a revelação pela ausência, a perda e o para o além dissipado. – Mas "o para além", embargado pela decisão desta palavra esvaziada "nada" que não é ela mesma nada, é ao contrário chamada na cena, desde que o movimento de abertura, desde que a revelação, assim como a tensão do nada, do ser e do há intervêm e provocam o abalo interminável.- Eu o concedo: "nada é aquilo que há" interdito de se deixar dizer em tranquila e simples negação (como se em seu lugar o eterno tradutor escrevesse: "Não há nada" . – Nenhuma negação, mas termos que pesam, estâncias justapostas (sem vizinhança), suficiência fechada (fora de significação), cada um imóvel e mudo, e assim usurpando sua relação em frase da qual estaríamos bem embaraçados de designar o que nela se gostaria de dizer. – Embaraço é pouco: passe por esta frase aquilo que ela não pode conter senão estilhaçando-o. – De minha parte, ouço o irrevogável do **há** *que ser e nada, marulho vão, projetando, reprojetando, traçando, apagando, rolam segundo o ritmo do anônimo ruído. – Ouvir* [Entendre] *o sem-eco da voz: estranho entendimento* [entente]. *– Entendimento* [Entente] *do estranho, mas não vamos mais longe. – Já tendo estado demasiado avante, voltando atrás. – Voltando em direção à interpelação inicial que convida à suposição fictícia sem a qual falar da criança que jamais falou, seria fazer passar na história, na experiência ou no real ainda, a título de episódio ou novamente de cena imóvel, aquilo que os arruinou (história, experiência, real) deixando-os intactos. – O efeito generoso do desastre. – A senescência do rosto sem rugas. – O insulto maior da poesia e da filosofia indistintas."*

"A questão sempre suspensa: estando morto deste 'poder-morrer' que lhe doa alegria e assolação, ele sobreviveu, ou antes, que quer dizer então sobreviver, senão viver de uma aquiescência à recusa, de um calar da comoção, afastado do interesse por si, des-interessado, extenuado até à calma, não esperando nada? – Por conseguinte, esperando e velando, já que de repente desperto e, sabendo-o de agora em diante, jamais suficientemente desperto". [p. 176-1790. Esse texto retoma, "fragmentando-o", o ensaio "Une scène primitive" publicado no *Le Nouveau Commerce,* n. 39-40 (1978)].

FRAGMENTO 3: "(Uma cena primitiva?) O traço do narcisismo, entendido vulgarmente ou sutilmente, é que, como do amor-próprio de La Rochefoucauld, é fácil denunciar o efeito disso em tudo e em todo lugar; basta lhe dar uma forma adjetiva: o que é que não seria narcísico? Todas as posições do ser e do não-ser. Mesmo quando ele se renuncia até se tornar negativo, com a parte de enigma que então o obscurece, ele não cessa de ser passivamente ativo: a ascese, a retração absoluta e até ao vazio, se deixam reconhecer como modos narcísicos, uma maneira bastante covarde para um sujeito decepcionado, ou incerto de sua identidade, de se afirmar se anulando. Contestação que não é negligenciável. Nós reencontramos aí a vertigem ocidental que reporta todos os valores ao Mesmo, e tanto mais se se trata de um «mesmo» mal constituído, evanescente, perdido ao mesmo tempo que apreendido, quer dizer, tema de predileção para alguns movimentos dialéticos. As mitologias mostram bem que a versão de Ovídio, poeta inteligente, civilizado, cuja concepção do narcisismo segue todos os movimentos narrativos, como se estes detivessem o saber psicanalítico, modifica o mito para desenvolvê-lo tornando-o mais acessível. Mas o traço do mito que Ovídio termina por esquecer é que Narciso, inclinado sobre a fonte, não se reconhece na imagem fluida que lhe reenviam as águas. Este, portanto, não é ele, seu «eu» talvez inexistente, que ele ama ou deseja, mesmo que fosse em seu não reconhecimento. E se ele não se reconhece, é porque aquilo que ele vê é uma imagem, que a similitude de uma imagem não remete a ninguém, tendo por caráter não se parecer com nada, mas ele se «apaixona» por ela, porque a imagem – toda imagem – é atraente, atração do vazio mesmo e da morte em seu engodo. O ensinamento do mito que, como todo mito virando fábula, é educativo, seria que não é preciso se fiar à fascinação das imagens que não somente enganam (donde os fáceis comentários plotinianos), mas tornam todo amor insensato, porque é preciso uma distância para que nasça o desejo de não se satisfazer imediatamente – o que Ovídio, em seus acréscimos sutis, bem traduziu fazendo Narciso dizer (como se Narciso pudesse falar, "se" falar, soliloquiar): "possessão me fez sem possessão".

O que há de mítico neste mito: a morte está nele presente quase sem se nomear, pela água, a fonte, o jogo floral de um encantamento límpido que não abre sobre o sem-fundo apavorante do subterrâneo, mas que o mira perigosamente (loucamente) na ilusão de uma proximidade de superfície. Narciso morre? Quase; tornado imagem, ele se dissolve na dissolução imóvel do imaginário onde ele se dilui sem saber, perdendo uma vida que ele não tem;

pois, se se pode reter alguma coisa dos comentadores antigos, sempre prontos a racionalizar, é que Narciso jamais começou a viver, criança-deus (a história de Narciso, não a esqueçamos, é a história de deuses ou semideuses), não se deixando tocar pelos outros, não falando, não se sabendo, já que, segundo a ordem que ele teria recebido, ele deve permanecer desviado de si – assim, muito próximo da criança maravilhosa, sempre já morta e entretanto destinada a um morrer frágil, do qual Serge Leclaire nos falou. Sim, mito frágil, mito da fragilidade onde no entre-dois tremente de uma consciência que não se formou e de uma inconsciência que se deixa ver e assim faz do visível o fascinante, nos é dado aprender uma das versões do imaginário segundo a qual o homem – é o homem? -, se ele pode se fazer segundo a imagem, é mais certamente exposto ao risco de se desfazer, segundo sua imagem, se abrindo então à ilusão de uma similitude, talvez bela, talvez mortal, mas de uma morte evasiva que está toda na repetição de um desconhecimento mudo. Certamente, o mito não diz nada de tão manifesto. Os mitos gregos não dizem, em geral, nada, sedutores por causa de um saber oculto de oráculo que chama o jogo infinito de adivinhar. O que nós chamamos de sentido, até mesmo de signo, lhes é estrangeiro: eles fazem signo [*ils font signe*], sem significar, mostrando, esquivando, sempre límpidos, dizendo o mistério transparente, o mistério da transparência. De sorte que todo comentário é pesado, tagarela e tanto mais se ele se enuncia sobre o modo narrativo, a história misteriosa se desenvolvendo, portanto, inteligentemente em episódios explicativos que por seu turno implicam uma claridade fugidia. Se Ovídio, prolongando talvez uma tradição, faz intervir na fábula de Narciso a sina que se pode dizer falando da ninfa Eco, é justamente para nos tentar, para redescobrir nela uma lição de linguagem que nós acrescentamos só depois. Mas isto aqui permanece instrutivo: já que é dito que Eco o ama não se deixando ver, é, portanto, com uma voz sem corpo, condenada a sempre repetir a última palavra – e nada mais – que Narciso seria chamado ao reencontro e a uma espécie de não-diálogo, linguagem que, longe de ser a linguagem de onde o Outro deveria lhe vir, não é senão a aliteração mimética, rimante, de um semblante de palavra. Narciso é suposto solitário, não porque ele é demasiado presente a si mesmo, mas porque lhe falta, por decreto (tu não te verás), esta presença refletida – o si mesmo – a partir da qual uma relação vivente com a vida outra poderia se ensaiar; ele é suposto silencioso, não tendo da palavra senão o acordo repetitivo de uma voz que lhe diz o mesmo sem que ele possa atribuí-lo para si e que é precisamente narcísico neste sentido de que ele não a ama, que ela não lhe doa nada de outro a amar. Sina da criança da qual se crê que ela repete as últimas palavras, enquanto ela pertence ao rumor crescente que é de encantamento e não de linguagem; e sina também de apaixonados que se tocam pelas palavras, que estão em contato com palavras e que podem se repetir sem fim, se maravilhar com o mais banal, justamente porque sua língua é língua, e não linguagem, e porque eles se miram um no outro, por uma reduplicação que vai da miragem à admiração. O que surpreende neste mito provavelmente tardio, é, portanto, que nele ressoa novamente a interdição de ver, tão constante na tradição grega que permanece, no entanto, o lugar do visível, da presença já divina nisso em que ela aparece e em suas múltiplas aparências. Sempre há alguma coisa para não ver, menos porque não é preciso olhar tudo, mas porque, os deuses sendo essencialmente visíveis e sendo o visível, é a visão que expõe ao perigo do sagrado, cada vez que o olhar, por sua arrogância pronta a encarar e a possuir, não olha no modo da retenção e do recolhimento. Sem mobilizar Tirésias que encena em demasia o papel do adivinho de serviço, e muito menos jogar com as duas palavras de oráculo, como se elas fossem a inversão premeditada uma da outra: "conhece-te a ti mesmo" e "ele viverá se ele não se conhece", é preciso antes pensar que Narciso, vendo a imagem que ele não reconhece, vê nela a parte divina, a parte não vivente de eternidade (pois a imagem é incorruptível) que, sem que ele saiba, seria a sua, e que não tem o direito de olhar sob pena de um desejo vão, de sorte que se pode dizer que ele morre (se ele morre) por ser imortal, imortalidade de aparência que atesta a metamorfose em flor, flor fúnebre ou flor de retórica." (p. 164-168. Esse texto retoma, "fragmentando", o ensaio "Une scène primitive" publicado no *Le Nouveau Commerce,* n. 39-40, 1978).Escaparia completamente às intenções desta nota encaminhar uma reflexão ou uma análise das implicações dessa passagem, tanto em *L'Écriture du Désastre,* onde o fragmento quebra e organiza toda a economia textual do livro – como diz Blanchot em carta à Pierre Madaule, "O núcleo do livro é a « cena primitiva », o que se revela à criança..." (*Correspondance 1953-2002*, Paris, Gallimard, 2012, p. 29) –, tanto para a biografia de Blanchot e, também, para *Aquele que não me acompanhava.* Notemos neste último, no entanto, para além do tema das janelas e do jardim que mereceriam uma atenção particular, a linha "... me dava um pouco mais do que eu deveria ter recebido e que por isso eu recebia duas vezes", que na verdade triplica literariamente os efeitos desse encontro (a primeira vez, a que se dá explicitamente como descrição, como narrativa + duas vezes mencionadas no interior do próprio encontro projetando um espaço mais interior) e parece apontar para o tríptico da "cena" no livro sobre o desastre que será publicado quase trinta anos depois. Essa ligação não é a de um projeto de longo fôlego no qual tal ou tal tema seria recuperado pelo autor, mas uma permanência, uma sobrevivência (uma memória pessoal? uma visão?) impossível de ser silenciada e que ressurge, volta à superfície da obra em seu processo de desobramento. Nos parece que esse encavalamento temporal, próprio também da escrita fragmentária de Blanchot, aponta nos dois sentidos muito discretamente, já que algumas linhas antes de introduzir o primeiro fragmento de "uma cena primitiva?" em *L'Écriture du Désastre,* comentando o texto de Serge Leclaire "Mata-se uma criança", Blanchot diz: "Esse passivo silencioso, essa eternidade morta e à qual é preciso dar uma forma temporal de vida para poder se separar dela através de um assassinato, **esse companheiro de ninguém que nós buscamos particularizar em uma falta**, vivendo então da sua recusa, desejoso desse não-desejo e falando pela e contra a sua não-palavra..."

[grifo meu] (p. 116). Um companheiro particularizado em uma falta nos dá como companhia a própria falta ou é um companheiro que não nos acompanha(va). É necessário, por fim, remeter todo esse processo, essa teia de lembranças e autorreferências, à própria reflexão de Blanchot sobre a função da citação, principalmente da citação de si próprio tal como ele a emprega em algumas outras ocasiões em outros livros: "Se a citação, em sua força fragmentária [*morcelaire*], destrói de antemão o texto do qual ela não foi somente arrancada, mas que ela exalta até não ser mais do que arrancamento, o fragmento sem texto nem contexto é radicalmente incitável" (Idem, p. 64) e "... você pensou isso há muito tempo, você está portanto autorizado a pensá-lo de novo, restaurando essa continuidade razoável que faz os sistemas, fazendo o passado desempenhar uma função de garantia, deixando-o se tornar ativo, citador, incitador e impedindo a invisível ruína que a vigília perpétua, fora da consciência inconsciência, entrega ao neutro." (Idem, p. 97). (N.T.)

22 No original, *demeure*. (N.T.)

23 "Errar é uma palavra fácil, e o direito ao erro parece de bom grado um privilégio que nos dispensa comodamente da lei. Mas, quando errar é a obrigação de uma migração sem repouso e sem objetivo, quando esta migração é exílio, é o desespero daquele a quem o tempo falta, a quem falta o mundo, então, podemos dizer que o poeta e o artista, se eles conseguem geralmente subsistir, é que eles sabem, quando é preciso e por meio de um salto amável e hábil, escapar do seu '*privilégio*'." ("Où va la littérature?" (1953), *La Condition Critique*, p. 204). (N.T.)

24 No original, *demeuriez*. (N.T.)

25 No original, *à temps perdu*. A expressão em francês, com o sentido habitual de "tempo livre", parece fraca quando comparada a outras como "à corps perdu", que significa entregar-se fisicamente com impetuosidade, sem pensar nas consequências, até mesmo arriscando sua vida; ou como "à cœur perdu", significando uma entrega total

de sentimentos, aqui também, assumindo ou negligenciando todo e qualquer risco. Compreende-se que nesses dois últimos exemplos "perdu" funciona, paradoxalmente, para estabelecer uma posse extrema de seus próprios meios que se mostra no seu uso mais intenso, mais completo, ou permitindo que cada um deles nos leve ao nosso limite, à sua e à nossa perda. "Tempo livre" é uma maneira de contradizer um primeiro sentido de "perdido" já que se refere a um tempo não dedicado ao trabalho remunerado, mas que não necessariamente é um tempo improdutivo. "À temps perdu" poderia significar, também, não se preocupar com o tempo, tomá-lo e usá-lo completamente, sentido que acolhe a intenção expressa no final da frase imediatamente anterior com "sem fim". Me parece importante lembrar, para concluir, como a questão do tempo dedicado à escrita e a da natureza do trabalho do escritor são essenciais para Blanchot e como ele as retoma em pelo menos dois textos fundamentais sobre Kafka. No primeiro, "La littérature et le droit à la mort", nos diz Blanchot: "Mas, o que faz o escritor que escreve? Tudo o que faz um homem que trabalha. Mas em um grau eminente. Ele também produz algo: é por excelência a obra." (*La Part du Feu,* p. 305; *De Kafka à Kafka,* p. 26). E no segundo texto, "Kafka et l'exigence de l'œuvre": "Mesmo se damos "todo o seu tempo" à exigência da obra, "todo" nunca é o bastante, pois não se trata de consagrar o tempo ao trabalho, de passar seu tempo escrevendo, mas de passar para um outro tempo em que não há mais trabalho, de se aproximar desse ponto onde o tempo está perdido [*où le temps est perdu*], onde entramos na fascinação e na solidão da ausência de tempo." (*De Kafka à Kafka,* p. 98 ; *L'Espace Littéraire*, p. 67). (N.T.)

[26] No original, *vous.* (N.T.)

[27] Nesta passagem foi necessário manter a descontinuidade entre as denominações e as funções da primeira pessoa, algo absolutamente fundamental para Blanchot e para a desconstrução no interior do texto da presença de um "eu" centrado e central como afirmação óbvia de uma pessoa. Aqui, desenvolve-se um processo

no qual o fim seria a impossibilidade de dizer "eu" e a tentativa de tornar aparente um espaço no qual tal impessoalidade pudesse ganhar vida, ou, como dito na passagem em questão, um espaço "entre", entre "*je*" e "*moi*", ainda recoberto pelo frágil "véu dessas primeiras pessoas" que não são, simplesmente, as duas que dialogam e que poderiam, por convenção, dizer eu, mas as primeiras pessoas que manifestam a pluralidade actancial de um eu qualquer: "A desatenção não é, então, uma atitude do eu [*moi*] mais atento a si [*soi*] que ao outro – ela me distrai de todo eu [*moi*], distração que desnuda o "Eu" [*Je*], o expõe à paixão do completamente passivo, lá onde, com os olhos abertos sem olhar, eu torna-se a ausência infinita, quando até mesmo a infelicidade que não suporta a visão e que a visão não suporta, se deixa considerar, se aproximar e talvez tranquilizar." (*L'Écriture du Désastre,* p. 90) ou ainda, "Mas, como a palavra eu [*je*] vibrava entre seus dentes, passando como um sopro, calma violência, através da sua boca serrada. É como se um instinto a tivesse prevenido que, diante dele, ela devia dizer eu [*je*], somente eu [*je*], porque ele era fascinado por essa palavra leve sobre a qual ela mesma tinha poucos direitos e que ela pronunciava de tal maneira que ela designava quase outra pessoa. Talvez todos os "eu" [*je*] lhe acenavam; talvez, por essa única palavra, cada um tinha o poder de lhe dizer algo de importante; mas ela o tornou mais próximo, mais íntimo. Ela foi eu [*moi*] para ele, e, no entanto, era como um eu [*moi*] abandonado, um eu [*moi*] aberto e que não se lembrava de ninguém" (*Le Dernier Homme,* p. 29). Isso porque, "em um sentido, o 'eu' [*moi*] não se perde porque ele não se pertence. Ele é, pois, eu [*moi*] apenas como não-pertencente a si [*soi*], e então como sempre já perdido." (*Idem,* p. 105). Nesse processo e a essa exigência da qual Blanchot sabe que não pode se furtar, toda a estrutura natural da ordem enunciativa vacila, o que inclui a própria ideia do eu do autor: "Será que eu morro humanamente, com uma morte que será aquela de um homem e que eu impregnarei com toda a liberdade e com a intenção humanas?

Será que eu morro eu mesmo [*moi-même*], ou então, será que eu não morro sempre outro, de modo que me seria preciso dizer que, propriamente falando, *eu* [*je*] não morre?" (*L'Espace Littéraire*, p. 122). Blanchot aprofunda a questão, sem que isso signifique uma verdadeira resposta: "'Eu' [*Je*] morro antes de nascer" (*L'Écriture du Désastre*, p. 157). No extremo: da vida, da experiência literária, do limiar entre biografia, autobiografia, testemunho e ficção, o trabalho empreendido por Blanchot ao longo de décadas sobre os pronomes já anunciava o que se verá na década de 90 em um dos seus últimos textos: "'Eu [*Je*] estou vivo, Não, você [*tu*] está morto'" (*L'Instant de ma mort*, p.15). (N.T.)

Vale lembrar das relações, internas à expressividade da primeira pessoa em francês, que se encontram no funcionamento da própria língua: "Já que *eu* [*je*] só pode ser sujeito... dispomos de bases novas para caracterizar *eu* [*je*]: *eu* [*je*] refere à pessoa que fala enquanto ela enuncia um ponto de vista; em oposição a *me/eu-mim* [*me/moi*] (quando eles são sujeitos), esse ponto de vista tem as seguintes propriedades: _ ele concerne um acontecimento inscrito no tempo (*eu* [*je*] é necessariamente o sujeito de um verbo conjugado); _ a pessoa que fala é exibida enquanto único autor possível desse discurso (*eu* [*je*] excluído de ser associado a um outro sujeito, seja explicitamente – por coordenação – ou implicitamente – por ênfase); _ a pessoa que fala é mostrada como estreitamente dependente do que ela transmite (eu [*je*] não pode aparecer sem verbo ou grupo verbal)... O que distingue *je* e *moi*, é que *moi* sujeito enuncia o ponto de vista da pessoa que fala, por um lado, enquanto ela está associada a outras pessoas, e por outro, enquanto ela é autônoma em relação ao fato transmitido" (D. LEEMAN, "*Je, me moi*: allomorphes ou facettes différentes de la première personne", *Linx*, 12, 2002, p. 118-124). O esvaziamento do poder de dizer eu no texto e certamente na fala – na voz do texto e no texto – faz com que a estrutura básica da língua se transforme em uma ferramenta de dessubjetivação: "*Eu* [*Moi*]: será que ainda podemos falar de eu [*moi*]? Um Eu [*Je*] sem eu [*moi*] talvez, uma pontualidade não pessoal e oscilando entre ninguém e alguém, uma aparência que apenas a exigência da relação exorbitante investe silenciosamente e momentaneamente com o papel ou estabelece na instância do Eu-Sujeito [*Moi-Sujet*] à qual ele se identifica por simular o idêntico, para que a partir daí se anuncie, pela escrita, a marca no Outro do absolutamente não idêntico." (*L'Entretien Infini*, p. 102). É por essas razões, por fim, que não se escolheu traduzir utilizando "eu mesmo", "mim mesmo", para marcar a diferença entre *je, Je* e *moi*, o que anularia a proposta de Blanchot, e para evitar confusões posto que existe em francês a possibilidade de se dizer *moi-même, soi-même.*

[28] A palavra "agora", repetida três vezes, é uma presença recorrente em alguns textos de Blanchot e sua aparição marca momentos decisivos em uma narrativa ou em uma linha de pensamento. Ela já surgira como indício de algo muito mais complexo, mas sem dizê-lo, iniciando um dos raros textos críticos de Blanchot sobre tradução: "Em *Por quem os sinos dobram,* Robert Jordan, descobrindo a importância do instante está vivendo, se repete em várias línguas a palavra **agora**. ***Agora, ahora, now, heute.*** Mas ele está um pouco decepcionado pela mediocridade desse vocabulário. '**Agora,** ele se diz, palavra ridícula para expressar todo um mundo e a sua vida.' E ele busca outros termos: *Esta noche, ce soir, to-night, heute Abend.*" ("Traduit de...", *La Part du Feu,* p. 173). Por vezes, em sua expressão mais forte, os três "agora" são colocados em sequência, ritmados apenas pelas vírgulas, outras vezes, como no presente caso, podem ser separados por um ponto final ou ainda espaçados em uma frase por outras palavras, como se verá mais adiante nesse livro. É o que se vê, por exemplo, em *Le Pas Au-delà:* " '**Agora**, você pode.' – 'Eu não posso mais, então.' – '**Agora** não passa, se mantém.' – '**Agora** se afina sempre que você o pronuncia, sempre menor e mais frágil que a sua palavra ou o seu pensamento.' – 'Vai, pois, de umbral em umbral, pobre morrer.' " (p. 151), ou ainda, gravitando em sua própria tensão temporal em uma página de *Le Moment Voulu*: "O fato de ela fora

sempre mais evidente – estava ali seu esplendor, ameaça dirigida contra ela mesma – anunciava que ela vivia: sim, ela ascendia, companheira de um único momento. E **agora**? **Agora**, a evidência estava quebrada; os pilares do tempo, rompidos, sustentavam suas ruínas. / '**Agora**', estranho raio. **Agora**, força furiosa, pura verdade privada de conselho. Era bem verdade que nós nos entendíamos, mas na profundidade de **agora**, lá onde a paixão significa amar e não ser amado. Quem ama é a magnificência do fim; quem é amado, avara preocupação, obediência ao fim. Ela estava ligada a mim pois dela emanava a potência alegre na luz da qual eu surgia precisamente ali, precisamente **agora**..." (p.148-149).

Cada "agora" é diferente do outro e em sua aparente identidade instala-se o diferente que avança de um para o outro na medida em que se multiplicam e sofrem ou não o efeito de descontinuidade exercido por outros sinais gráficos ou outras palavras. A palavra "se afina" permanecendo visível/legível, mas cada vez mais próxima do seu desaparecimento. Percebe-se, portanto, que essas maneiras variadas pelas quais o "agora" triplo se manifesta no texto de Blanchot marcam graus de intensidade, variações de força, levadas ao seu extremo justamente quando os três "agora" estão juntos, separados apenas pelas vírgulas. Este último caso é exemplar em *L'Entretien Infini:* "Ele escutava a palavra cotidiana, grave, leve, dizendo tudo, propondo à cada um o que ele teria adorado dizer, palavra única, distante, sempre próxima, palavra de todos, sempre já expressa e, no entanto, infinitamente lenta a dizer, infinitamente preciosa a ouvir, palavra de eternidade temporal, dizendo: **agora**, **agora**, **agora**.", e em *Le Très-Haut*, em três momentos muito fortes do texto, como em "Depois, a rua continuara. Agora, o calor a impregnava também: pesado como o calor, ele anunciava e transbordava as casas, e as casas, perdendo seus limites, pareciam se estender ao infinito, por toda parte onde havia ainda espaço. Ao longo do calçamento, nós esbarrávamos nas pessoas, tranquilamente naufragadas nesta praia provisória, convencidos de que, posto que a maré os havia trazido até ali, este lugar e nenhum outro, lhes tinha sido reservado. Deitados, em pé, comendo, dormindo, eles permaneciam imóveis, aceitando tudo, a luz incandescente, o pó dos carros, os chutes dos passantes, e me olhavam com uma impassividade arrogante, me ameaçando através do silêncio, com algo de louco e de irreparável. Ao meu lado, Jeanne retornara, tão tranquila, tão estrangeira ao que iria acontecer que se eu não tivesse ouvido, ao longo desse passeio, repetirem-se as palavras do alto-falante: **Agora**! **Agora**! **Agora**!" (p. 215-216). O processo no qual há um ganho de fraqueza, de fragilidade, é o mesmo que libera uma potência de outra ordem. A tensão entre afastamento e aproximação textual dos "agora" funcionaria como a expressão de uma resistência ou uma concessão a um tempo que se contrai, se densifica, aproxima-se de si mesmo e do seu limite como um outro tempo. Podemos concluir por duas referências fundamentais para que esse triplo "agora" ressurja com tamanha insistência e variação nos textos de Blanchot.

A primeira, mais por uma afinidade ou uma afecção, após a leitura de um outro autor que lhe propõe uma nova dimensão para uma questão que o persegue, está em Beckett. Blanchot escreve sobre *Molloy* em um capítulo intitulado "Où maintenant? Qui maintenant" [Onde agora? Quem agora?]: "Por que ele tenta escapar ao movimento que o arrasta, dando-se a impressão de que ele ainda é o mestre, e que, quando ele fala, ele poderia parar de falar? Mas é ele que fala? Qual é esse vazio que se faz palavra em uma intimidade aberta daquele que nela desaparece? Onde ele caiu? '*Onde **agora**? Quando **agora**? Quem **agora**?*'" (*Le livre à venir*, p. 287).

A segunda, que me parece a mais fundamental, plena de consequências, é a que estabelece a relação indissociável entre os "agora" e o tempo messiânico. Tal relação é explícita nesta passagem de *L'Écriture du Désastre*: "O messianismo judaico (em alguns comentadores) nos deixa pressentir a relação do acontecimento e do não-acontecimento [*l'inachèvement*]. Se o Messias está às portas de Roma entre os mendigos e os leprosos, pode-se acreditar que seu incógnito o protege ou impede sua vinda, mas, precisamente, ele é reconhecido; alguém, pressionado pela avidez da interrogação, lhe pergunta: 'Quando você virá?'. O fato de estar lá não é, no entanto, a vinda. Junto ao Messias que está lá, deve sempre ressoar o chamado; 'Venha, venha'. Sua presença não é uma garantia. Futura ou passada (é dito, ao menos uma vez, que o Messias já veio), sua vinda não corresponde à uma presença. O chamado também não é suficiente; há condições – o esforço dos homens, sua moralidade, seu arrependimento – que são conhecidas. E se acontece de que para a questão: 'Para quando a tua vinda?', o Messias responda: 'Para hoje', a resposta é certamente impressionante: é, pois, hoje. É **agora** e sempre **agora**. Não há o que esperar, mesmo que esperar seja como uma obrigação. E quando é **agora**? Um **agora** que não pertence ao tempo ordinário, que necessariamente o transtorna, não o mantém, o desestabiliza, sobretudo ao se lembrar que esse '**agora'** fora do texto, de um relato de severa ficção, remete à textos que o fazem novamente depender de condições realizáveis – irrealizáveis: '**Agora**, por pouco que você me dê atenção, ou se você quiser mesmo escutar a minha voz'." (p. 214-215). Se mais acima verificamos a presença dos três "agora" em um texto que tratava de tradução, neste momento reencontramos a questão do messianismo em seu principal ensaio sobre o tema – um comentário a "A tarefa do tradutor" de Walter Benjamin -, "Traduzir", em *L'Amitié*: "Pela tradução, e não me contento de substituir um modo por outro, uma via por outra via, mas eu aceno à uma linguagem superior que seria a harmonia ou a unidade complementar de todos os modos de abordagem diferentes e que falam idealmente à junção do mistério reconciliado de todas as línguas faladas por todas as obras. Donde o messianismo próprio a cada tradutor, se esse trabalha para fazer cessar as línguas em direção a essa linguagem última, atestada já em cada língua presente no que transparece de porvir e da qual a tradução toma posse" (p. 70). Em outro momento, sem fazer referência direta ao messiânico, mantendo-o encoberto e enunciando mais uma vez a estranheza da experiência desse tempo não cronológico na poesia de Hölderlin – e na sua tradução por Yves Bonnefoy -, diz Blanchot: "Antes, o ***agora*** que Bonnefoy ofereceu como questão à poesia e que, com a impaciência da primeira claridade, irrompe desde o começo do verso: ***Agora****, eis o dia!* E então, imediatamente depois do esplendor desse presente no qual o dia nasce, nós recaímos, o tendo perdido, no passado, e nos é preciso reviver o infinito da espera, esse tempo da angústia e do desamparo **sem companheiro**: *Eu esperava.* Espera sem fim, existência reduzida à estéril espera sem presente, que, no entanto, é também a espera rica e plena do pressentimento no qual se prepara a vinda e a visão do que sempre vem: *Eu esperava e eu vi vir.* O que é visto? A vinda. Mas, o que vem? Isso permanece indeterminado, ou melhor, é dito no neutro, mesmo que, nesse indeterminado e nesse neutro, esteja certamente compreendida a aproximação do "**agora**" no qual o dia nasce, mas que não poderia ser visto diretamente, que não é visto senão como vinda, sendo o dispensador de tudo o que pode advir." (*L'Entretien Infini,* p. 55). As bases para as reflexões de Blanchot sobre o messianismo judaico e o tempo messiânico são, muito naturalmente, Emmanuel Levinas, Gershon Scholem e em certa medida Simone Weil. Seria, portanto, interessante e nem um pouco inadequado comparar, neste ponto, Blanchot e Walter Benjamin. Giorgio Agamben mostrou com acuidade como o recurso similar do espaçamento, aquele utilizado por Blanchot entre os "agora" no interior de um volume textual, está presente em Benjamin no nível mais íntimo das palavras. Vê-se isso em um *Handexemplar* das "Teses sobre o conceito de história", tese 2, na qual Benjamin espaça *eine* ***s c h w a c h e*** *messianische Kraft...* (uma **f r a c a** força messiânica), ao mesmo tempo em que, nas próprias "Teses", *jetzeit* (agora, ou tempo-agora) é um conceito absolutamente fundamental. Assim como o "agora da cognoscibilidade" no *Livro das Passagens.* (G. AGAMBEN, *Le temps qui reste. Un commentaire de l'Épître aux Romains,* Paris, Rivages Poche, 2004, p. 233-240).

O interesse de Blanchot pela categoria do tempo do agora, ou tempo messiânico, é, nesse momento de sua obra, mais literária e filosófica do que teológica. O sentido técnico desta categoria temporal poderá ser mais precisamente compreendido, também, através das análises de Giorgio Agamben sobre o *kairós* (o tempo-de-agora) como aquele que "não é o fim do tempo, mas *o tempo do fim*" (*Idem,* p. 110) ou "o tempo que o tempo leva para acabar" (Idem, p. 119). É dessa maneira que Blanchot o desdobra, voltando aos três "agora", em direção à decisão extrema do suicídio: "... o suicídio resta essencialmente uma aposta, alguma coisa arriscada, não porque eu me deixaria uma chance de viver, como acontece algumas vezes, mas porque é um salto, a passagem da certeza de um ato projetado, conscientemente decidido e virilmente executado ao que desorienta todo projeto, permanece estrangeiro à toda decisão, o indeciso, o incerto, a erosão do in-agindo e a obscuridade do não-verdadeiro. Pelo suicídio, eu quero me matar em um momento determinado, eu associo a morte ao **agora**: sim, **agora**, **agora**. Mas nada mostra tão bem a ilusão, a loucura desse 'Eu quero', pois a morte nunca está presente..." (*L'Espace littéraire,* p 130) [grifo meu].

As implicações propriamente políticas do "agora" como expressão do tempo messiânico se manifestam explicitamente quando Blanchot participa ativamente dos comitês de redação de manifestos de estudantes e escritores em Maio de 68. A associação entre o messianismo e a revolução não é fortuito, ele vem certamente de uma longa frequentação de autores como Scholem, Lukács, Buber (ver o capítulo "Gog et Magog" em *L'Amitié*), Rozensweig, etc., bem como do próprio Kafka e obviamente de Benjamin, além da amizade profunda com Levinas. Todos eles autores estudados por Michael Löwy como parte do movimento romântico-revolucionário ou do "judaísmo libertário" (M. LÖWY, *Romantismo e Messianismo,* São Paulo, Perspectiva, 2008; Idem, *Judeus Heterodoxos. Messianismo, Romantismo e Utopia,* São Paulo, Perspectiva, 2012), além de desenvolver profundas reflexões sobre Hölderlin, entre outros. É com esse impulso vindo de muito longe que Blanchot escreverá, por exemplo, "Ruptura do Tempo: revolução": "Desde que, pelo movimento das forças tendendo à ruptura, a revolução se manifesta como **possível**, de uma possibilidade não abstrata, mas historicamente e concretamente determinada, é que nesses instantes a revolução **aconteceu**. O único modo de presença da revolução é a sua possibilidade real. Então, há uma parada, suspensão. Nessa parada, a sociedade de uma ponta a outra se desfaz. A lei desaba. A transgressão se realiza: é por um instante a inocência; a história interrompida. Walter Benjamin: 'O desejo consciente de romper a continuidade da história pertence às classes revolucionárias no momento da ação. É uma tal consciência que é afirmada pela revolução de julho. Na noite do primeiro dia de luta, simultaneamente, mas por iniciativas independentes, em vários lugares, dispararam-se tiros contra os relógios das torres de Paris.'" (M. BLANCHOT, *Mai 68, Révolution par l'idée,* éd: J.-F. Hamel et É. Hoppenot, Paris, Gallimard, 2018. p. 63. Originalmente publicado em *Comité. Bulletin publié par le Comité d'action étudiants-écrivains au service du Mouvement,* n. 1, outubro de 1968, p. 18). A tradução desse fragmento de Benjamin foi muito provavelmente realizada diretamente do alemão pelo próprio Blanchot; e em *L'Entretien Infini* – publicado em 1969 –, em um oportuno capítulo sobre o *Athenaeum*: "Mas não será aos oradores revolucionários que os românticos [alemães] vão pedir lições de estilo, é à Revolução em pessoa, à essa linguagem feita História, a qual se significa pelos acontecimentos que são declarações..." (p. 520-521). Ver, por fim: J. F. HAMEL, *Nous sommes tous la pègre. Les années 68 de Blanchot,* Paris, Les Éditions de Minuit, 2018. E em *La Communauté Inavouable*, comentando a ocupação das ruas em 1968, Blanchot parece retomar com um novo espírito a cena de *Le Très-Haut* mais acima citada: "... o povo (sobretudo se evitamos sacralizá-lo) não é o Estado, tampouco ele é a sociedade em pessoa, com suas funções, suas leis, suas determinações, suas exigências que constituem a sua mais própria finalidade. Inerte, imóvel, menos uma reunião que a dispersão sempre iminente de uma presença ocupando momentaneamente todo o espaço e, todavia, sem lugar (utopia), um tipo de messianismo não anunciando nada senão sua autonomia e seu *desobramento* (sob a condição de que a abandonemos a ela mesma, caso contrário ela se modifica logo e torna-se um sistema de força, pronto para se alastrar)" (p. 57).

Contemporaneamente não deveria nos surpreender, portanto, reencontrarmos os "agora" como título e conteúdo de um dos manifestos do Comitê Invisível, justamente, *Agora* [*Maintenant*]: "Um espírito que pensa em termos do porvir é incapaz de agir no presente. Ele não procura a transformação: ele a evita. O desastre atual é como a acumulação monstruosa de todos os diferimentos do passado, ao que se junta em um deslizamento de terra permanente aqueles de todos os dias e de cada instante. Mas a vida está em jogo sempre **agora**, e **agora**, e **agora**." (Comité Invisible, *Maintenant*, Paris, La Fabrique, 2017, p. 17). [grifo meu]. (N.T.)

[29] Em 1946, Louis-René des Forêts publicou *Le Bavard* [O Tagarela], livro ao qual Blanchot dedicou um dos seus ensaios críticos mais interessantes. Uma passagem parece bastar para demonstrar a possibilidade de uma íntima ligação entre o que foi sugerido a Blanchot por des Forêts e certas constâncias de *Aquele que não me acompanhava*: "Nessa conversa infinita, o outro, ao lado do falador incansável, não é realmente um outro; é um duplo; não é uma presença, é uma sombra, um vago poder de escuta, intercambiável, anônimo, o associado com quem não formamos sociedade. Ora, pela pressão da narração tagarela, o duplo que aí desempenha o seu papel o é sob um duplo aspecto, pois ele não é apenas ouvinte, mas leitor e leitor de uma história na qual ele já se vê representado como pseudo-presença, presença mentida e finalmente mentirosa, reflexo de um reflexo em um espelho de palavras. Assim (julgaremos nós) é todo leitor. O leitor de todo livro é para o autor **o companheiro infeliz** a quem só se pede para não falar, mas estar lá, à distância e guardando suas distâncias, puro olhar, quer dizer, puro entendimento sem história e sem personalidade." (*L'Amitié*, p. 142). [grifo meu].

A tagarelice expressa no presente livro pode muito bem não corresponder perfeitamente ao que se encontra no livro de des Forêts, nem ao que o próprio Blanchot nos diz na citação anterior, apesar da intensa proximidade observada. Em Blanchot há outro termo para a dinâmica profusão de palavras possível na voz da escrita: *ressassement*, que aqui traduziremos como "redundância". Ela já dá título ao livro *Après Coup précédé par Le Ressassement Éternel* (1983) (a "redundância eterna" é o nome dado à reunião de duas narrativas ficcionais escritas nos anos 30, "L'Idylle" e "Le dernier mot"), e aparece como fenômeno no interior da relação analítica do lado do paciente quando "o que, aqui, toma a palavra, é o incessante e o interminável: a redundância eterna da qual o paciente encontrou a exigência, mas a imobilizou em formas fixas inscritas doravante em seu corpo, sua conduta, sua linguagem" (*L'Entretien Infini*, p. 301). Mas é em "La littérature et le droit à la mort" que encontramos o termo no interior de um desenvolvimento que nos interessa neste momento: "*Podemos acusar a linguagem de ter se tornado uma redundância interminável de palavras, em vez do silêncio que ela visava atingir. Podemos ainda acusá-la de se afundar nas convenções da literatura, ela que queria se absorver na existência. Isso é verdade. Mas essa redundância sem fim de palavras sem conteúdo, esta continuidade da fala através de um imenso tumulto de palavras, tal é justamente a natureza profunda do silêncio que fala até o mutismo, que é a palavra vazia de palavras, eco sempre falante em meio ao silêncio.*" (*La Part du Feu*, p. 320). (N.T.)

30 Em alguns momentos do texto buscou-se, quando a estranheza em português não comprometesse a leitura e a compreensão, preservar alguns descarrilamentos das concordâncias verbais introduzidos por Blanchot (aqui se espera, por exemplo, um "*era* isso"), os quais, segundo o próprio autor em uma passagem sobre Mallarmé, são propositais: "... essa hora em que o presente falta absolutamente é também a hora em que o passado toca e atinge imediatamente, *sem o intermédio de nada atual*, a extremidade do porvir, e tal é, [...] o instante mesmo da morte que não está nunca presente, que é a festa do porvir absoluto e que podemos dizer, em um tempo sem presente, que o que foi será. Assim nos anunciam duas frases célebres de *Igitur*: Eu *era* a hora que *deve* me tornar puro", e, mais precisamente, o adeus de Meia-noite a noite, adeus que não pode terminar, por-

que ele não acontece nunca agora, porque ele está presente apenas na eterna ausência da noite: "Adeus, noite, que eu *fora*, teu próprio sepulcro, mas que, a sombra sobrevivente, metamorfose*ar-se-á* em Eternidade." (*L'Espace Littéraire*, p. 143-144). (N.T.)

[31] Essa passagem nos leva a pensar nas primeiras páginas de *Thomas l'Obscur*. Na verdade, nas primeiras páginas dos três *Thomas* (*Thomas le Solitaire*, escrito entre 1931 e 1937; *Thomas l'Obscur* de 1941; *Thomas l'Obscur, nouvelle version*, de 1950). Todos eles se abrem com a imponente presença do mar, a entrega física de Thomas, ao mesmo tempo sensível e terrível, a esse outro grande corpo e aos devires dessubjetivadores que esse encontro promove. Nas duas últimas "versões", Thomas, nadando, vê outra figura que nada a uma proximidade vacilante, ao largo dele sem, no entanto, notá-lo: "Não longe dele, quando até agora ele havia se debatido em uma solidão que lhe pesava, ele percebeu um nadador cujos movimentos o surpreenderam por sua rapidez e sua desenvoltura..." (*Thomas l'Obscur*, 1941, p. 24), cena que vem pouco depois de Thomas se encontrar perigosamente em um mar revolto, sem controle sobre seus movimentos e tomado pelo cansaço até que, ao final, tudo isso lhe proporcione uma "sensação agradável". Essa passagem se transforma, em 1950, – tornando-a aquela entre as três que mais se aproxima do teor do texto de *Aquele que não me acompanhava*, dada a sua contemporaneidade –, em "Ele tinha então uma verdadeira bruma diante da vista e ele não distinguia quase nada nesse vazio embaçado que seus olhares atravessavam febrilmente. A força de espiar, ele descobriu um homem que nadava muito longe, metade perdido no horizonte. A uma tal distância, o nadador lhe escapava sem parar. Ele o via, ele não o via mais e, no entanto, tinha a sensação de seguir todas as suas evoluções: não apenas de percebê-lo sempre muito bem, mas de ter se aproximado dele de uma maneira perfeitamente íntima e como ele não poderia ter feito através de nenhum outro contato" p. 13). Aqui, na cena anterior do mar revolto, uma nova frase é introduzida pelo autor: "... este mar ideal que ele se tornava cada vez mais intimamente tornara-se por sua vez o verdadeiro mar onde ele

estava como que afogado..." (p. 11). Na primeira "versão", no entanto, a figura do nadador não existia, mas a iminência do afogamento de Thomas era absolutamente clara, mais realista e sem prazer: "... os braços que golpeiam a água com cólera, a cabeça jogada da direita para a esquerda, sem graça, como um peso inútil e ainda mais pesado, todo esse aparelho desordenado de força e de potência que, em um inimigo, marca a hora de se render e, para o homem, a hora de morrer. ... ele não teve senão a paixão de se abandonar: ele cedeu à sua alma e ao mar conjuntamente." (*Thomas le Solitaire,* p. 11-12). Os desdobramentos e variações introduzidos nos três textos, para além do que podem sugerir sobre a evolução do escritor e de sua obra, nos fazem imaginar que seria como se o primeiro Thomas reaparecesse ao longe dos seus dois homônimos, de si mesmo, confundindo seu desespero com destreza, o mesmo desespero que poderia proporcionar uma íntima aproximação. Cada um evoluindo e se desdobrando infinitamente nos demais, retornando silenciosamente em cada um deles, afogando-se nesse mar e em si próprios – sem se afogarem. Quantos outros nadadores? Quantos outros corpos afogados? Quantos outros Thomas que em *Aquele que não me acompanhava* se transformam finalmente em palavras? Jacques Derrida também destacou a relação insistente de Blanchot com o mar, mencionando-a, entre outras ocasiões, em um diálogo imaginário: " Você retorna sempre à água, sem que eu saiba nunca do que você fala, o que você pronuncia ou designa (*o* signo do nada, a letra, o grito, a sílaba, as palavras, os nomes, a coisa); e, quanto à coisa, é a água da "bebida", da "beberagem", a chance de um lote, a água do "copo d'água" que retorna frequentemente em *Aquele que não me acompanhava*, água do mar, ou tal outra coisa que significaria, *rebuses*, um pedaço ou um momento de palavra, *mo*, por exemplo, ou *ot*, ou *mor, morre, morte,* ou nome próprio afectando ou até mesmo entr'amando no mais próximo o acompanhante sem parar, mas como um estrangeiro, aquele que..." (*Parages,* Paris, Galilée, 2003, p. 83). (N.T.)